税收现代化目标体系建设研究

张林海　主编

中国税务出版社

图书在版编目（CIP）数据

税收现代化目标体系建设研究／张林海主编．
--北京：中国税务出版社，2016.6
ISBN 978-7-5678-0352-7

Ⅰ.①税… Ⅱ.①张… Ⅲ.①税收-研究-中国
Ⅳ.①F812.42

中国版本图书馆 CIP 数据核字（2016）第 125624 号

书　　名：税收现代化目标体系建设研究
作　　者：张林海　主编
责任编辑：王远灏
责任校对：于　玲
技术设计：刘冬珂
出版发行：中国税务出版社
北京市丰台区广安路 9 号国投财富广场 1 号楼 11 层
邮政编码：100055
http：//www.taxation.cn
E-mail：swcb@taxation.cn
发行中心电话：（010）83362083/86/89
传真：（010）83362046/47/48/49
经　　销：各地新华书店
印　　刷：北京联兴盛业印刷股份有限公司
规　　格：787 毫米×1092 毫米　1/16
印　　张：14
字　　数：214000 字
版　　次：2016 年 6 月第 1 版　2016 年 6 月第 1 次印刷
书　　号：ISBN 978-7-5678-0352-7
定　　价：35.00 元

前　言

党的十八届三中全会提出，全面深化改革的总目标是完善和发展中国特色社会主义，推进国家治理体系和治理能力现代化。全会强调财政是国家治理的基础和重要支柱，凸显了税收在国家治理体系和治理能力现代化中的重要地位。2014 年全国税务工作会议提出了到 2020 年基本实现税收现代化的奋斗目标，描绘了当前和今后一个时期税收工作发展蓝图，在全国税务系统掀起了税收现代化建设的高潮。但在实践过程中，各地的理解与做法存在较大差异，推进的进程不一，亟须理论的引导和实践的示范。

现代化是一个令人无限神往的目标，又是一个让人孜孜以求的过程。那么，到底什么是税收现代化？为什么要推进和实现税收现代化？如何推进税收现代化？税收现代化目标体系如何构建？如何评估税收现代化目标体系建设的实际进展和实现程度？这一系列问题，都需要我们深入思考和研究，在探索和实践中，尽可能给出较为科学、准确、清晰的回答。

本书探讨了税收现代化目标体系建设的一般规律性认识，着重研究了以下问题：

税收现代化目标体系建设基础理论。围绕税收现代化目标体系，在界定税收现代化相关基本概念的基础上，结合理论和实践成果，系统阐述了税收现代化目标体系的构成、中长期目标任务的确定等问题。

税收现代化目标体系建设的基本构架。从建立完备规范的税法体系、成熟定型的税制体系、优质便捷的服务体系、科学严密的征管体系、稳固强大的信息体系、高效清廉的组织体系出发，阐述了税收现代化六大体系建设的基本目标和具体内容。

税收现代化目标体系建设的国际借鉴。以美国、德国、英国、法国、澳大利亚、瑞典等为参考对象，在论述发达国家税收领域经验和优势的基础上，指出了目前我国税收现代化建设还存在的问题和不足，并提出了相应的对策。

税收现代化目标体系建设的路径选择。在比较中外税收现代化的环境条件差异和税收现代化建设中的现实困境基础上，提出了税收现代化目标体系建设的基本原则和基本途径。

税收现代化目标体系建设成效的考核评价。研究了税收现代化目标体系的总体评价标准、税收现代化评价指标设计原则、税收现代化具体目标体系评价标准，以及目标体系建设成果的考评与应用。

本书采取了理论阐述与典型案例相结合的研究方法，力求通过对税收现代化理论和实践的大胆探索，为税务系统税收现代化建设提供新的视角，使读者对税收现代化及其目标体系建设有一个探讨性的认识。由于在税收现代化研究领域，国内外已发表的系统性成果较少，故这项研究有一定的探索性。

本书由张林海主编，编撰工作得到了税务系统的大力支持和协助。第一章税收现代化目标体系基础研究，由江苏省国家税务局孙亚华和南京市国家税务局王学根参与撰稿。第二章税收现代化目标体系建设的基本框架，第一节着力构建完备规范的税法体系，主要由贵州省国家税务局付巧晨、袁自勇、王燕飞参与撰稿；第二节着力构建成熟定型的税制体系，主要由江苏省国家税务局孙亚华、常州市国家税务局徐燕妮和王玉艳参与撰稿；第三节着力构建优质便捷的服务体系，主要由云南省国家税务局马晓颖参与撰稿；第四节着力构建科学严密的征管体系，主要由重庆市国家税务局李治强和邓永勤参与撰稿；第五节着力构建稳固强大的信息体系，主要由福建省国家税务局顾志珊和杨美珍参与撰稿；第六节着力构建高效廉洁的组织体系，主要由山东省国家税务局丛琳、王维杰参与撰稿。第三章税收现代化目标体系建设的国际借鉴，主要由福建省地方税务局赖勤学和陈莺参与撰稿。第四章税收现代化目标体系建设的路径选择，主要由江苏省常州市地方税务局钱俊文、狄欣荣和杜秀玲参与撰稿。第五章税收现代化目标体系建设成效的考核评价，主要由湖北省地方税务局王蓬和范志荣参与撰稿。

本书在编撰和论证的过程中，得到了国务院研究中心赵福军研究员、财政部财政科学研究所许文博士、中央财经大学税务学院樊勇副院长、《中国经济周刊》南焱副主编等相关专家学者的具体指导，他们对本书提出了宝贵的意见和建议。

由于时间紧张，加之税收现代化仍在探索和实践的过程中，书中疏漏之处在所难免，敬请读者批评指正。

编　者

2016 年 5 月

目　录

CONTENTS

第一章　税收现代化目标体系基础研究 …… 1

第一节　税收现代化含义辨析 …… 1

第二节　税收现代化目标体系的基本特征 …… 7

第三节　税收现代化目标体系的主要内容 …… 13

第二章　税收现代化目标体系建设的基本构架 …… 18

第一节　着力构建完备规范的税法体系 …… 18

第二节　着力构建成熟定型的税制体系 …… 65

第三节　着力构建优质便捷的服务体系 …… 84

第四节　着力构建科学严密的征管体系 …… 101

第五节　着力构建稳固强大的信息体系 …… 122

第六节　着力构建高效廉洁的组织体系 …… 145

第三章　税收现代化目标体系建设的国际借鉴 …… 166

第一节　税法：凸显权威性、刚性和操作性 …… 166

第二节　税制：优化结构、导向公平 …… 169

第三节　服务：征纳平等、高效便捷 …… 171

第四节　征管：重点监控、资金流管税 …… 174

第五节　信息：综合治税，形成内促耦合机制 …… 177

第六节　组织：扁平化、专业化 …… 179

第四章　税收现代化目标体系建设的路径选择 …………………… 182
第一节　税收现代化目标体系建设的内外环境分析 ……………… 182
第二节　目标体系实施战略的总体设计 …………………………… 189
第三节　目标体系实施战略的主要内容 …………………………… 193

第五章　税收现代化目标体系建设成效的考核评价 ……………… 198
第一节　考评设计的总体思路和基本原则 ………………………… 198
第二节　考评的最终评价标准 ……………………………………… 200
第三节　考评的指标体系 …………………………………………… 205
第四节　考评的组织实施与结果应用 ……………………………… 213

参考文献 ……………………………………………………………… 215

第一章　税收现代化目标体系基础研究

本章在辨析税收现代化基本概念的基础上，探索了税收现代化目标体系的构建（特征）和内容等方面的相关理论问题。

第一节　税收现代化含义辨析①

我们目前正在从事税收现代化的宏大实践。但对于究竟何谓税收现代化的问题仍是见仁见智、不一而论。为此，本书试陈几点粗浅之见，以供商榷。

一、现代化和税收现代化

1. **现代化表意。**“现代化”是一个“使动词”。现代汉语对“现代化”诠释虽然不尽一致，但基本词义不外乎两层：其一，使某事物的存在达到现在这个时代的（先进）状态；其二，使某事物的发展符合现在这个时代的（先进）趋势。概而言之，就是要使某种事物的存在状态或发展趋势表现出当代的先进水平。

2. **现代化特质。**“现代化”的事物肯定是“现代”的事物，但“现代”的事物不一定是“现代化”的事物。两者的基本区别就在于“现代

① 本书主要参考《税收现代化涵义浅析》. 孙亚华 . 税收现代化涵义浅析［M］//深化税收改革　服务科学发展——税收课题研究文选（2014）. 南京：南京大学出版社，2015.

化”具有“先进”之特质。也就是说，如果事物的存在状态或发展趋势不具有先进性，那就没有实现“现代化”。这是因为，唯有“先进”，才能领跑当今时代，并代表当今时代；如果“落后”，便只能跟跑当今时代，而不能代表当今时代；而变“落后”为“先进”，正是推进现代化的目标和意义所在。

3. **现代化坐标**。“先进”是比较概念。现代化的坐标是历史先进水平和国际先进水平的交点。固然，低于历史最高水平就谈不上先进；但究竟是否先进，不仅要进行纵向的历史比较，而且还要进行横向的国际比较。这是因为“全球化”已经成为当代的重要特征，一切事物的存在状态和发展趋势是否先进，已经不得不用全球视野来观察，不得不在世界范围来考量。如果只去进行纵向的历史比较，不去进行横向的国际比较，就找不到现代化的坐标，就会失去现代化的方向。

正因如此，本书认为，前文所述的“当代先进水平”必须嵌入“国际”元素，亦即所谓现代化应当更完整、更确切地表述为：使某种事物的存在状态或发展趋势表现出当代国际的先进水平。

4. **基于“现代化”的税收现代化**。既然现代化就是“使某种事物的存在状态或发展趋势表现出当代国际的先进水平”，而税收在哲学意义上也是一种客观存在的事物，那么税收现代化也就是“使税收的存在状态或发展趋势表现出当代国际的先进水平”。或更简要地说，所谓税收现代化，就是使税收的存在和发展具有当代国际先进性。

二、税收和税收现代化

1. **税收表意**。与历史悠久的“税”不同，“税收”在汉语中很晚才出现；确切地说，很晚才在外文汉译著作中出现。关于税收一词的字面意思，现代汉语词库所给解释虽然不一，但一般认为就是国家通过依法征税取得的那部分财政收入；或者说，就是政府财政收入之中来自于税的收入，即“税之收入”。

“税之收入”，也就是我们通常所说的“税收收入”，通常呈现为各种“量”的形态，如税收总量及其多种分类构成、税收增量及其多种分类构成、税收占财政收入比重、税收与国民收入量比、税收与国民生产总值量比、税收收入与税式支出量比、税收负担的历史比较和国际比较，等等。然而，这些只是属于现象层面的税收。

2. **税收本质**。透过现象看本质，税收则是一种物质利益关系。这种关系的直接主体是政府及其所辖境内的各类纳税人，间接主体则非常广泛，包括全社会所有的组织及其成员。这种关系，可用哲学方法概括为“税收关系”。

税收本质决定了税收现象，税收现象反映了税收本质。在特定的社会条件下，税收关系的主体通过持续协商或博弈，形成并不断地调整着税收分配原则，进而规定了税收“量”的存在状态和变化情况；而税收“量”的存在状态和变化情况，亦即“税之收入”状况，则是税收关系以及体现这种关系的税收分配原则、税收政策法令的外在表现。

3. **两个层面的税收现代化**。如果从现象层面的税收来诠释何谓税收现代化，显然就是要使税收收入在“量”的存在状态和变化趋势上具有当代国际先进性。如果从本质层面的税收来诠释何谓税收现代化，显然就是要使税收关系以及体现这种关系的税收分配原则、税收政策法令等具有当代国际先进性。

4. **根本在于税收关系现代化**。税收关系是对税收本质的概括。税收在现象层面能否实现现代化，最终取决于在本质层面能否实现现代化。这是因为如果要使税收收入在“量”的存在状态和变化趋势上具有当代国际先进性，那么就必须使税收关系，以及体现这种关系的税收分配原则、税收政策法令等具有当代国际先进性。如果税收关系不具国际先进性，那么税收分配原则、税收政策法令等都不可能独具先进性，税收收入在“量”的存在和发展上也就不可能表现出国际先进性。无须赘述，这里的立论依据——本质决定现象，就是税收本质对税收现象有着毋庸置疑的客观规定性。

三、税收改革和税收现代化

1. **经济关系与税收关系**。税收关系是特定历史阶段物质利益关系在税收领域的体现；在经济学意义上，物质利益关系就是经济关系。因此，税收关系从属于经济关系，经济关系的性质、形态决定了税收关系的性质、形态，经济关系是否先进决定了税收关系是否先进。

2. **经济制度与税收制度**。所谓经济制度就是经济关系的固化形态，所谓税收制度就是税收关系的固化形态。既然税收关系从属于经济关系，那么税收制度自然也就从属于经济制度。因此从根本上说，税收制度是否具有先进性必然与经济制度先进与否密切相关。

3. **经济改革与税收改革**。经济改革，说到底，就是经济关系的调整和经济制度的变革；税收改革，说到底，就是税收关系的调整和税收制度的变革。推进经济改革必然要求推进税收改革，推进税收改革必然要服从并服务于推进经济改革；税收改革的方向、目标、进度等都必须与经济改革的总要求保持高度一致。

4. **税收改革与税收现代化**。推进经济改革的根本目的是解放生产力、发展生产力，是实现经济现代化的必由之路。推进税收改革不仅是推进经济改革必不可少的一项举措，而且是实现税收现代化的必由之路。如果不去推进税收改革，如果不去适时地调整、变革税收关系、税收制度，也就不可能使税收关系、税收制度获得并保持当代国际先进性，就不可能实现税收现代化。

四、税收现代化的基础建设

推进税收现代化，需要从税收理论、税收制度、税收主体行为规范等方面入手加强基础建设。

1. **税收理论建设**。前文已述，税收在本质上是一种与税相联系的物质利益分配关系。因此一国税收要在国际社会取得领先地位、达到现代化水平，就必须科学地建立并管理好这个关系。要做到这一点，其前提条件之一就是要以科学的税收理论作指导：因为没有理论指导的实践是盲目的实践，没有科学理论指导的实践是无知的实践。而所谓科学的税收理论就是在当代国际税收领域具有先进性的理论，就是现代化的税收理论。所以，为了实现税收现代化目标，就不能不强化税收科学理论建设，就不能不着力推进税收理论的现代化。

2. **税收制度建设**。前文已述，税收的本质可概括为税收关系，税收关系的固化形态就是税收制度；税收关系是否先进必然体现于税收制度。然而，税收制度并不是税收关系结冰式的固化形态，而是能动性的转化形态；税收制度一旦形成，还会反过来调节税收关系。因此，在税收关系转化为税收制度后，税收现代化也就演进为税收制度现代化；亦即如果要实现税收现代化，就必须推进税收制度现代化。

不过这里还要正确回答一个长期困扰人们的重要问题——税收制度、税收政策、税收法令究竟是何关系。如果不能正确回答这个问题，所谓优化制度建设就会沦为空谈。

本书研究认为，税收制度是内容与形式的统一体。其内容，就是税收政策；其形式，就是税收法令。如果没有税收法令，就没有税收；如果没有税收政策，就没有税收法令。税收政策是税收关系以及处理税收关系原则的体现，税收法令则是税收政策的法律化或法规化，税收收入之实现则是税收法令实施的结果。因此，要推进税收制度现代化，就必须同步推进税收政策和法律法规的现代化建设。

3. **税收主体行为规范建设**。前文已述，税收在本质上是一种物质利益关系，这种关系的直接主体是政府及其所辖境内的各类纳税人，间接主体则包括社会所有的组织及其成员。税收活动是众多主体的共同活动。不过其基本主体大致可以归为三类：一是征税主体，二是纳税主体，三是为征纳双方提供无偿或有偿服务的主体。在一定意义上，一国的税收现代化就是以上三类主体涉税行为规范的现代化，也可以这样说，就是以上三类主体涉税活动的现代化。反过来说，如果以上三类主体涉税行为和涉税活动失范、失序、失效，自然就无税收现代化可言。

这里需要特别指出：虽然税收活动是税收关系形成的前提条件，税收制度又是税收关系的转化形态；但税收制度一旦建立，便成为税收活动的强制性规范。因此显而易见，税收活动、税收关系、税收制度三者之间存在不可分割的有机联系。这种有机联系给税收现代化规定了复合型的内涵，使之成为以税收理论现代化为引领，以税收关系现代化为根本，以税收制度和税收活动现代化为双层载体的现代化。也正因为如此，加强税收主体行为规范建设必然成为推进税收现代化的又一项重要任务。

五、税收现代化标准思辨

1. **税收现代化标准的分类比较性**。税收现代化是一个比较性的存在。任何一国税收是否具有先进性，不仅是本国历史纵向比较的结果，而且是国际范围横向比较的结果。但这种比较，并非综合性、总体性的比较，而是多方面、多层面的比较。例如，美国税收法律的完备程度或许比我国先进，而我国税收政策的功能设计或许比美国先进；美国税收中介服务水平或许比我国先进，而我国税收行政服务水平或许比美国先进。如此比较的结果告诉我们一个事实：推进税收现代化，不能以某个国家或某个国家集团为综合性、总体性的标准，而应该是不同国家扬长避短和国家之间取长补短的过程。

2. **税收现代化标准的专业一致性。**从专业角度看，各国税收有着广泛一致性。例如：在政策设计上，较普遍地坚持税收中性原则，并主张适度彰显调控功能；在政策实施上，较普遍地坚持税收法定原则，并努力追求良法、善法效应；在法律设计上，较普遍地坚持权利、义务对等原则，并关注各类税收主体的平等地位；在法律实施上，较普遍地坚持税收法治原则，并强调税收施政程序的重要性；在管理思想上，较普遍地坚持公平、正义原则，并倡导寓管理于服务的理念；在管理实践上，较普遍地坚持效率、效益至重原则，并通过持续提高管理者素质、管理手段技术构成、管理对象匹配水平来提高效能；等等。显而易见，正是各国税收在专业层面有着如此普遍的一致性，使税收现代化得以成为国际性的比较存在。

3. **税收现代化标准的国别差异性。**税收并非抽象的、孤立性的存在，而是具体的、联系性的存在。各国税收从现象到本质、从内容到形式、从理论到实践，究竟是否具有先进性，究竟是否实现了现代化，并不都能用一个尺子来计量，必须承认既有国际同一性、又有国别差异性。

例如：我们不应以现在已有不少发达国家放弃遗产税为依据，而认定我国如再开征遗产税，就会与税收现代化趋势相悖。这是因为我们不能忽视我国现阶段国情的特殊性，这就是“一部分人先富了起来”。因此，为了限制私人财富畸形集中、激发经济社会生机活力、鼓励后代永续勤奋创业、促进广大人民共同富裕，假如能够择时开征遗产税，势必将使我国税收更具先进性。

4. **税收现代化标准的社会规定性。**税收处于社会分配领域，税收活动是社会生产活动的一个重要方面，税收制度是社会经济制度的一个重要组成部分，税收以何种方式、取何种路径实现现代化，不能忽视、不应回避社会性质的内在规定性。例如，我国是社会主义社会，我国税收具有社会主义社会性质。这种性质规定了我国税收基本理论、基本政策、基本实践，与其他社会形态的国家相比，具有与生俱来的、得天独厚的先进性。当然这只是“基本面”，因为本书并不否认我国税收理论体系、税收政策体系、税收实践活动与现代化要求相比还有差距，尚要继续创新、优化和完善。

其实，我们研究税收现代化的“社会规定性”，只是想阐发这样一个观点，亦即在推进税收现代化的过程中，应当注意社会差异的客观存在，必须放弃照搬照抄某些国家模式之不当思维和行为，且更无须妄自菲薄。与此同时，我们必须承认“社会规定性”是相对而有限的。事实上，遍观当代各国，尽管社会条件有别，但税收毕竟就是税收，从专业角度看，衡量税收现代化的标准、追求税收现代化的目标，正如前文已述那样，的确具有相当广泛的一致性。就我国而言，就是要在充分发挥社会制度优势的基础上，努力实现既有高度国际先进性，又有中国特色的税收现代化。

第二节　税收现代化目标体系的基本特征

构建税收现代化目标体系是一个巨大的、具有战略意义的、集税收理论与实践于一体的创造性工程。为成功构建税收现代化目标体系，有必要研究这个体系的基本特征。

一、可资借鉴的现代企业目标体系构建理论

众所周知，企业是现代国际社会率先实行目标管理的组织。引领企业构建目标体系的某些理论研究成果，对于构建税收现代化目标体系来说，或许不无可供借鉴之处。

（一）现代企业目标管理理论的核心思想

有研究认为，在国际上，“目标管理”这个概念是由管理专家彼得·德鲁克（Peter Drucker）1954 年在其名著《管理实践》中最先提出的，其后他又提出了“目标管理和自我控制”主张。究其核心思想大意是：

并不是有了工作才有目标，而是有了目标才能确定每个人的工作；所以，“企业的使命和任务，必须转化为目标”。如果一个领域没有目标，这个领域的工作必然被忽视；因此管理者应该通过目标对下级进行管理。组织最高层管理者确定了组织目标后，必须对其进行有效分解，使之转变成各个部门以及各个人的分目标；管理者则依据分目标的完成情况对下级进行考核、评价和奖惩。目标管理的具体形式各种各样，但其基本内容一致。所谓目标管理乃是一种程序或过程，它使组织中的上级和下级一起协商，根据组织的使命确定一定时期内组织的总目标，由此决定上下级的责任和分目标，并把这些目标作为组织经营、评估和奖励每个单位和个人贡献的标准。

（二）现代企业目标管理理论中的“目标体系”

现代企业目标管理理论研究内容较为广泛。但其涉及“目标体系”构建方面的论述比较分散，概括起来，大致为以下 5 点。

1. 目标的愿景性

愿景对目标制订具有导向性，目标愿景需要具体化。企业目标如何确定，通常要从企业目标愿景的研究中寻找答案。为此，彼得·德鲁克认为企业要思考三个问题：第一，我们的企业是什么？第二，我们的企业将是什么？第三，我们的企业应该是什么？也就是说，要立足现状，明确要到哪里去，未来可能会怎样，最后再确定自己发展的目标是什么。换言之，就是企业研究确定目标，既要考虑现有条件的优劣势，又要考虑现代化的未来，还要借鉴国际先进管理水平，进而勾画出立足现状、接轨国际、代表未来的现代化目标。

2. 目标的层次性

组织目标需要形成有层次的体系，亦即从组织的战略性目标直至个人目标的多层次体系。这个体系的顶层陈述组织远景和使命，第二层次则陈述组织的任务。在任何情况下，组织的使命和任务都必须转化为组织的总目标和战略，总目标和战略又要更多地指向组织较远的未来，并且为组织的未来提供行动框架。这些行动框架还必须进一步地细化为更多的具体的行动目标和行动方案，在目标体系的基层形成分公司目标、部门和单位目标、个人目标。

3. **目标的多样性**

企业发展的目标任务通常多种多样。一般认为，一个主管人员不可能有效地追求过多目标。其理由是过多的目标会使主管人员应接不暇、顾此失彼，更可能使主管人员过多地注重于次要目标而有损于主要目标的实现。因此，企业在考虑追求多个目标的同时，必须对各目标的相对重要程度进行区分，以便突出重点、统筹推进。

4. **目标的网络性**

如果说目标体系是从整个组织的整体观来考察组织目标，那么目标网络则是从某一具体目标的实施规划的整体协调方面来进行工作。目标与计划方案，通常均需形成网络状态。如果各种目标不能互相关联、不能互相协调、不能互相支持，则组织成员往往会出于自利而采取对本部门看起来可能有利而对整个公司却是不利的途径来实现目标。

目标网络的主要特点表现为：①目标和规划很少是线性的，即并非一个目标实现后，便会接着去实现另一个目标；目标和规划形成了一个互相联系着的网络。②主管人员必须确保目标网络的每个组成部分相互协调——不仅执行各种规划要协调，而且完成这些规划在时间上也要协调。③组织中的各个部门在制订本部门的目标时，必须与其他部门相协调——因为有研究得出结论，企业的一个部门似乎很容易制订完全适合于它的目标，但这个目标在经营上往往与另一部门的目标相冲突。④组织制订各种目标时，必须与许多制约因素相协调——各个目标互相联系构成了一个庞大的网络，所以不仅要注意各个目标的互相协调，还要注意制约各个目标的各种因素的互相协调。

5. **目标的可考核性**

目标管理以制订目标为起始，以目标完成情况考核为终结。工作成果是评定目标完成程度的标准，也是绩效考评的主要依据。目标考核要求将目标定量化，而目标定量化往往会损失组织运行的一些效率，但对组织活动的控制、成员的奖惩会带来很多方便。因此，虽然有时难以将目标量化，但是只要有可能，就应将目标明确到可考核的程度。

二、国家层面的税收现代化目标体系

税收主体众多，核心主体则为国家。国家是政治实体，企业的组织结构、组织功能、组织目标等与之不可比拟。但现代企业构建组织目标体系的基本理念，却也能给构建国家层面的税收现代化目标体系带来不少有益启示。

（一）国家应有一个战略性的推进税收现代化建设的总目标

这个战略性的总目标当然要以国家为主体来进行“顶层”设计。在目标设计过程中，同样有必要注意回答我国税收水平“现在已是什么样”“将来会是什么样”的问题，然后再决定“应该将税收现代化设计成什么样”。在目标设计取向上，必须体现税收现代化之特质，亦即需要相应关注3个关键要素，即当今国际的现实状况、未来国际的发展趋势、我国现时和未来的比较优势。

（二）国家税收现代化目标应为多重、多层目标的复合结构

国家税收现代化目标的多重性，主要取决于税收领域的多主体性，表现为若干相互联系、相互依存的涉税组织都需要依据法定职责制订推进税收现代化建设的目标。这些涉税组织，包括税收立法组织、税收司法组织、税务行政组织、涉税经济组织、涉税社会组织，以及其他各方面的涉税组织。

国家税收现代化目标的多层性取决于以上各种涉税组织内部的多层级架构，表现为以上各种组织从上到下的各个层级（直至每一个组织成员）都需要依据法定职责制订推进税收现代化建设的目标。

这里还要指出，一个国家推进税收现代化建设的多重目标、多层目标，也都应当是具体的，亦即能够张目可见、触手可及，具有最大限度的可考核性。

（三）国家税收现代化目标体系应是网络状的体系

税收的多主体性规定了推进税收现代化目标之组织主体的多重性，各类税收主体组织结构的层级化规定了税收现代化目标的多层性，这就是说，税收现代化目标的多重性和多层性是一种客观存在。而客观存在的多重目标与多层目标的内在相关性和有机联动性，必然使税收现代化目标表现为网络状的体系。

基于税收是由国家主导建立的社会性经济利益分配关系，因而毫无疑问，税收现代化目标网络体系的核心主体必然是国家，而不可能是其他任何涉税组织；处于核心地位的税收现代化目标，必然是国家制定的战略性的总目标，而不可能是从属于国家的其他任何组织制订的目标。

三、税务部门的税收现代化目标体系

税务部门是实施国家税收管理的行政组织。税务部门的组织结构、组织功能、组织目标等与企业相比有着质的差异。然而，现代企业构建组织目标体系的基本理念，对于税务部门构建税收现代化目标体系来说，也许不无有益的启示。

（一）税务部门也需要制定所在领域的税收现代化战略目标

各级税务部门是国家机关中专门从事涉税政务的行政组织，国家税务总局是各级税务部门的最高领导机关。税务部门应当围绕国家层面推进税收现代化建设的战略性目标来制定本部门所在领域的税收现代化战略目标。

税务部门所在领域的税收现代化战略目标，相对于国家层面战略性的税收现代化总目标来说，属于分目标；相对于各层级的税务机关乃至税务组织成员的目标来说，又属于总目标。

税务部门所在领域的税收现代化战略目标的制订过程，也属于“顶层”设计——既属于国家层面税收现代化目标体系构建工程的“二级顶层设计”，又属于税务机关税收现代化目标体系构建工程的“一级顶层”设计。

税务部门所在领域的税收现代化战略目标的设计，自然也应体现前文所述的“现代化之特质”，需要关注和体现三个关键要素，即当代国际的税收管理先进水平、未来国际的税收管理发展趋势、我国税收管理之现实和未来的比较优势。

（二）税务部门税收现代化目标具有多重性

税务部门税收现代化目标的多重性主要由法定职责派生，或由与履行法定职责具有重大相关性的各类因素规定。

1. **税制建设类目标**

在广义上，国家税收制度是国家经济制度的重要组成部分，主导国家税收制度建设的主体只能是国家。但在狭义上，税收制度主要表现为税种制度，税收制度建设主要表现为税种层面的要素建设。税种层面的税制既包含政策性的要素，也包含管理性的要素。如果说政策性的要素建设非属税务机关全权之职，那么管理性的要素建设则是税务机关分内之责。正是在此意义上，本书认为，税务机关需要制订税制建设类的税收现代化目标。

2. **税收法制类目标**

税务机关拥有制定税务行政规章和行政措施的法定权限。而税务行政规章和行政措施都属于广义的税法范畴。因此就税务机关而言，尤其是对国家税务总局来说，不仅要“依法”治税，而且要“以法”治税；不仅要制定“依法治税”类的税收现代化目标，而且要制定“以法治税”类的税收现代化目标。

3. **基本职责类目标**

税务机关的基本职责是从事税收管理。但应指出，在理论层面上，管理与服务是“一体两面”的工作：既可认为管理是手段、服务是目的；也可认为管理是现象、服务是本质。不过在实践层面上，还是可以将某些税务工作归类为管理，某些税务工作归类为服务。因此从实践需要出发，还是应当分别制定税收管理类的现代化目标和税收服务类的现代化目标。

4. **基础保障类目标**

税务机关的基本职责既然是从事税收管理，那么为了实现税收现代化，就必须大力提高税收管理能力。而构成税收管理能力的基本要素有三个：一是税收管理主体；二是税收管理手段；三是税收管理对象。正因如此，税务机关就不能不制订推进税收管理主体（税务组织及其成员）类、税收管理手段（如信息化）类、税收管理对象类（如纳税人的纳税观念和能力）等各项基础保障建设的税收现代化目标。

（三）税务部门税收现代化目标具有多层性

税务部门是多层级的行政机关。各层级的税务机关乃至全体税务人员，分别承担了法律法规赋予的税务工作职责。所以无须赘述，税务部门的税收现代化目标，必然具有与其组织层级相对应的多层次性。

（四）税务部门税收现代化目标是网络状的体系

税务部门税收现代化目标的多重性和多层性决定了该部门的税收现代化目标也是一个网络状的体系。

不过必须确定，这个目标网络是一个开放型的局域网。它既是国家主导建立的国家税收全面现代化目标网络体系的重要构成部分，又是与税收立法组织、税收司法组织、涉税经济组织、涉税社会组织以及税务机关以外的其他涉税行政组织等各类主体构建的税收现代化目标局域网密切联系互动的局域网。

显然，不谋天下者，不足以谋一域。构建税务部门的税收现代化目标体系局域网，必须以国家层面的税收现代化建设总目标为纲领，必须与其他涉税主体、涉税领域税收现代化建设分目标相衔接，否则可能难以实现预期目标。

第三节　税收现代化目标体系的主要内容[①]

无论是从国家层面看，还是从税务部门层面看，税收现代化目标体系都是多重性与多层性相复合的网络体系；统领不同层面税收现代化目标网络体系的纲领性目标，则是我国现阶段全面深化改革的总目标。也就是说，我国税收现代化目标体系只是我国现阶段全面深化改革总目标在税收领域的表现形式，而围绕我国现阶段全面深化改革总目标制订的税收改革目标，才是构成我国税收现代化目标体系的实在内容。因此本节将讨论重心置于多层面的“改革目标”，而非税收现代化目标体系的详细分析。

① 本节主要参考《税务机关推进改革目标问题探析》．孙亚华．税务机关推进改革目标问题探析［M］//深化税收改革　服务科学发展——税收课题研究文选（2013）．南京：南京大学出版社，2014.

一、税收现代化目标体系是以我国全面深化改革总目标为总纲的体系

党的十八届三中全会作出的《中共中央关于全面深化改革若干重大问题的决定》（以下简称《决定》）明确指出：我国现阶段“全面深化改革的总目标是完善和发展中国特色社会主义制度，推进国家治理体系和治理能力现代化”。这个总目标显然是现阶段全国层面改革的战略性目标，无疑是现阶段税收现代化目标体系之总纲，任何领域的涉税主体为推进税收现代化而进行的任何改革，都不能不锁定这个总目标。

究其理由则是简单而充分的：国家层面推进的改革，涉及社会各个领域，必须通过方方面面改革主体的合力推进才能实现预定目标。因而，所有主体实施的所有改革项目和举措，都必须以实现国家层面的改革总目标为取向，且不能有任何游离或偏失；都要自觉围绕国家层面的改革总目标来统筹规划、有序推进，而不能有任何的自以为是、自行其是。唯有如此，才能为实现我国现阶段全面深化改革总目标，持续聚集和提供最大化的正能量、正效应。税收改革只是国家一个特定领域的改革，税收现代化只是国家一个特定领域的现代化。因此，我国所有涉税主体（包括税务机关在内）为实现税收现代化而实施的任何改革项目和举措，也都不得不以实现国家层面的改革总目标为根本取向。

二、税收现代化目标体系是以全面深化税收改革总目标为核心内容的体系

国家税务总局在2013年12月召开的全国税务工作会议上提出：税收改革发展的总目标是，到2020年基本实现税收现代化。显然，在这里，国家税务总局业已述及全国各级税务部门现阶段或近期推进税收改革的总目标。

税收的本质是经济关系，税收改革是国家全面深化改革之不可或缺的重要方面。税收领域由于拥有众多主体（如立法、行政、司法，等等），故其改革目标既是我国全面深化改革总目标的派生目标，又是税收领域各主体推进涉税改革的共同目标。本书研究认为，按照党的十八届三中全会《决定》关于我国现阶段全面深化改革总目标的表述逻辑，似

应这样丰富税收领域改革目标的表述内容，即“全面深化税收改革的总目标是完善和发展中国特色社会主义税收制度，推进税收治理体系和治理能力的现代化”。如果同意本书以上对税收改革总目标所作的表述，那么就会同意本书以下的结论，即我国现阶段全面深化税收改革总目标的内涵，正是我国税收现代化目标体系的核心内容。

需要指出，鉴于税收领域是国家主导的国民经济分配领域，推进税收领域改革的核心主体自然为国家。不过还应强调，虽然税收领域拥有众多主体，实现税收改革总目标是众多主体的共同责任，但税务部门由于处于专事涉税政务的关键地位，故更需要锁定税收领域改革的总目标来推进本部门所在领域的各项改革，进而为实现国家和税务部门两个层面的税收现代化目标做出贡献。

三、税收现代化目标体系是以全面深化税收管理改革目标为重要内容的体系

本书认为，这是各级税务部门以及全体税务工作人员需要确立的基本共识。

国家税收活动是多领域的社会活动，税收管理活动属于其中的一个重要领域。我国有关行政法规赋予税务部门的基本职责就是依法代表国家从事税收管理活动。因而，税务部门既有义务也有权利，既有必要也有可能全面推进税收管理方面的各项改革，并努力实现预定目标。也就是说，税务机关不仅需要锁定现阶段我国全面深化改革的总目标和全面深化我国税收领域改革的总目标来推进改革，而且还要锁定本部门基本职责所在的、税收管理领域的改革目标来推进改革。

关于税收管理领域的改革目标，本书认为可以这样表述，即“全面深化税收管理改革的总目标是完善和发展中国特色社会主义税收管理制度，推进税收管理体系和管理能力现代化”。不难看出，这里关于全面深化税收管理方面改革目标的表述，在要素构成上，与我国现阶段全面深化改革的总目标和全面深化国家税收领域改革的总目标皆为对应关系；在要素内容上，则皆为从属关系。可以认为，这个表述符合逻辑、切合实际。同时，如果同意本书以上对税收管理活动改革总目标所作的表述，那么也会同意本书以下的结论，即我国现阶段全面深化税收管理改革总

目标的内涵，正是我国现阶段制订的税收现代化目标体系内容的重要组成部分。

四、税收现代化目标体系是以税收改革阶段性具体目标为阶段性具体内容的体系

前文已述，税收改革是实现税收现代化的根本路径，而实现税收现代化则是全面深化税收改革的直接目标。所以，我们不可能脱离税收改革去研究如何实现税收现代化，也不可能脱离税收改革的若干具体目标去研究税收现代化目标体系的内容。事实上，正是税收改革的若干具体目标构成了税收现代化目标体系的具体内容。

税收改革的具体目标具有阶段性的基本特征，亦即会随时间推移而调整变化。显然，这符合唯物辩证法的发展观点。税收改革的具体目标之所以会出现阶段性的调整变化，则是因为在不同的历史阶段具有不同的具体改革任务；而具体改革任务又为特定阶段存在的具体问题所派生。问题就是矛盾，总是无处不在、无时不有；所以，改革也永无止境。正因如此，与之相关联的税收现代化目标体系的具体内容在构成上也必然是动态的，不会静止不变。

应该肯定，我国现代税收事业已经获得前所未有的发展，许多方面已经达到或接近当代国际先进水平，即已达到或接近于现代化。但又必须承认，与当代国际先进水平相比，我国税收活动在许多方面还存在差距。或许正因为此，国家税务总局于 2013 年年底有针对性地提出，要在推进税收现代化过程中致力于 6 个“体系”建设，并要求通过全面深化税收改革，分别使税法体系达到“完备规范”、税制体系达到“成熟定型”、服务体系达到“优质便捷”、征管体系达到“科学严谨”、信息体系达到“稳固强大”、组织体系达到“高效清廉”的目标。

本书认为，国家税务总局提出的上述 6 个体系建设之目标，正是我国税务部门现阶段税收现代化目标体系的具体内容。不过在此也应承认，这是具有阶段性特征的目标，具体反映了现阶段税收改革必须优先着力解决的主要问题；而随着时间的推移，现阶段税收现代化目标体系的具体内容一定会有调整和变化。因为现有的问题解决了，又会出现新的问题；或者，现有的主要问题可能降格为次要问题，现有的次要问题可能

上升为主要问题。例如，现在虽然还未专门设定“税收理论”“税收文化”“税务行为国际规范”等方面的改革和建设目标，但是当其随着时间的推移而进一步凸显出重要性、必要性后，就很有可能成为今后某个阶段税收改革和税收现代化目标体系的主要项目之一。

总而言之，税收是当代国际社会必然普遍开展的物质利益分配活动。当代各国的税收活动水平虽然很不平衡，但追求税收活动科学、民主、法治、公平、高效，力求税收活动达到或保持当代国际先进水平，应该属于当代国际社会税收活动的主流文化、主导意识和主体目标。衡量一国税收活动是否实现现代化，显然要以当代国际社会税收活动的先进水平为标尺；设计制订我国税收现代化目标体系，显然要以达到当代国际社会税收活动先进水平为标杆；本书所要解读的税收现代化目标体系的具体内容，则是相对的存在、动态的存在，是因地因时而异而移的存在。我国如此，其他各国皆难例外。

第二章　税收现代化目标体系建设的基本构架

本章主要从建立完备规范的税法体系、成熟定型的税制体系、优质便捷的服务体系、科学严密的征管体系、稳固强大的信息体系、高效清廉的组织体系出发，阐述税收现代化六大体系建设的基本目标和具体内容。

第一节　着力构建完备规范的税法体系

党的十八届三中全会提出要“落实税收法定原则”，并明确其为新一轮财税改革的重要原则。党的十八届四中全会决定指出：“良法是善治之前提。建设中国特色社会主义法治国家和法治体系，必须坚持立法先行，发挥立法的引领和推动作用。”推进税收现代化建设，首要任务就是完善税收立法。而从完备和规范出发，税法体系的构建，不仅应考虑现有税种的立法问题，也应考虑未来国家治理现代化、法治化对税收法律的需求和要求。具体来说，税法体系建设的基本目标是税收法定原则得到落实，现有税种均由全国人大及其常委会制定出相应法律，并且适应经济社会发展形势，健全税种门类，使税收覆盖经济社会生活方方面面；同时，争取制定出台税收基本法，对税收制度的根本性、共同性、原则性和重大性问题进行综合和归纳，使税收制度体系更加全面、更加完整。与此同时，修订完善《中华人民共和国税收征收管理法》（以下简称《税收征管法》），理清税收执法权限，健全税收执法规程，强化税收执法监督，使税收执法更加规范和统一，更加严格和便于遵从。适应现代社会纳税人权益意识日趋强烈的形势，还应在税收法律救济方面探索新途径、新方法，建立税收争议预防调处机制，发挥复议、应诉主渠道作用，同时强化税收司法保障，推进建立专门的税务警察与专业性侦查机构，以及在人民法院内部设立独立的税务法庭，使打击涉税违法案件的手段更加高效和有力。实现税法体系建设目标，离不开社会各界的关心和支持，应当坚持开展税法宣传，营造诚信纳税氛围，使遵守税法成为全社会的行为信条。

一、我国税收立法现状简析

改革开放以来，我国逐步恢复“文化大革命”期间被破坏的税收制度，积极开展税收立法活动，很多税种从无法到有法，从有法到趋于完备，为改革开放和经济社会发展做出了巨大贡献。如20世纪80年代制定了《中华人民共和国中外合资经营企业所得税法》和《中华人民共和国外国企业所得税法》，1991年两法合并为《中华人民共和国外商投资企业和外国企业所得税法》，2007年内外资企业所得税法合并。但与税收治理现代化和建设法治国家的要求相比，我国税收立法还存在明显缺陷。

1. **税收立法层次低**。截至目前，我国现行的税收行政法规有30余部，有关税收的部门规章有50余部，国家税务总局层面的税收规范性文件有3000多件，而正式的税收法律只有《税收征管法》、《中华人民共和国个人所得税法》（以下简称《个人所得税法》）、《中华人民共和国企业所得税法》（以下简称《企业所得税法》）、《中华人民共和国车船税法》4部，目前开征的18个税种中有15个是以国务院条例或暂行条例形式规定的。立法层次低、授权立法比例高是我国税收法制的最大问题，导致税法缺乏权威性，税收执法刚性不足。

2. **税收立法不严密**。我国税收法律法规一大特点是内容原则、笼统，不够明细和确定，立法技术和水平还不高。如《个人所得税法》只有15条2200多字，而英国1799年首次开征个人所得税时，规定就有124节，厚达152页。美国联邦所得税细则（主要是个人所得税）有480种表格，表格填写指导书就有3卷，每一卷都有1英尺厚。同时，法律法规、税收政策之间“打架”的情况也较多，给基层执行带来困难。如国税、地税在企业所得税管辖权的认定上就存在分歧。

3. **征收程序不完善**。我国《税收征管法》自 1993 年实施，2013 年第二次修订以来，对于规范税收征收和缴纳行为，保障国家税收收入，保护纳税人合法权益，促进经济和社会发展，发挥了积极作用。但随着我国经济社会的发展，纳税人组织结构日益多样，经营方式更加复杂，业务范围不断拓展，不断催生着新的社会治理需求、新的纳税人利益诉求。传统的税收征管模式已无法适应形势需要，《税收征管法》存在的自然人征管措施缺失、纳税人权益保护不够、涉税信息获取能力不足、税收治理能力不强等问题给税收实践带来诸多弊端，社会各界要求修订的呼声非常强烈。

二、加快税收实体法立法进程

加快税收实体法立法，将相对比较成熟的税收条例、暂行条例和细则规定及时纳入国家立法规划，推动单行法和行政法规立法科学化和规范化，不断提高税法的法律层级，提升税收立法质量，逐步建立起体系相对完整、内容较为合理的税收实体法法律体系①。

（一）税收实体法立法的指导思想

加快税收实体法立法，必须坚持走中国特色社会主义法治道路，建设中国特色社会主义税收法律体系，坚持唯物主义观，客观反映经济社会发展规律，坚持从中国国情实情出发，广泛借鉴国际通行做法，坚持税收立法、执法和监督相分离，不断完善税收法律法规体系，逐步建立形成具有中国特色的税收实体法法律体系。

（二）税收实体法立法的基本原则

税收立法原则是指在税收立法活动中必须遵循的准则。我国的税收立法原则是根据我国的社会性质和具体国情确定的，是立法机关根据社

---

① 贾康，程瑜．新一轮税制改革的方向与实现路径［J］．中国党政干部论坛，2014 (12)：49－53.

会经济活动、经济关系，特别是税收征纳双方的特点确定的，并贯穿于税收立法工作始终的指导方针。

1. 立法公平原则

公平原则反映在税收立法层面的主要内容：一是普遍参与原则，即立法过程要广泛吸收各层面纳税人参加，纳税人平等享有税收立法的相应权利，做到税收立法公开透明。二是权利（力）义务对等原则。在市场经济体制下，参与市场竞争的各个主体需要有一个平等竞争的环境，而税收立法上的公平是实现平等竞争的重要条件。税收立法上的公平主要体现在三个方面：从税收负担能力上看，负担能力大的应多纳税，负担能力小的应少纳税，没有负担能力的不纳税；从纳税人所处的生产和经营环境看，由于客观环境优越而取得超额收入或级差收益者多纳税，反之少纳税；从税负平衡看，不同地区、不同行业间及多种经济成分之间的实际税负必须尽可能公平。

2. 民主决策原则

税收立法攸关民众切身利益，在进行税收立法的过程中，有义务亦有必要及时、全面地向社会公开立法信息，包括立法的主要背景根据、立法所需解决的问题、拟订的方案内容以及公众的参与途径方式等，必须充分倾听群众的意见，确保税收法律能体现广大群众的根本利益。坚持民主决策原则，要求税收立法的主体应以人民代表大会及其常务委员会为主，按照法定程序进行；对税收法案的审议要进行充分的辩论，倾听各方面意见；税收立法过程要公开化，让广大公众及时了解税收立法的全过程，以及立法过程中各个环节的争论情况和如何达成共识的[①]。

3. 原则性与灵活性相结合的原则

原则性主要是指在制定税法时，要求必须明确、具体、严谨、周密。但是，为了保证税法制定后在全国范围内、在各个地区都能贯彻执行，不致与现实脱节，又要求在制定税法时不能规定得过细过死。具体讲，就是必须贯彻法制的统一性与因时、因地制宜相结合。法制的统一性，表现在税收立法上，就是税收立法权只能由国家最高权力机关来行使，各地区、各部门不能擅自制定违背国家宪法和法律的所谓“土政策”“土

① 刘剑文．完善税收授权立法制度［J］．财经，2012（31）．

规定”。但是，我国又是一个幅员辽阔、人口众多，多民族的国家，各地区的经济文化发展水平不平衡，因而对不同地区不能强求一样。因此，为了照顾不同地区、特别是少数民族地区不同的情况和特点，为了充分发挥地方的积极性，在某些情况下，允许地方在遵守国家法律、法规的前提下，制定适合当地实施的办法等。

4. 法律的稳定性、连续性与废、改、立相结合原则

税收立法与一定经济基础相适应，税法一旦制定，在一定阶段内就要保持其稳定性，不能朝令夕改，变化不定。如果税法经常变动，不仅会破坏税法的权威和严肃性，而且会给国家经济生活造成非常不利的影响。但是，这种稳定性不是绝对的，随着社会政治、经济状况不断变化，税法也要进行相应的发展变化。这种发展变化具体表现在：有的税法已经过时，需要废除；有的税法部分失去效力，需要修改、补充；根据新的情况，需要制定新的税法。此外，还必须注意保持税法的连续性，即税法不能中断，在新的税法未制定前，原有的税法不应随便中止生效；在修改、补充或制定新的税法时，应保持与原有税法的承续关系，应在原有税法的基础上，结合新的实践经验，修改、补充原有的税法和制定新的税法。只有遵循这个原则，才能制定出符合社会政治、经济发展规律的税法。

5. 其他原则

学术界认为税收立法的原则还包括宪法原则、法定原则、效率原则等。其中，税收立法遵循宪法原则集中体现在对征税主体权力的科学设置和对纳税主体合法权益的有效保障两个层面上。税收立法的法定原则主要包括税收立法权限法定、税收立法程序法定、税收立法范围法定。权限法定是指税收立法权限的横向和纵向配置要依法行使；程序法定是指税收立法程序要严格遵循法律规定的程序进行；范围法定是指税收立法要保持在全国范围的统一实施。税收立法的效率原则，包括经济效率原则和程序效率原则。经济效率原则是指税收立法的成本最低原则；程序效率原则是指税收立法的期间最短原则。

（三）加快税收实体法立法必须处理好几组关系

税收法治体系中，税收立法应当处于“引领”地位和应当发挥“推动”作用。税收立法是税收执法、税收司法和税收守法的前提与基础，税收立法质量决定其他3个环节运行的质量。落实和发挥税收立法在税收法治体系中的“引领和推动作用”，关键要处理好以下4个关系[①]。

1. 正确处理税收立法与税制改革关系

税制改革与税收立法是内容与形式的关系，前者是税收制度内容，后者是该制度采用的形式。首先，要科学制定立法规划。一是实践证明，行之有效且正在推进改革的税收法规应当及时上升为法律。比如，增值税、消费税、资源税、房地产税等实体税收制度，随着改革的不断推进，应当制定立法规划，在2020年前逐步完成立法程序。二是实践条件还不成熟需要先行先试的，应当按照法定程序作出授权立法。比如，遗产税是人们期盼的调节贫富差距的利器，应当采取授权立法形式在经济发达地区先行先试。三是对不适应改革要求的法律法规，应当及时修改和废止。比如营业税，在“营改增”的同时应当修改现行法规，随着2015年增值税的全覆盖应当及时废止现行《中华人民共和国营业税暂行条例》（以下简称《营业税暂行条例》）。其次，应根据税种性质确定税收立法与税制改革的顺位关系。对于重点领域的立法，比如，关系国计民生重大利益调整的税种（比如房地产税）和新开征的重要税种（比如环境保护税）应当坚持先立法后改革的顺位，坚持科学立法、民主立法的原则与程序；对于正在推进的税制改革，可以在授权立法基础上实行先改革后立法的顺位。需要说明的是，授权立法应当明确规定授权范围和授权时效，避免“一揽子”授权和永久性授权，禁止转授权。

2. 正确处理调整税收法律法规结构和完善税收法律法规体系的关系

调整税收法律结构是完善税收法律法规体系的应有之义，必须从根本结构上出发，予以调整完善，才能逐步完善税收法律法规体系。现行税收法律法规结构的不合理主要表现为：一是在18个税种中仅有3个由税收法律规制。在2013年和2014两年的“两会”上已有多位代表、委员提案要求全国人大常委会上收授权立法以调整税收法律法规的这种有悖税收法定原则的结构。二是税收法律体系不完整，缺少专门的税收基本法律制度。“税收基本法”是税收法律体系中具有宪法性质的有关税收

---

① 张木生，涂龙力．新形势下的税收法治体系建设［J］．税务研究，2015（2）．

最基本法律制度的法律，在税法体系中起“引领与统帅”作用，曾两次列入两届全国人大常委会一类立法规划，但均未完成。三是税收规范性文件在执法中所占比重过大、出台程序过简。完善税收法律体系，首先要调整税收法律法规结构，在2020年前应当完成增值税、消费税、房地产税、资源税和环境保护税的立法，同时修订《个人所得税法》、废止《营业税暂行条例》。其次，应将“税收基本法”列入十三届全国人大常委会立法规划，明确税收管理体制、税收基本原则、征纳双方基本权利与义务、税收立法体制与权力配置以及税收执法与税收司法衔接的基本程序等重要的税收基本法律事项。四是落实重大行政决策法定程序制度，确保决策制度科学、程序正当、过程公开、责任明确。将“公众参与、专家论证、风险评估、合法性审查、集体讨论决定确定为重大行政决策法定程序”，建立科学的行政机关内部重大决策合法性审查机制。

3. 正确处理重点领域和非重点领域税收实体法立法的关系

加快税收实体法立法进程，必须紧密结合当前经济社会发展形势，对条件成熟的事项先行立法，对重点事项先行立法。一是要加快重点领域立法。就重点领域而言，税收实体立法主要包括制订增值税法、消费税法和环境保护税法，以及房地产税法等税收实体法。随着营业税改征增值税的全面推进，“营改增”实现全覆盖，加快推进增值税立法条件趋于成熟，理应由全国人大先行立法，以体现税收法定主义原则。在重点领域，特别是房地产税立法，这是一项事关千家万户、各方利益博弈激烈、短期内难以达成完全共识，但又必须推进的立法与改革，因此必须遵循立法先行的原则，科学推进其立法。二是在非重点领域稳步推进立法。稳步推进个人所得税课征模式从实行分类或分项课征向实行分类与综合相结合转化，考虑个人所得税的人性化和实际纳税人的负担能力向家庭所得税制转化，降低低收入家庭税收负担，从而推进个人所得税法的健全完善。适时启动社会保障税立法，开征社会保障税。加快现行财产税制的改革，适时开征遗产税与财产赠与税，逐步缩小社会贫富悬殊和收入差距较大的问题。

4. 正确处理税收实体法与税收基本法和程序法的关系

税收实体法是一部特殊部门法的实体法，由若干个单行税收实体法组成，规范约束的是征税机关和纳税人针对纳税人所取得的应税所得、拥有的应税财产或者发生的应税行为等征税对象所应承担的义务和所具有的权利。[①] 税收基本法是国家对税收制度的根本性问题、共同性问题、原则性问题和重大问题所进行的综合的归纳与总结。在国家的整个法律体系中，它起着把宪法和单行税法连接起来的桥梁作用。税收程序法是税收实体法的对称，是指以国家税收活动中所发生的程序关系为调整对象的税法，是规定国家征税权行使程序和纳税人纳税义务履行程序的法律规范的总称。其内容主要包括税收确定程序、税收征收程序、税收检查程序和税务争议的解决程序。该法是指如何具体实施税收实体法的规定，是税收法律体系的基本组成部分。例如，《税收征管法》就是一部规范税收征管、税务稽查和纳税服务等所有征管法律行为的广义程序法律，而不是狭义的税收征管基本程序。可见，加快推进税收实体法立法进程，不仅是要加快单行税收实体法的立法，还要同步推进税收基本法和程序法的立法。

（四）加快税收实体法立法进程的主要内容

长期以来，我国税收法律法规、规章和规范性文件并存，大量的部门规章和规范性文件法律位阶偏低，存在相互矛盾等问题，给税收立法、执法、司法带来一定的困难，迫切需要我们在全国范围内开展税收法律法规、规章和规范性文件清理工作，以进一步了解掌握立法现状，并根据需要确定税收立法的基本内容，合理运筹税收立法程序与税收立法技术，进行各类法律法规的修改、补充或废止，为后续税收立法奠定基础[②]。

1. 以稳定中央财力为原则，加快中央性税收实体法立法

一是充分借助“营改增”改革的有利时机，逐步建立覆盖面广、税负适度、科学合理的增值税法律制度。增值税立法，必须体现“三个统筹”，即征纳双方权利义务统筹、不同地区税收利益统筹、不同纳税人（包括不同产业、不同行业、不同性质）利益统筹；必须遵循“简税制、宽税基、低税率、严征管”的税改原则，遵循税收中性原则，强调不同

---

① 刘小兵．税收实体法法律框架模式探析［J］．当代财经，1999（7）．

② 涂龙力，涂京联．税收立法若干基本问题探讨［J］．税务研究，2006（3）．

产业不同行业间的公平税负；淡化税收优惠，实行普惠制；遵循可操作性原则，要根据我国经济社会实际和立法环境，实事求是地制定具有可操作性的条款，避免过多过滥的低阶位的税法解释和行政规范性文件，提高税收行政效率。二是合理调整消费税增收范围、税目、税率，建立适应当前经济和社会发展的完善的消费税法律制度。推进消费税立法，一方面是要通过立法明确消费税征收范围、环节、税率、计征方法；另一方面要考虑税制改革因素，将部分应税消费品由生产环节纳税改为零售环节纳税，对清洁能源和环境友好产品实行低税率或免税，发挥消费税法的环境保护作用。三是进一步完善企业所得税法，提高企业所得税法遵从度。要加快提升企业所得税立法地位，由国家权力机关统一立法，制定明确、细致的税收法律框架体系，保证税收立法的权威性，从根本上完善我国企业所得税法，明细企业所得税法的纳税人，完善扣除标准和税前列支范围，完善企业所得税法的税收优惠政策，完善企业所得税法与增值税法和发票管理法等税收法律的衔接，从而提高企业的遵从度，提高税收效率。①

2. 以促进地方财政增收为目标，加快地方性税收实体法立法

积极探索提高地方税收入保障水平的新税种立法，适时启动房地产税、资源税等税种的立法进程，为地方财政提供新的增长点和财力来源。具体而言，在已有的地方税制改革方案中，房产税、个人所得税、资源税等都是地方主体税种的考察范围，迫切需要以税法的形式固定下来。②一是加快房地产税立法。基本思路：①“拓宽公民有序参与立法途径，健全法律法规规章草案公开征求意见和公众意见采纳反馈机制，广泛凝聚社会共识”。这是坚持人民主体地位原则、最大限度地全面客观反映人民意愿的内在要求。②“对部门间争议较大的重要立法事项，由决策机关引入第三方评估，充分听取各方意见，协调决定，不能久拖不决”。这是解决房地产税纷争不止、推进立法与改革的重要途径。③“明确地方立法权限和范围，依法赋予较大设区的市地方立法权”。中国幅员辽阔，各地情况千差万别，大、中、小城市对住房需求也千差万别，房地产税

① 屈瑞英．企业所得法实施问题的研究［D］．太原：山西财经大学硕士论文，2011.

② 曾远．我国地方税法体系的重整：破与立［J］．现代经济探讨，2015（1）．

立法应当体现这一差别。因此，可采取有权立法与授权立法相结合的做法，以适应这一差别：首先，应当由全国人大制定《中华人民共和国房地产税法》（以下简称《房地产税法》），规定有关房地产税的基本法律制度事项。其次，由全国人大常委会依法定程序授权省和较大设区的市，根据《房地产税法》制定房地产税实施办法，以解决不同城市住房的差异。二是加快修订完善《个人所得税法》。个人所得税是国家取得财政收入的主要方式，也是调节社会成员收入分配、促进经济稳定增长的重要经济杠杆。要进一步完善现行《个人所得税法》，实现课征模式从实行分类或分项课征向实行分类与综合相结合转化，考虑个人所得税的人性化和实际纳税人的负担能力向家庭所得税制转化，降低低收入家庭税收负担。三是加快资源税立法步伐。资源税实质上是为了保护和促进国有自然资源的合理开发与利用，适当调节资源级差收入而征收的一种税收。目前，资源税征税范围包括石油、煤炭、天然气、其他非金属矿原矿、黑色非金属矿原矿、有色金属矿原矿以及盐等，计征方式主要是从量计征，部分从价计征。从当前的改革推进情况来看，特别是《关于加快推进生态文明建设的意见》审议通过以来，本书认为从立法层面明确资源税的从价计征，扩大征税范围，提高资源税税率，确立资源有偿使用制度和生态补偿制度，已经刻不容缓。

3. 以实现社会公平为目标，加快社会保障相关税收实体法立法

社会保障是指国家通过制定各种措施，使公民在年老、患病、失业、遭遇灾害或丧失劳动能力的情况下，能够获得一定的物质帮助，以保障公民的基本生活需要。改革开放以来，随着我国社会经济的不断发展，社会保障制度改革的逐步深入，开征社会保障税已是大势所趋。一是推进社会保障基金费改税立法。开征社会保障税是我国经济社会发展的客观需要，对此我们应该积极面对，并且要加快社会保障税的立法进程，以此为社会保障税的开征提供法律支持，也为社会保障制度的改革提供动力。随着社会保障基金费改税立法推进，企业可以将这笔支出列入成本，由税务部门负责收缴，有利于提高社保税的收缴率。二是加快推进遗产税立法。遗产税是以被继承人去世后所遗留的财产为征税对象，向遗产的继承人和受遗赠人征收的税。征收遗产税，对于适当调节社会成员的财富分配、增加政府和社会公益事业的财力有一定的意义。目前，虽然我国在税制上还没有明确开征遗产税，但是遗产税征收条件已趋于成熟，适时立法推进具有重要意义。从世界发达国家的经验来看，遗产税立法主要需要明确纳税人、课税对象、财产估价、扣费项目、抵免、税率等要素，另外还要规定个人资产档案，建立有效防止个人财产向国外转移的约束制度。三是同步推进财产赠与税立法。赠与税是以赠送的财产为课税对象，向赠与人或受赠人课征的税，是世界上许多国家实行的一种财产税。征收赠与税，目的是防止财产所有人生前利用赠与的方式以逃避死后应纳的遗产税。国家通过开征遗产和赠与税，实行区别税负，将拥有高额遗产者一部分财产归为社会所有，扶持低收入者生活和福利事业，形成一种良性循环的社会分配。

4. 以促进生态文明建设为目标，加快环境保护相关税收实体法立法进程

迅速启动环境保护税立法进程，通过税收调节，促进我国东部与西部地区之间碳排放权利与碳排放义务之间的合理配置，引导社会各类主体增强生态环境保护意识，打破长期以来发达地区享受经济发展成果而不负担相关生态责任的不合理局面，为西部地区和生态脆弱地区提供有力的税收支持。当前，就环保税立法，可将资源税、消费税、耕地占用税、增值税和企业所得税等多部法律中有关环境保护与生态发展的税收规定进行整合，形成相对独立、完整的环境税法。可以先行制定单行法，在条件成熟时合并形成统一的环境税基本法。

5. 以规范电子商务管理为目标，加快互联网相关税收实体法立法步伐

电子商务目前在我国经济总量中已经占有相当大的比重，建立我国电子商务税收法律体系不仅可以增加国家的财政税收，而且可以进一步规范电子商务的良性竞争和健康发展。以现行税制为基础，对电子商务领域暴露出来的征税对象、征税范围、税目、税率等方面的问题适时进行调整，建立较为完善的适应信息时代与虚拟网络环境的税收立法体制。一是加强现行税收法律体系对电子商务征税的支撑。增加现行税收法律体系中关于电子商务税收的有关规定和解释，从而有效约束各种电子商务活动；修改现行税收法律体系中与电子商务税收相矛盾或有冲突的个别条款，给电子商务发展营造宽松的环境；删除现行税收法律体系中部分特别陈旧和极不符合现实社会经济发展的条款。二是尽快出台适合我国国情的专门电子商务税收法。三是开辟国家之间电子商务税收协作的多元化途径。对国际税收协定文本的内容进行修订和完善，增加其在电子商务税收方面的条款，积极开展电子商务税收的情报交换工作，积极开展网上税务监控，使得纳税人的各种活动过程可以得到税收部门的有效监控[①]。

三、推动制定税收基本法

从20世纪90年代中期以来，我国有关税收基本法的研究经历了几个阶段，曾拟制了《中华人民共和国税收基本法》草案，且两度列入全国人大立法规划[②]，但最终没有进入立法程序。在全面深化改革、全面依法治国的新形势下，应当重启税收基本法立法程序，列为税收现代化建设的重要目标之一。

（一）税收基本法的概念

税收基本法是国家最高立法机关对税收制度的根本性、共同性、原则性和重大性问题所进行的综合的归纳与总结。在国家的整个法律体系中，它起着把宪法和单行税法连接起来的桥梁作用，将税制总体思路和原则通过立法确定下来，最终实现税法体系的系统化[③]。这一概念应从三个方面去理解：首先，税收基本法是由国家最高立法机关制定的，其他级别的立法机关无权制定，且该法是税法体系中级别最高的法律。其次，税收基本法只规定税法中一般的和共同事项，个别的和具体事项则由其他单行税法规定。最后，税收基本法是税法体系中一部基本法律，因此，该法适用于所有税收行为。

（二）税收基本法的定位

1. 税收基本法的地位

（1）税收基本法是税收基本法律。税收法定原则要求税收活动的基

① 梁斌，孟卿．建立我国电子商务税收法律体系的途径分析［J］．电子商务，2012（1）．

② 汤贡亮，刘爽．税收基本法研究回顾与展望［J］．税务研究，2008（1）．

③ 朱利荣．对税收基本法若干问题的思考［J］．科技创新导报，2011（33）．

本的和重要的事项都必须由法律规定。税收基本法应该是我国法律体系中的基本法律，对其所规定的内容，任何单位和个人都不得以任何借口加以干涉和改变。

（2）税收基本法是税收领域内的根本法。税收基本法在法律体系中将宪法和具体税法连接起来。一方面，它是对宪法中所确定的有关税收活动的基本原则的具体化，以使其具有可操作性；另一方面，它在整个税收法律体系中居于最高的地位，是其他一切税收法律法规的“母法”，其他的税收法律法规都必须依照税收基本法的规定进行。

2. 税收基本法与其他法律的关系

（1）税收基本法与宪法的关系。宪法是我国的根本大法，在我国的法律体系中，宪法处于最高的法律地位，具有最高的法律效力，其他任何法律制定及修改都必须以宪法为依据。税收基本法是依据宪法制定的。因此，它与宪法的关系是母法与子法的关系，税收基本法必须在内容上服从于宪法的规定。

（2）税收基本法与其他单行税法的关系。我国现行单行税法包括税收法律、税收行政法规和税收部门规章 3 种法律形式。税收基本法从位阶看是居宪法之下、其他单行税法之上的一部基本法律；从效力看，是统领和约束其他单行税法的一部基本法律；从内容看，是对各单行税法中一般的和共性事项的抽象性、原则性规定的一部基本法律。

（3）税收基本法与其他法律的关系。税收基本法是适应我国建立市场经济体制和税收法制环境制定的一部税法领域的基本大法，由于税收法律行为的广泛性，在法律实践中必然会发生与预算法、民法、行政程序法及机构组织法等其他法律之间的横向关系。首先，税收基本法同所有经全国人大制定的法律一样，均属于宪法之下的二级大法。其次，税收基本法对所有税收法律行为均具有法律效力。再次，当税收基本法与其他法律不一致时，凡税收基本法有明确规定的，以税收基本法为主；凡税收基本法无明确规定但单行税法有明确规定的，以单行税收法律为主；凡税收基本法和单行税收法律均无明确规定的，以其他法律规定为主。最后，要加强横向同级次法律间的协调，特别是税收立法、税收执法和税收司法三个税收法律运行环节间的同级次的法律协调。

（三）税收基本法的特征

1. 税收基本法具有广泛性

由于税收基本法作为税收法律体系中的“母法”和“统帅法”，它应该统领、协调、规范税收领域内的一切基本的和共同的事项，因此，这就使得其在内容上要能够涵盖税收法律体系中的一切基本的和主要的内容和事项。这些基本的内容和事项从税收法律的制定和执行的情况来看，不但包括了税收行政执法的一些基本内容，而且还包括了税收立法、税收司法的一些基本内容和事项；从税收法律体系本身的构成来看，它不但包括了税收实体法的内容，而且还包括了税收程序法、税收救济法、税务机构组织法、税收代理法等的内容；从税收实体法的角度来看，它不但包括了对税收法律关系中基本构成要素如税种、税目、税率、纳税人、税收征纳环节、税收优惠等基本概念的规定，而且也包括了对纳税人权利与义务等的原则性的规定。在税收程序法中，它不但应该对税收征管活动中的基本原则进行规定，而且还对税收征管的主要环节和基本内容进行规定。因此，可以说，税收基本法涵盖了税收活动的方方面面，从而使其具有广泛性。

2. 税收基本法具有根本性

税收基本法所规定的是税收法律体系内的基本的和共同的事项。在一国现行的法律体系中，税法的涉及面是很广的，既具有实体方面的，也具有程序方面的；既具有一般的和原则方面的，也具有具体操作和执行方面的；既具有国内的，也涉及国外的；既具有法律，也有行政法规、部门规章、地方性法规等，因此，形成了一个门类众多、体系庞大的税收法律体系。在这个体系中，由于各个法律法规所规范的内容及其适用范围等的不同，从而使其在内容上就不可避免地存在着相互交叉、重叠，同时也不可避免地存在着空白、漏洞等，而在其中，有关税收的基本的、共通的和一般的事项都需要进行专门的规定。税收基本法就是关于这些内容的规定。因此，税收基本法作为税收法律体系中的基本法律，它从内容上就是规定税收基本的和共通事项的法律。它作为税收领域内的“宪法性法律”，是整个税法体系的灵魂，是税收的一般性的法律规范，是对国家税收制度的根本性问题、共同性问题、原则性问题、重大问题和综合性问题进行的规定，以统帅、协调、规范、指导、约束各个单行的税收法律法规。

3. 税收基本法具有原则性和概括性

由于税收基本法作为税收领域内的“母法”，它不能也不可能取代具体的税收法律法规对税收法律体系中的每一个具体问题的规定，而是通过对税收法律体系中的基本的和共通性问题的规定，为税收活动提供最为基本的法律依据。因此，这就决定了税收基本法在内容上具有原则性和概括性。这种原则性就表现为税收基本法在坚持统一税法、公平税负、鼓励竞争、保证国家的财政收入和国家对市场经济的宏观调整、保护纳税人合法权益这一根本的立法目的和立法指导思想的前提下，对有关税法的基本的和重大的问题作出明确的规定，以保证税收职能的实现。这种概括性就表现为它所规定的内容只是税法领域内的共通的和一般的事项，同时，它在规定这些事项时也只是就其基本内容作出一般的规定，而对于税法领域内的一些具体的和个别的问题，则交由各个具体的税收法律法规来解决，以免模糊了基本法与其他各具体的税收法律法规之间的界限，影响了具体税收法律法规的实施和执行。

4. 税收基本法具有相对稳定性

在当前任何一国的法律体系中，税法作为对纳税人的经济活动进行直接的管理与控制的法律，它必须在适应市场的发展与变化中进行适当的、及时的修改，这就使得税法成为一国法律体系中变动、修改最为频繁的法律之一。但税收基本法作为一种“宪法性的法律”则必须具有稳定性，一方面它必须体现税收基本法作为法律的稳定性的特点，这是因为，法律一经制定和公布实施，就必须保持其严肃性，不能朝令夕改。这是法律的内在属性之一。税收基本法也必须具有这种内在的稳定性，它是整个税法体系及整个税收活动稳定发展的重要条件。它一经制定和颁布就必须在一个较长的时间内保持稳定，不能频繁地变动和修改。另一方面，它必须为纳税人提供一个比较稳定的、具有可预测性的法律指向。否则，法律法规的稳定性则无法体现，纳税人对于经济活动的税收负担将失去可预测性，进而也就失去了守法的意愿。正因如此，相对于频繁修改变动的具体税收法律法规而言，税收基本法是最为稳定的。它一经制定，就会在一个相当长的时期内保持其原有的形式，而不会频繁地修改或变化。

(四) 制定税收基本法的意义

就我国来说，制定税收基本法对于规范征税权力、保障纳税人合法权益、健全税收法律体系、实现税收法治之“良法之治”、促进社会主义市场经济发展，具有长远的重要意义。我国税收法制的现状是：一方面，实体法领域法律少、条例多，税收领域法律层次偏低。造成此现状最根本的原因是，税收实践中一些级别较低的、不成熟的、随意性较大的税收文件，被税务机关作为关键性的执法依据加以适用，从而造成税收征管程序法律规范的实际适用效力大打折扣。这一现象表明，目前我国税法级次结构不科学、不合理：一是立法权力机关即全国人大及其常委会制定税法占的比重太少（仅占 9.1%）；二是授权立法机关，即国务院(占 72.7%)、国务院各部委（占 18.2%）等制定的广义税法的比重太多，尤其是税务机关的规范性文件大量存在，严重降低了税法的权威性。因此，改变我国现有税法级次结构，提高立法机关立法所占比重，将大量行政法规、部门规章升格为税收法律，减少规范性文件是推行税收法治现代化的当务之急。[①] 另一方面，主要以税收征纳程序法律规范为内容的《税收征管法》虽然已经完成了对自身的“修补手术”，但是，税收程序法律规范不少方面缺少更高层次的法律支持，且与其他法律如民商法、行政法之间的关系不协调，不少规定可操作性较差，如协税责任制度、税收优先权制度、税收代位权和撤销权制度、税务行政复议救济制度等。有关税收处罚、税收复议、税收诉讼、税务行政赔偿等制度还只是一般性适用普通行政程序法的规定，没有体现税收程序的特点；有关税收稽查、税务代理等程序规定法律效力不高。[②]

制定一部税收基本法，把税收实体法律规范和程序法律规范有机结合起来，形成一部综合性法律，把以税收法定为核心的税收活动基本原则、税收立法、执法、司法的基本问题以及纳税人权利、税务中介机构、税收行政协助制度等重大问题规定下来，可以弥补各税种税收暂行条例

① 涂龙力，解爱国．论税收法治的现代化［J］．税务研究，2005（4）：55.

② 施正文．税收程序法论［M］．北京：北京大学出版社，2003：326.

中存在的分散、模糊、重叠、矛盾问题所造成的漏洞。这对于提高税收法律制度的权威性和确定性，改变长期以来税收领域法律层次偏低的“法律倒置”现象和征税权运转不良、效率低下、刚性不足的状况，具有重大的现实意义。制定税收基本法的意义还在于，在整个税法领域贯彻诚信税收和权利与效率并重的法律理念。

采取税收基本法这种立法形式是解决我国税收法律体系问题、促进税收法治的最佳选择。目前，我国税收法律体系模式采取的是一种“宪法＋税收单行法”模式，弊端显现。世界各国税收立法模式有两种：第一种是将各类税收法律编纂成为专门法典，如美国的《国内收入法典》和法国的《普通税法典》；第二种则是制定税收基本法，集中规定统领和适用各类税收单行法律的一般规则，如德国的《租税通则》、日本的《国税通则法》及巴西的《税收大典》等，这是一种“宪法＋税收基本法＋单行税法”模式。我国宜采取第二种模式。这是因为，法典型的税法总则是以基本稳定的税制为前提的，而我国目前税制尚未完全定型，因此不宜编纂《税收法典》。通过税收基本法，可以将推行新税制 20 年来由税收实践所确立的基本税收制度和一般规则上升为法律规范加以固定，同时又能够适应改革中经济生活和税制的变化。鉴于我国经济生活和税制将继续发生变化，立法机关频繁修订税收基本法不可行，但是可以对税收实体法和程序法中的个别条款进行添加、修改和废除，一旦我国的税制基本完备和成熟，就可以税收基本法、税收征管法和各类税收实体法律法规为基础，编纂完整、统一的《税收法典》，逐步过渡到第一种模式。但这应当是我国税收立法的长远目标而不是当前的选择。

（五）我国税收基本法整体框架结构模式的选择

鉴于我国税收立法的现实，本书认为，在税收基本法的制定过程中应当注意其整体框架和内容的合理设计与构造，在立法技术方面应当有全局的、通盘的立法考虑，要正确处理好税收基本法与其他税法的关系。既要体现我国制定税收基本法的指导思想，又要遵循通行的立法技术；既要与国际上税收立法通例相适应，又要考虑到我国综合性法律立法的习惯与特点，以保持与原有法律的协调性。在立法方法上，以我国立法传统为基础，适当借鉴国际上成熟的立法经验。

我国市场经济发展和法制建设都没有像德国那么完善，我国立法习惯和经验也不像德国那样善于搞法典型法律；俄罗斯的模式太简单，原则性太强，按照其模式又满足不了我国现阶段的需要。总体来说，作为我国税收“母法”的税收基本法，其制定应立足于我国国情。本书认为，我国的税收基本法可采取与韩国《国税基本法》、日本《国税通则法》相类似的中型的立法结构模式。这种选择实际上就是把税收基本法的体例模式定位在一种规模适度的、较发达的税收基本法形式上①。其优越性在于，既突出税收基本法的特征，又容易为大众所遵循和掌握。

我国税收基本法的正文结构从纵向角度看应分为若干层次，设章、节、条、款、项，并且应当注意避免税收基本法条文中“条多款少”的问题，防止大篇幅的一条即一款的条文模式。本书认为，我国税收基本法内容除税收活动的基本原则和制度外，还应当包括中央与地方税收立法权的划分、税务组织体系、纳税人和税务机关的权利和义务、税收征纳程序与税收执法检查、税务争议处理模式、税务司法保障体系、税务中介机构以及税务代理活动、税务行政协助、违反税收基本法的法律责任等内容。

（六）我国税收基本法有关内容及其立法表述

1. 税收基本法总则应当明确税收活动的基本原则

学术界一般将税法中的原则分为基本原则和适用原则。本书认为，税收活动的基本原则主要体现为：①税收法定原则。可以表述为：中华人民共和国所有税收必须以法律明确规定，没有法律明确规定不得征税。税款必须依照税法规定计算征收，不得以税收计划作为执法的依据。②税收诚信和信赖保护原则。可以表述为：税务机关代表国家征税时应当诚实信用，善意地行使职权，善意地履行职责。税务机关作出的有关税收具体行政行为应当适当合理，禁止过度。纳税人履行税收义务时应当诚实。税务机关对已经作出的税收行为不得擅自改变或者撤回，纳税人基于对该税收行为的信任所取得的权力和利益受法律保护。② ③税收正

① 施正文．税收程序法论［M］．北京：北京大学出版社，2003：302.

② 韩国1974年《国税基本法》有类似立法先例，称为信义诚实原则，参见第15条。

当程序原则。可以表述为：税务机关的税收行为应当符合行政程序，一切税收行为应当符合法定的步骤、顺序、方式和时限要求。违反税收活动程序的税收行为自始无效。④国际税收协定优先原则。可以表述为：中华人民共和国参加或签订的国际税收条约或双边税收协定对税收问题有特别规定的，适用有关的国际税收条约或双边税收协定，但中华人民共和国声明保留的条款除外。⑤税收优先原则。可以表述为：税款具有优先于一般债权而执行的效力。税收有优先于行政和司法罚没而执行的效力。⑥税收执法独立原则。可以表述为：除法律另有特别规定外，税务机关是国家统一的税收执法机关。税收执法机关依法独立行使税收执法权，任何单位和个人均不得非法干预或取代税收执法机关的税收执法活动。⑦纳税人权利保障原则。可以表述为：纳税人依法享有的税收权力和利益受法律保护。中华人民共和国公民有权依法参与税法的制定，自由地评价税收，关注税收用途，对税收立法、执法、司法活动提出意见和建议。纳税人有权对税务机关违法的税收行为实施抵抗和防卫。

2. 税收基本法应当确定如下制度

禁止多征或少征制度、禁止省区间非法设税制度、事前裁定制度、税收行政协助制度、税法生效实施时间制度以及税收活动的回避、时效、管辖、期间、送达、授权、委托（包括委托代征和征税机关之间委托）等，这些都是税收活动中的共性制度，包括实体和程序两类。

3. 税收立法制度

税收立法权划分是国家税权问题的核心，应当是税收基本法重点规定的内容之一。本书认为，全国人大及其常委会的中央税收立法权应当包括：①负责全国统一实施的税法的制定、修改或废止；②负责重要的地方税法的制定、修改或废止；③对上述税法进行解释；④其他有关税收方面的重要事项立法。国务院根据全国人大及其常委会制定的税收法律的授权制定其实施条例。国务院税收主管部门根据税收法律及其实施条例制定中央税收行政规章。

除民族区域自治地方的税收立法权根据国家民族区域自治法的有关规定执行外，省、自治区、直辖市人大及其常委会以地方税收法规形式行使一定的税收立法权。具体包括：①在中央的税收立法权以外决定是否开征新的地方税；②根据有关地方税法的授权，决定该地方税是否在本辖区开征或停征；③根据有关地方税法的授权，在不与宪法、本法以及有关地方税法相抵触的前提下结合本辖区的实际情况制定具体的实施办法。同时，应当明确规定地方税收法规必须报全国人大及其常委会审查备案。

此外，地方税收立法权还包括：省级人民政府在不与宪法、本法以及在行政区域的地方税收法规相抵触的前提下，以地方性税收规章的形式制定地方税收法规的具体实施办法。地方税收规章必须报同级人大常委会和上级人民政府备案。以上税法中涉及税务行政处罚和行政许可的设定，按照《中华人民共和国行政处罚法》和《中华人民共和国行政许可法》的规定执行。①

为了保证中央税收立法和地方税收立法的规范性和有效性，税收基本法还必须明确税收立法的一般原则要求：

①国家税法不溯及既往，即税法对其生效以前的事件和行为不具有溯及力，但是，程序性的法律规范除外；②税收的基本要素应当在有设定权的税法中明确规定，不得委托授权；③中央的税收立法有优先选择税种的权力，中央的税收立法可以覆盖地方的税收立法；地方的税收立法不得侵蚀中央税，不得阻碍全国性经济活动，不得损害其他地区的利益；④税收立法应当符合立法程序和立法权限。

4. 税收行政执法制度

税收基本法应当原则性地规定税务组织体系，也就是规定税务机关和税务机构的职能及其独立执法主体的性质。虽然《税收征管法》及其实施细则和国家税务总局有关文件对税务机关以及税务机构有所界定，但是税务机构改革一直处于实践之中，没有定论。当前税收理论研究领域出现的众多观点各有千秋。对税务组织体系这一问题，税收基本法可以这样规定：①各级税务机关是税法的执行机关。税务机关组建的税务机构根据法律、行政法规的特别授权，可以自己的名义独立地对外作出税收执法行为。②税务机关和经授权的税务机构是独立的行政主体，依法独立行使职权并承担由此而引起的法律后果。③税务机关设立税务机

① 根据《中华人民共和国行政处罚法》和《中华人民共和国行政许可法》的规定，国务院部门和直属机构规章、省级人民政府及有关的市人民政府规章可以创设税务行政处罚，有税务行政许可创设权的规章仅限于省级人民政府规章。

构的原则和方式及其职责权限由有关组织法规、规章规定。

税收基本法规定税务机关的权利和义务，应当充分考虑税收基本法与其他现行税法特别是《税收征管法》的协调，避免与其他税法的重复。综合起来说，税务机关的权力包括：依法征税权；纳税调查权；获得合理帮助权；采取税收保全或强制执行措施的权力；行政处罚权；加收滞纳金权；对特定纳税人核定税额权；要求提供纳税情报和协助权。税务机关的义务包括：保守纳税人个人信息、商业秘密；依法进行纳税调查；依法归还或解封纳税人账册文件、财物；依法退还多征税款；提供纳税服务和帮助；帮助纳税人将税法遵从成本最小化。

此外，税务机关应当将符合刑事立案标准的案件移送司法机关追究刑事责任，不得以罚代刑。纳税人和其他税务当事人的权利包括：①有权被认为是诚实的；②有权申请事前裁定；③有权拒绝履行无法律根据的税收义务；④有权要求税务机关提供纳税指导和帮助；⑤有权要求税务机关保守其隐私或者商业秘密；⑥有权依法申请减免退税；⑦有权委托他人代理纳税；⑧有权要求税务机关赔偿损失；⑨有权依法申请举行听证会；⑩有权申请复议或起诉；⑪有权检举违法行为；⑫有权对税收的用途提出质询。

纳税人和其他税务当事人的义务包括：①纳税人、扣缴义务人、其他税务当事人应当诚信处理其涉税事务；②纳税人应当依法缴纳税款并履行税法规定的其他各项义务；③扣缴义务人应当依法代扣代缴；④其他税务当事人应当履行税法规定的有关义务。

为保证税务机关依法征收、依率计征、依法入库，税收基本法应当明确应纳税额计算、具体征税行为的形式与程序、自由裁量行为、税额核定调整、代收银行选择、税款入库、税务审计等方面的具体规则。同时，税收行政执法检查是税收行政执法制度中不可缺少的重要环节。

鉴于我国税收征管措施刚性不足以及纳税人纳税意识普遍不高的现实，建立税收行政执法协助制度在我国显得尤其重要，其实践意义远远超过其理论意义。本书认为，在税收基本法中确立税收行政协助制度，更能体现更高层次的一种法定义务和更具有权威性的执法效果。税收行政协助制度主要内容包括：提供行政协助的主体，行政协助义务的具体内容，请求行政协助和拒绝提供协助的条件和程序及所应承担的法律后果。税收基本法可以规定：银行和其他金融机构应当向税收行政执法机关提供纳税人的银行存款情况，并按税务行政执法机关的要求冻结纳税人的银行存款，划转纳税人应缴未缴的税款；工商部门应当无条件地将纳税人工商登记的变动情况及时通知主管的税收行政执法机关；邮电、出入境管理机关、交通运输等部门以及其他有关单位应当在其职能范围内对税收行政执法活动提供行政协助。税收行政执法机关提出行政协助请求应当以书面形式作出，拒绝协助必须书面通知请求机关。税收行政执法机关只能选择适当的有关单位履行税收行政协助义务。请求机关应当对协助单位依请求实施协助的行为承担一切法律后果，但是协助单位超出请求协助范围所为的行为，其法律后果应当由协助单位自行承担。无法定理由而拒绝协助致使税款流失的不作为，应当由协助单位的上级主管部门追究有关人员的行政责任或者经济责任。此外，税收基本法还应当规定税收行政协助的费用来源制度。

税收争议的行政复议处理在国外往往称为异议程序或者申诉程序。我国《中华人民共和国行政复议法》对行政争议处理程序已有全面系统的规定。同时，《税收征管法》及其实施细则也有一些特别法规定。本书认为，税收基本法可以明确以下特别规定：①纳税人和其他税务当事人以及税务行政程序中的有关第三人认为税收行政执法机关的具体行政行为侵犯了其合法权益，可以依法申请复议；②税务行政复议机关不得因申请人提出申辩和反驳意见而作出对申请人更加不利的税收行政行为；③在涉税刑事审判期间，复议程序不应当中止；④复议机关处理复议案件依法适用简易程序、普通程序和听证程序。

5. 税收司法制度

税收司法保障体系是否在我国税收基本法中加以规定，理论界看法不一。本书认为，税收基本法中规定税务警察和税务法院很有必要，独立税收司法保障机构对于维护税收治安、及时调查并依法处理涉税行政和刑事案件、加强和健全税收保障体系、保证国家税收职能的顺利实现，将起着日益明显的作用。至目前为止，我国组建税务治安机构和税务法庭的工作经过多年的试点和推广取得了显著的成效，而且其重要性和必要性也得到了社会普遍的赞同和认可。有学者认为，建立以上机构，税收执法权与税收司法权的交叉与协调问题就会变得简单明了。为实现税收法律机构和职能的现代化，必须建立独立的司法保障机构，即建立税务警察、税务检察院和税务法院。①

我国税务机关的税收执法权力是有限的，取证难、执行难尤其突出。根据我国国家机构管理体制及其改革方向并借鉴国外有益经验，以税收基本法的形式将税务警察和税务法院机构肯定下来，在我国还是可行的。税收基本法可以对其管理体制、设置方式、基本职能等做概括规定。本书认为，税务警察问题可以表述为：①中华人民共和国设立税务警察以维护税收治安和进行税收刑事案件的侦查活动；②税务警察实行公安、税收主管部门双重领导的管理体制；③税务警察在县、区以上行政区域设置，统管辖区内各类税收治安和税收刑事案件的侦查活动；④税务警察的具体事项由国家另行立法规定。

税务法院问题可以表述为：①中华人民共和国设立税务法院，专门审理税收刑事案件和税务行政案件；②税务法院是国家法院系统的组成部分，受最高人民法院的指导和管理；③各省、自治区、直辖市分别设置税务法院，并可以按照各自辖区内的一定经济区域设置一级税务法院；④税务法院的具体事项由国家另行立法规定。

税务行政诉讼可以表述为：①纳税人和其他税务当事人对税收行政执法机关的具体行政行为不服可以依法向法院起诉；②案件既涉及刑事诉讼，又涉及行政诉讼的，刑事诉讼优于行政诉讼，已经开始的行政诉讼应当中止；③税务行政诉讼的具体规则适用国家有关法律的规定。

对税务刑事诉讼可以表述为：①税务行政执法机关认为纳税人或其他税务当事人有税收刑事犯罪嫌疑，并且符合提起刑事诉讼标准的，应当在完成行政程序后依法及时移送侦查机关立案侦查；②税收刑事案件的侦查权由税务警察机构行使，与案件有关的税务机关应当协助侦查；③税收刑事案件侦查终结后依法移送检察机关提起公诉；④税务刑事诉讼的具体规则适用国家有关法律的规定。

此外，税收中介机构与税务代理活动制度也是税收基本法的重要内容。在税收基本法中，应当明确注册税务师执业机构作为代理税收事务的社会中介机构的法律地位，明确注册税务师执业机构及执业人员的基

① 涂龙力，解爱国．论税收法治的现代化［J］．税务研究，2005（4）：55.

本权利和义务，以及代理赔偿责任、行政责任和刑事责任。注册税务师执业机构的组织形式可以是有限责任公司、合伙组织，并有法定要求的执业税务师和相关从业人员。具体问题可以由将来出台的税务师法做出规定。此外，还应当规定律师机构、会计师机构、银行以及其他金融机构等社会中介机构在涉税事务中的地位和责任。

四、构建现代税收程序法治

程序是公正的制度保障，司法是社会公平正义的最后一道防线，涉税执法程序与司法体系是保障纳税人权益维护的重要途径。当前，我国执法程序体系、司法体系还处于改革攻坚期，党的十八届三中全会提出进一步深化司法体制改革，逐步建立独立于行政体制的司法体系。就税务工作而言，随着征纳关系的日益复杂，涉税纠纷和矛盾已经难以延续过去的处理模式，亟须构建适应税收体制改革的新的涉税执法程序与司法程序，通过严密、科学和人性化的程序设计，保障税收执法在法治轨道上沿着正确方向前进。这里主要涉及两个主要方面，一是重要税收执法行为的程序规范建设，另一个是我国的税收司法救济程序体制建设。因此，有必要从财政税收执法与司法工作发展的未来需要，加快探索适应高效、现代化税收程序保障机制和司法纠纷解决模式，提高涉税执法与司法的质量和裁判效率，更好地服务税收现代化的需要。

（一）我国当前税收程序法治建设存在的问题

1. 我国的重要的税收征管程序体系还未建立

（1）日常税务检查程序尚不完善。基层税务机关和税收管理员针对日常税收检查如何启动、实施、结果反馈，以及税务检查的双方权利义务目前尚没有法律法规予以明确规定。实施例行检查与临时性检查，实施专项检查与综合检查的相关程序保障机制还未建立，如何规范制约税收检查双方程序性权利义务，目前在法律上尚为空白。

（2）日常纳税评估程序还未有法律规制。针对各级税务机关对纳税人开展的纳税评估与风险评估，目前还处于摸索阶段。对于纳税评估的启动、审批与执行，范围、方式，以及纳税人应对纳税评估的程序权利与义务尚未有的具体程序规则厘定。对于纳税评估程序中的双方证明责任、举证规则以及违反证据提交真实性与合法性的相关的法律惩戒措施尚属空白。

（3）税务预先裁定与税务约谈程序机制缺乏。税务机关预先裁定与税务约谈适用的范围、启动的条件以及约谈过程中双方的程序性事项的权利义务关系还不明确，税务约谈程序与其他税收执法程序或者司法程序之间的地位与关系尚不明晰。

（4）纳税申报与汇算清缴的真实性与合法性的程序保障机制不足。基层税务部门在日常税收征管过程中，在纳税申报和汇算清缴等重要环节，由于事务性工作多、事务繁忙，以及缺乏较为完善的、科学的双方履行相关法律义务的程序保障机制，往往造成执法效果与执法的漏洞多，难以真正防止在申报阶段与汇算阶段的各项数据的真实性和合法性。比如，纳税人提供的申报数据的核实，汇算清缴纳税人的账册的完整、真实以及全面性，没有一套较为科学、有效的程序保障纳税人依照法定程序如实完整提交相关证据资料，税收执法机关是否依法对相关数据、资料进行完整性、真实性和重要性审核，缺乏科学的程序机制。

（5）税务机关向独立第三方获取税收证据程序缺乏。目前，税收征管由于受到现有体制的制约，税务机关在执法过程中，往往在搜集与相对人有关的涉税信息方面受制于无相关法律的明确授权，无相关的执法程序的保障，造成执法信息获取难、执法证据调查难，纳税人信息不完整、不对称，提高了执法成本，降低了税收执法的透明度和执法效率。

（6）税收执行程序法治建设还有待加强。快速、高效和规范的税收执法需要有公正、规范的执行程序作为保障。无论是在税收执法调查阶段、检查阶段还是在稽查与税收追缴入库等程序中，法律对税务机关执行行为规定还不够完善，该赋予权力的地方没有赋予权力，该完善执行程序的地方少有法律法规予以规制，导致了税收执行的程序不完整、执行的力度不够，对税务执行的组织、人员与程序保障机制不够，在一定程度上影响了国家税收执法与司法的权威与效能发挥。

（7）涉税鉴定与涉税评估机制还不完善。首先是缺乏相对独立、高效和公正的涉税事项鉴定组织和机构。目前虽然有中介的税务代理、涉税鉴定机构，但是离独立、公正和高效的税务鉴定与评估体系还有相当的差距。其次是涉税鉴定和涉税评估的范围、形式和实施程序还不够完善，涉税鉴定与评估机构与纳税人、税务机关之间的各自的程序、权利、义务以及法律责任不够明确，对于违反公正性原则的鉴定评估行为的惩戒机制还欠缺。

（8）税收执法监督保障机制还不够完善。目前对于税收执法的监督机制，还停留于内部性监督、自上而下监督为主的行政监督的单一监督模式。执法监督的深度和广度还不够，保障税收执法监督的独立性制度和程序机制设计还未启动，监督效果的评价机制、监督结果的运用机制等尚待进一步完善。

2. 税收司法程序法治建设还处于起步阶段

（1）缺乏专业性、高效的独立财政税收审判机构。我国没有独立的税收司法程序，除了法律规定的海事法院、军事法院等专门法院之外，所有诉讼案件基本上都在普通人民法院受理。由于目前普通法院本身司法资源有限，法官力量不足，对于涉及的财政、税收等专业性较强的诉讼纠纷，普通法院审判压力大，少数复杂案件显得力不从心。而当前，我国缺乏专业性、高效的独立财政税收法庭，从一定程度上制约了税收司法现代化进程。

（2）税收司法的案例裁判制度尚待规范。对于财政税收等专业性行政诉讼来说，由于我国幅员辽阔、区域经济发展不平衡，以现有的大陆法系成文法司法为主要模式的普通诉讼裁判机制难以适应复杂、多样、专业性的财税司法案件。税收司法裁判的案例、判例制度不失为一种制度创新和发展方向，然而与此有关的判例传统和经验需要进一步在探索中积累。

（3）涉外税收诉讼、涉外税收司法协助程序有待完善。税收国际化和税收国家主权完整对我国涉外税收诉讼和涉外司法协助程序提出了更新更高的要求，如何进一步完善我国涉外税收司法程序和涉外司法协助制度，需要瞄准税收国际化趋势并探索适合中国国情的程序规则。

（二）推动税收执法、司法程序法立法进程

从税收法定主义的角度来看，公正、合理、高效的税收执法、司法程序是保证税法认真贯彻执行的重要保障，是维护国家的征税权与维护纳税人合法权利的重要环节。

1. **进一步完善税收执法程序规范体系**

税收执法是税收法治建设之关键环节，税收执法程序法制建设是决定税收法治建设成败的重要评价标准。我们必须坚持程序正义与权责统一原则，严格按照法定权限和法定程序加快税收行政程序法制定和完善。税收程序规范体系包括：快速高效的税务决策程序、公正透明的征管执行程序、广泛深入的税收执法监督程序和便捷公平的行政复议程序，健全税务行政程序制度体系，加大政务公开力度，严防以权代法、随意执法等“乱作为”“不作为”行为，切实保护纳税人的合法权益，自觉接受社会各界监督。结合当前我国基层税收征管和税务稽查实践，我们应该在税收执法程序上未雨绸缪、从细微处着眼，不断完善税收执法每一个节点的程序规范，引导税收权力的规范、合法和高效行使。

（1）建立规范的税务检查程序。对于各级税务机关和税收管理员针对纳税人实施日常税收检查，应该从检查的启动、实施、结果反馈以及税务检查的双方权利义务加以详细规范。对税务检查程序分实施例行检查与临时性检查，实施专项检查与综合检查等逐步建立相关程序保障机制。建立税务检查证据搜集制度、证据认定制度以及证据纠错制度，建立税务检查文书、证据等资料的归档制度。

（2）完善一线税务机关纳税评估程序。针对各级税务机关对纳税人开展的纳税评估与风险评估，建立全国统一的纳税评估程序规范。结合当前基层税收征管实践，应该分税种、分行业逐步完善对纳税人纳税评估工作程序。重点是针对纳税评估的启动、审批与执行，范围、方式，以及纳税人应对纳税评估的程序权利与义务尚未有的具体程序规则加以标准化、规范化。建立纳税评估工作中的证据搜集程序、行政机关与相对人之间的举证责任分配以及纳税评估证据纠纷的行政裁定机构与规则，探索建立第三方纳税评估的启动、运行与行政裁定规则和原则。

（3）税务预先裁定与税务约谈程序机制缺乏。逐步探索适应税收征管效率与提升纳税人遵从度的个性化税收执法程序保障机制。针对特定行业、特定交易以及特定纳税人税收征管效率与质量提升的需要，加快制定一整套税务预先裁定与税务约谈程序。对税务机关预先裁定与税务约谈适用的范围、启动的条件以及约谈过程中双方的程序性事项的权利义务以及相关法律行为结果的运用加以规范。建立税务约谈程序与其他税收执法程序或者司法程序之间有机衔接和法律保障机制，确保程序之间的互补性和协调性。

（4）建立健全纳税申报与汇算清缴法律程序保障机制。根据提高我国纳税申报和分税种年度汇算清缴的效率与质量兼顾的需要，有条不紊地逐步建立覆盖从纳税申报到汇算清缴的系统性的工作程序。建立分行业、分税种和分户籍的纳税人申报与汇算清缴的常态化运行程序。当前最紧迫的是建立纳税申报和汇算清缴的信息情报搜集程序，纳税人涉税信息完整、真实提交的保障程序，纳税人提交证据资料的档案归集存档程序，违反法律规定的申报与汇算清缴义务的法律制裁程序以及及时、完整、规范申报与汇算清缴的奖励程序。建立对简易申报与一般申报、简易汇算清缴与一般汇算清缴的分类管理与繁简分流程序，建立纳税申报与汇算清缴过程中风险识别与执法应对程序等不同档次与不同层级的税收征管程序。

（5）税务机关向独立第三方获取税收证据程序缺乏。目前，税收征管由于受到现有体制的制约，税务机关执法过程中，往往在搜集与相对人有关的涉税信息方面受制于无相关法律的明确授权，无相关的执法程序的保障，造成执法信息获取难、执法证据调查难，纳税人信息不完整、不对称，提高了执法成本，降低了税收执法的透明度和执法效率。

（6）税收执行程序法治建设还有待加强。建立各类税收行政裁决、决定、认定、鉴定等具有法律效力的行政执行保障机制。建议国家赋予税务行政机关在执行具有法律执行力的税务具体行政行为难以执行或者延迟执行的法律强制保障机制。赋予各级税务机关依照法律规定的程序和权力，对干扰和破坏、拖延和阻碍税收权力的行为与事项，采取必要的强制执行措施，建立与司法机关相辅相成、协调配合的行政执行程序体系。

（7）涉税鉴定与涉税评估机制还不完善。加快相对独立、高效和公正的涉税事项鉴定组织和机构及相关运作程序的立法。以严格的程序与实体法律规范，从涉税鉴定及涉税评估的范围、形式和实施程序保障涉税专业鉴定和评估机构高效运转，为各类社会主体提供优质高效的涉税鉴定和评估服务，大幅降低市场主体涉税鉴定与评估成本。建议国家对涉税鉴定和评估机构实行严格的管理和监督，提高资格准入门槛，确保鉴定和评估的质量和权威性。

（8）税收执法监督保障机制还不够完善。改革当前税收执法监督以内部性监督、自上而下监督为主的行政监督的单一监督模式，逐步探索建立独立于一般行政机关，受立法机关直接管辖的跨地域和跨部门的专业性监督机构，保持税收执法监督的权威性和专业性、公正性。建议在全国人大常委会下设立税收审计与监督部门，直接归属立法机关，受立法部门的委派独立行使常规与特别的税收执法监督和检查权。

2. 建立中国特色的税收稽查程序体系

（1）建立完善的稽查侦查程序。围绕提升稽查工作效能的目标，逐步完善整合现有税务稽查机构人员和机构设置，建立强有力的稽查侦查运行体系。建议在现有阶段整合公安机关、稽查部门选案、检查力量，组建相对完善的稽查侦查组织体系，对于稽查侦查制定较为完善、严格的程序，在提高效率的同时充分保障公民、法人的基本人权。

（2）建立完善的稽查案件审理程序。整合现有稽查案件审理专业队伍，加快稽查案件审理的组织机构改革和审理程序改革，建立适应现代化稽查的案件裁判、审理的行政程序，提升稽查查处案件处理和稽查文书制作的法律化和专业化水平，提升稽查处罚与处理行为的公正性和权威性。

（3）健全和完善稽查案件执行程序。参照人民法院司法执行工作程序，逐步建立适应稽查工作需要的执行决策、实施和监督程序体系。建立与人民法院司法文书执行类似的对于已经生效处理、处罚决定的执行体系。保障查处的各项税款及时足额入库，对违法行为的惩处快速高效落地，提升税务稽查的权威性和法律震慑力。

3. 建立中国特色的税收司法体系

税收司法是保障税收公平公正的最后一道防线，是税收法治建设的生命线。

（1）通过借鉴大陆法系税收司法制度的先进经验，积极探索设立独立的税务法院或者在人民法院内部设立独立的税务法庭，专门负责税务案件的审理。鉴于我国普通法院目前的组织结构与税收司法的特殊性需要的矛盾，建议在全国所辖税务法院的上下层级实行扁平化管理，设立中央税务法院、各跨行政大区的巡回上诉法院以及基层的一审法院，实行三级三审的诉讼层级，提高税收诉讼的程序的权威性和公正性。

（2）探索建立专门的税务犯罪审查起诉机构，提高打击税收犯罪刑事检察与起诉质量和效率；建立专门的税务警察机构，加强对涉税违法案件的打击力度，加快税务违法犯罪侦查机制与程序改革，整合现有的行政侦查执法力量，构建更加有效的行政侦查体系。

（3）妥善运用税务相互协商程序解决争端，加大境外税收救济力度。探索符合中国国情的处理税收国际冲突的纠纷解决机制，维护境外投资的税收利益。加强税收协定的宣传，提高境外投资企业提起协商申请、维护自身税收利益的自觉性、主动性。

五、加快税收组织法立法进程

税权配置、征税行为与税收法律对于现代法治国家来说具有举足轻重的影响。现代社会中，国家的各项活动都离不开财政的支持，“理财即治国”[①]。因此凡是实行法治或者法治建设水平较高的国家，无不具有完善的税收法制体系，对国家的税权、行政机关的征税行为予以规范，平衡国家权力与公民权利的关系，维护国家政权的财政稳定与公民基本人权。就我们国家的税收法律体系来看，财税法治建设的任务重大而艰巨，从加快税收组织法立法进程的角度而言，也是如此。

（一）组织法对税收立法的重要意义

组织法是近代的概念，自从晚清修律以来，按照“会同中西”的精神，从欧、美发达国家逐渐将西方近代发达法治文明引介到中国，出现了中国传统法制的近代转型。然而，作为一种国家治理手段和管理方式的政权机构组织体制，在中国古代早已有之，《尚书·舜典》即有关于古代分官设职的规定[②]，《周礼》设六官，以后历代封建王朝均制定本朝完备的官制，而且职官制度并非一般政府部门的法规，而是国家的重要典章制度，重要性非同一般。近代以降，我们在颁布刑法、民法、商法等

① 刘剑文，侯卓．财税法在国家治理现代化中的担当［J］．法学，2014（2）．

② 张秀丽．从《尚书·舜典》看虞夏官制结构［J］．读与写，2013（21）．

过程中，也同样在同步进行各类组织法的修订，不同的组织法虽然法律的部门不同，但是都对支撑我国法制现代化起了重要的支撑作用。从某种程度上讲，没有国家政权组织的现代化，就不可能构筑起现代法治的宏伟大厦。而自改革开放，我国加快民主法制建设进程以来，对于组织法的修订和完善相对显得薄弱。就财政税收组织法来看，我们的组织法立法相对滞后于总体法制建设的进程。迄今为止，还没有一部财政、税收的组织法问世，财税组织体制的法律依据还停留在行政法规、甚至行政规章、一般规范性文件的层次，缺乏法律权威性和立法的前瞻性，与我国追求的依法治国、建设法治国家的国家战略不相适应。

（二）现行税收组织机构立法存在的问题

1. 立法相对滞后

我国的组织法立法有个特点，即先有机构，再有组织法出台，这与我们改革的尝试性和探索性有很大的关系。然而从严格的现代法治精神和原则来看，对于行政权力、行政机构和行政组织程序，应该是“法无明文规定不可为”，无授权即无权力。我国行政机构组织法，上至国务院组织法，下到各部门组织法，往往是在国家机构改革完成后，再匆匆忙忙出台认可性的组织规程，而且组织法立法往往落于空和疏，失于具体明确。如1982年通过的《中华人民共和国国务院组织法》总共11条，共计850字，条文之简约，规定之粗略①，成为行政组织立法的基本模式。1993年我国启动分税制财政管理体制改革，1994年国税、地税分设，正式拉开了财税体制改革的大幕；而与之配套或者机构改革的前提的税务机构组织法却迟迟未露面。现行税务机构设置的组织法依据，主要是国务院《关于分税制财政管理体制的决定》与中央机构编制委员会出台的《关于地方机构改革实施若干问题的意见》以及其后陆续出台的关于机构改革的有关行政规章、规范性文件。截至目前，国家还没有将财政机构组织法、税务机构组织法上升到法律的层次，甚至相关的立法草案也未出台。税务机关组织法的立法还远未达到法治建设的要求。

---

① 张越．修正《国务院组织法》片论［EB/OL］．http：//vip. chinalawinfo. com/newlaw2002/fax/xfx/thesis/cha_ the_ 026_ 1. htm.

2. 法律位阶低

从行政组织法来看，普遍还存在法律位阶低的情况。特别是财税机构组织法，虽然对于现代国家治理和财政安全具有重要影响，但依然没有引起立法部门的高度重视。我国的税收机构组织法很大程度上还停留在部门行政规章的层次，甚至部分规定还未上升到部门规章这一级。如1994年设立国家税务总局是根据国务院文件《国务院办公厅关于印发〈国家税务总局职能配置、内设机构和人员编制方案〉的通知》，其属于行政一般规范性文件，并非具有司法适用效力的正式立法文件。2004年，国家税务总局印发《关于进一步规范国家税务局系统机构设置　明确职责分工的意见》（国税发〔2004〕125号），以及2008年《关于印发〈国家税务局系统机构改革的意见〉的通知》（国税发〔2008〕104号），这两个文件均是国家税务总局规范性文件，法律层次还不及规章，更不用说立法层次。从总体来看，由于现行关于税务机构组织管理的规范性文件法律位阶低，法律权威性不足，导致税务机构改革一直处于改革进行时，无法形成相对稳固、定型的国家与地方面向法治化进程的税收征管体系。

3. 立法理念僵化

所谓立法理念，是国家主权立法者基于社会形势的客观需要，对于某部门和类别法律作出的原则性和根本性定位，在法律实践中，只有本着立法者的立法精神，才能把握法律的整体面貌。先进的立法理念产生先进的立法条文、法律原则，才能达到预期的立法效果，而滞后、僵化的立法理念，被动式的立法理念，往往与法律制定者的目标相去甚远，达不到立法目的。我国的行政组织法立法的主要不足之一就是缺乏系统性、宏观性和明晰性的立法指导思想，立法理念往往滞后。税收行政组织法的立法一样存在这样的问题。改革开放30余年来，分税制改革至今已经20年，尽管我们的税收法律法规已经卷帙浩繁，然而却是数量多而不系统，立法的针对性和整体性考量等不足。税收实体法、税收程序法和税收组织法各管一块，缺乏顶层设计的统筹兼顾，缺乏税收改革的一盘棋思想，没有在制定税收具体法律的同时充分考虑到如何面向税收法治现代化的总体布局和宏观思路。具体到税收组织立法而言，有关的立法指导思想还不够高、不够新，甚至还没有达成如何构建我国税收组织立法的总体规划和分阶段规划的共识。

4. 税收组织立法对国际经验借鉴不够

我国税收组织制度设计基本上还是沿袭了我国传统的行政组织构建和组织管理理念，对于现代西方关于税收管理组织的先进经验引进和吸收不够。税收机构改革和组织体制的建设远远不能适应我国税收发展的需要，与世界发达国家的税收高效管理还存在较大差距。目前全国税务系统近100万税务大军，我国的征税成本在5%以上，征税成本远高于发达国家；而发达国家的征税成本普遍维持在2%以下，美国的征税成本只有0.58%①。征税成本高集中反映了税务机构人多、机构重叠和行政效率低的整体现状。2014年美国联邦政府税收收入超过3万亿元美元②，同年我国国家税务局和地方税务局组织各类税收收入刚超过10万亿元人民币；美国联邦税务局总人数为9万余人③，在全国设置5个大区办事处，10个服务中心和63个地区办事处④，机构之精简，队伍之精干，税收执法效力高可见一斑。我国在构建现代化的税收组织体制的过程中，应该大胆向先进国家税收管理法制经验学习，进一步提高我国税收组织管理效率和机构效能。

（三）构建现代税收组织法治的可行途径

税务机关组织法，是落实税收法定、依法治税的重要组织程序保障。当前应该围绕中央税制改革和中央集权与地方适度分权的财政体制总体改革思路，在充分征求各方面意见基础上，尽快全面启动财政税收组织机构法制立法进程，为进一步深化我国财税体制改革，为税收法治现代化奠定良好的组织基础。构建税收组织法治体系，牵一发而动全身，必须在中央的统一领导下，在科学调研、深思熟虑的筹备下有步骤推行，争取在最短的时期内在若干重要领取取得突破，为我国财税法治建设做出应有的贡献。

---

① 陈燕玲，张元源．我国税务机构设置现状及改革对策建议［J］．劳动保障世界，2009（8）．

② 数据来自美国国会预算办公室（CBO）。

③ 彭继旺．美国联邦税务局大中型企业管理局的组织构架和人员管理［EB/OL］．http：//ww. hb－l－tax. gov. cn.

④ 陈燕玲，张元源．我国税务机构设置现状及改革对策建议［J］．劳动保障世界，2009（8）．

1. **加快起草、制定税收组织法进度**

根据党的十八大和十八届三中全会关于推进财政税收体制改革的总体要求，建议全国人大法工委尽早启动我国税收组织法的立法进程；将税收组织法、财政组织法同时列入立法规划，力争用3~5年时间，定型并出台我国财政和税收组织法律体系。为了做好立法准备，建议国家从以下3个方面着手解决立法层面的突出问题：一是由立法机关牵头，联合财政、税务、银行和审计等不同的部门，开展对如何加快财政预算体制改革的总体框架和总体方案的调研；主要围绕法治国家的预算管理、财政收入分配、中央与地方事权与支出责任划分、中央地方税收职权划分以及对国家预算和税收的立法、行政监督等重点领域，尽早确定加快财政预算和税收体制改革的基本思路，从而为各项财经管理职权的厘定和机构的重整确定基本指导原则。二是成立国家预算、财政、税收、政府审计等组织法立法起草领导小组，分头分工负责，总体协调，形成合力，尽早将立法起草形成的有关方案、草案下发征求社会意见，并形成可以提交人大审议的正式文本。三是拟定财经领域政府机构组织改革与立法起草的时间表和路线图，由全国人大及其常委会以法律文件的形式颁行，以法律文本的形式为落实党的十八届三中全会决议的改革部署提供有力保障。

2. **进一步规范各级国税、地税组织机构设置**

完善税务机关内部行政监督制约机制与厘清税收行政权力与其他国家权力的关系，进一步推动税收机构法治化与税收权相对独立行使。我国分税制财政管理体制改革以来，设置国家税务局和地方税务局两套税收机构，在完善税收征管和保障中央和地方收入增长方面发挥了重要作用，但是不可否认，国税、地税的简单分置并没有从根本上构建起适应我国税收现代化的良好制度机制，反而在一定程度上增加了征税成本，凸显出两套机构运行的矛盾，降低了税收征管效率。[①] 因此，为了构建中国特色的现代税收组织法，必须加快税务机构设置改革。目前，针对税收机构改革，存在三种主要观点：一种是简单地将国税、地税合并；一

① 陈燕玲，张元源．我国税务机构设置现状及改革对策建议［J］．劳动保障世界，2009（8）．

种是维持现有的机构现状；第三种是建议在保持目前国税、地税分设的总体架构下，有针对性地进行科学化改革[①]。本书比较赞同第三种观点，即保持现有机构设置大体不变的情况下，有步骤地开展渐进式机构改革。首先，开展税务机关内部扁平化改革。对现有的内设机构进行整合，减少行政层级，裁撤重叠部门和分流冗余人员，根据上级和下级税务机关的职责分工，建立运转高效、职责明晰、决策执行运转高效的现代化税务机构管理格局；各地方税务局在我国“营改增”改革和税种设置改革的基础上，进一步压缩人员和机构编制，建立适应地方财税管理需要的高效管理体制，探索在国税、地税部分业务领域实行联合办公和联合办案机制，打破国税、地税各管一块、相互掣肘的格局。其次，重新评估我国现行按照行政区域严格对应的国税、地税设置体制，探索根据不同的经济发展区域设置跨行政区的相对独立的国家税务局，相应的地方税务局系统也可以突破现有的行政区划制约，以打破行政区划为突破口，实现税务机构地位和职权行使的相对独立性。再次，建议整合现有的税务稽查机构，通过人员和业务归并重组，建立直属全国人大或者国务院的独立税务稽查机构，统一负责国家税收稽查监督工作，提高税务稽查的权威性和加强对于各级税收工作质量监督。最后，建立全国国税、地税以及稽查共享的信息应用平台管理机构，为税收现代化提供强有力的信息支持组织保障。

3. 探索适应我国社会发展的税务官员额制度和税务官等级制度

建立税务官专项津贴，为税务职业化和队伍廉政建设提供有力的组织制度保障。我国税收组织法的建立和完善，应该着眼税收职业化的长远需要，借鉴西方税收职业化建设的经验，建立适应我国税收现代化要求的税务官职业管理制度。在组织法中应该对各级税务机构税务官员额、税务官等级评定以及税务官专项津贴标准作出明确规定。建议在组织法出台之前，开展部分地区的税务官等级制度、税务官专业化分类管理制度以及税务官员额的改革试点，积累经验。同时国家应该建立税务官与税务稽查人员专项津贴，以组织法的形式为提高税务官队伍收入待遇提

---

① 雷雪．我国税务机构的设置与分税制的完善［D］．成都：西南交通大学硕士学位论文，2005：35.

供法律保障。在税务官分类管理和等级管理过程中，可以充分借鉴西方发达国家的管理经验。建立税务官的选拔任用、晋级晋职、考核监督等专门委员会，逐步实现税务官的考核由本单位、本部门考核向成立税务官行业或者专业委员会对税务官登记和资格进行评定转变，建立科学、公正和合理的税务官考评组织运行体系。

4. 加强税收科研组织体制改革，探索税务机关专业咨询机构建设，为税收改革和现代化税收执法提供有力智力支持

加强税务机关内部科研、调研、综合管理机构建设，对推进税收改革和提高税收征管质量和效率具有重要意义。整合现有的税收科研、调研和信息化等人力资源，建立适应现代税收管理需要的税收调研和税收研判组织机构，为各级税收政策制定和税收征管重大活动提供强有力的信息支持和参考建议。国家税务局设立统一的税收调研与重要税务信息情报机构，各级税务机关根据业务需要设置类似的组织，发挥参谋和助手作用，为税收执法决策和税收改革提供方案和建议，为重要的税收疑难、复杂问题提供参考和研判。

六、税收立法机制法治化

改革开放以来，我国加快了税收立法和法制建设步伐，但是与现代税收法治体系还有相当大的差距。无论是对于各项税款的开征、停征、减征、免征立法的宪政设计，还是对于各类税收立法预备、启动和实施过程的法律规制，若以现代著名法哲学家哈贝马斯的商谈理论——“只有那些产生于权利平等之公民的商谈性意见形成和意志形成过程的法律，才是具有合法性的法律”[①] 为评判标准，我们现在的税收立法与现代法治政府和现代法治国家的目标还有相当大的差距。距离实现由普遍选举的人民代表真正行使税收立法，实现国家的财税收支大权由人民代表大会全权行使，实现税收执法的法治化监控和保障人民群众的合法纳税权益这一目标，我们还有相当长的路要走。

① 立法的事实有效性和规范有效性，这一对概念来自于哈贝马斯的语用学法哲学理论，具体请参看［德国］哈贝马斯．在事实与规范之间——关于法律与民主法治国的商谈理论［M］．童世骏，译．北京：生活·读书·新知三联书店，2003：507.

（一）目前税收立法机制存在的不足

1. 税收立法启动机制还不够健全

当前，我国初步形成了基本的税收法律法规框架，由 3 部法律、30 多部行政法规以及 50 多部行政规章组成了我国目前的税收法律规范体系[①]。然而，对于税收立法的广度和深度来说，这些法律规则是以税收授权立法为主、以应急性[②]税收和政策调整型税收为主要模式、以结果导向的功利主义而非利益博弈与平衡的宪政主义的税收立法。其根本原因是我国的立法启动机制还不够完善，似乎一部税收立法的启动仅仅是国家财政机关、国家立法机关的分内之事，民间社会团体、独立性学者以及广大社会公众往往被排斥在税收立法的立法启动机制之外。按照我国现行立法草案的形成机制，相当多的重要立法草案，一般由有关政府职能部门起草，部门内部进行研究讨论，后交由国务院法制办审查，并与其他相关部门协商，适当的时候征求有关学术机构、专家学者意见，形成较为成熟的草案后提交全国人大审议。这种立法启动机制，往往更多体现自上而下、倾斜于部门利益的一种制度安排，社会参与的广泛度和立法者与公民互动机制不够健全，而且很多涉及不同阶级、阶层、群体的切身利益的呼声和意愿无法纳入立法文本中来。因此，当前亟须改革我国的立法启动机制，扩大税收立法的群众基础和民意基础。

2. 中央税收立法组织体制改革需要进一步深入

我国的全国人大及其常委会作为我国的最高立法权力机关，行使最高的税收立法权。但是长期以来，全国人民代表大会由于参会人员多，代表来自方方面面，导致了大多数人大代表法律专业素养有限，无法应对越来越专业化的税收、财政等经济立法的需求，造成了很多代表在行使表决权时流于举手投票的形式，无法真正形成立法意见、观点和理念的深度交流和博弈。全国政协在重大立法问题上，目前只能起到参政议政、民主协商的辅助性作用，对立法的过程影响有限。

3. 中央集权与地方适度分权的税收立法权力分配格局还未形成

应该看到，随着我国税收财政体制改革的逐步深入，越来越需要对

---

① 胥力伟．法理学视野下我国税收立法研究述评［J］．经济与法，2011（3）．

② 此种应急性，主要指应对中央和地方财政增收的阶段性和临时性需要。

中央与地方财权与事权进行法律程序与实体上的规范。我国虽然是采用单一制的中央集权的国家结构形式，但是并不代表不能给地方适当的税收立法权和适当的法律解释权。随着我国“营改增”和税收征管体制机制改革，地方税收的安全与稳定发展逐步浮出水面，在保障中央财力稳定的同时，有必要赋予地方适当的灵活安排地方财政收入保障财政正常运转的必要的立法权、行政权和司法权。在维护全国税收立法和执法一盘棋的总体原则下，根据不同地区、不同民族和不同的地方发展实际需要，适当下放部分涉及地方税收稳定发展的部分税种的立法权，不仅不会破坏法治的全国统一，反而可以对我国当前过于集中的税收立法权格局形成有益互补，形成中央与地方在税收立法上的统筹监督和协调发展。为部分经济欠发达地区寻求法律体制机制的灵活安排，只能会更好调动地方主动安排和配置财力、平衡地方收支和促进地方财政稳定增长的动力和活力，减小中央转移支付的成本和压力。

（二）着力构建完备规范的税法立法机制

完善中国特色的税法体系，离不开改革和完善现有的税收立法程序。程序正义对于现代法治建设来说具有十分重要的地位。程序正义是实现社会制度公平正义的重要保障。“它主要体现于程序的动作过程，是评论程序本身正义与否的价值标准。程序正义价值可以广泛地适用于审判、调解、立法、行政等法律程序中”[①]。程序正义不是主观的而是有其客观的标准，无论在历史上最低限度的不以立法者意志为转移的正义，或当代世界中，都存在着人类社会普遍接受的某些正义观念，这些正义观念是人类对自己生存发展的秩序、条件和规则的意识，是一种社会化的理性、理智，在一定程序上代表和体现着人的发展水平、人的自我意识和理性健全的程度，反映着法律的内在精神和实质。程序的正义“一方面最大限度地增加可接受的决定的可能性，另一方面为了保证那些处于法定程序中的人们的公平”[②]。就税收立法程序来看，要实现税收法定主义的党的既定改革方向，当前要重点加紧改革我国的税收立法程序，用公

① 肖建国. 民事诉讼程序价值论［M］. 北京：中国人民大学出版社，2000：159.

② ［英］麦考密克，［奥］魏因贝格尔. 制度法论［M］. 周叶谦，译. 北京：中国政法大学出版社，1994：178.

正、公开和公平的程序规则保证各项税收立法的顺利有序推行。目前，我们主要应该从以下 4 个方面加强税收立法程序制度建设。

1. 加快全国人大及其常委会税收立法程序规范建设

税收法定主义的在当前要解决好立法主体角色缺位的问题，在 20 世纪 80 年代，由于改革开放初期特殊形式的需要，我国立法机关将大量的本属于自身的立法职权通过授权立法的形式委托国务院、财政部以及国家税务总局行使，造成了全国人大税收立法职能在某种程度上未能充分发挥。我国的当前税收法律规范基本上是授权立法，即行政立法。从某种程度上既影响税收的权威性，也降低了税收立法的公正性。为此，本书建议，在今后几年的时间，由全国人大及其常委会逐步将税收授权立法权力收回，加强人大税收立法程序改革和完善。首先，逐步建立起适应我国经济和社会发展的税收重要法律的立、改、废程序，修改《中华人民共和国立法法》（以下简称《立法法》）有关授权立法的规定，明确涉及全国性的法律的立法权专属于全国人大。其次，增强税收立法的公开和透明性程序设计。对于凡是涉及公民普遍利益、社会公平和长远发展的重要税收立法，应该借鉴发达国家经验，建立立法听证制度，充分征求社会公众意见，最大限度取得立法本身的合法性。最后，探索建立税收立法的合宪性审查与司法审查制度，增加对税收行政、立法和司法行为的宪法审查，加强对于税收立法的法律监督。赋予司法机关对行政立法等抽象行政行为的司法审查权，不但十分必要，而且也符合世界行政法的发展趋势。

2. 加快中央与地方税收法律立法权分配机制建设

自从 1994 年分税制财政管理体制改革以来，虽然基本上解决了中央和地方财政权力分配的阶段性问题，但是对于中央与地方税收立法权的合理、公平和制度化分配，仍然未能从根本上解决。中央与地方在税收立法权力的分配仍然处于探索阶段。对于哪些税种属于中央立法，哪些税种属于中央和地方共同立法，哪些税种应该下放地方立法，处理的是否恰当对于平衡中央与地方财力、合理配比事权与支出责任具有重要意义。特别是当前“营改增”全面推进以后，以营业税为主体来源、以房地产为支柱的地方财政面临入不敷出的尴尬局面，迫切需要为地方财政建立稳定、长期和可持续发展的税收制度保障。当前应该在确保地方财政平稳运行和社会公平的总框架下，加紧推进中央与地方财税立法权分配机制建设，将构建科学、合理的税收立法分配机制与各实体税种立法的进程同步推进，尽快拿出稳妥、可行的基本方案和基本制度。

3. 加快特殊区域税收立法程序建设

我国地域辽阔、区域经济发展不平衡，改革开放以来，东部地区与西部地区发展差距逐步拉大，相当多的边疆地区、少数民族地区和革命老区经济、社会发展相对滞后，特别是边疆少数民族地区亟待国家政策扶持，以缩小地区之间贫富差距，减少社会不稳定因素，促进社会长治久安。与全国统一的税收立法相对应的，应该逐步探索建立适应西部落后地区的地方税收立法体制和机制。全国人大应该针对特殊区域，特别是少数民族自治地区、贫困地区，适当授权地方人民代表大会制定不违背基本税收法律原则、能够更好促进地方经济健康发展和社会和谐稳定的地方税收特别立法。一是要逐步建立地方性税收立法制定、修改和废止程序。二是要探索建立全国立法在民族自治地方、贫困地方税收变通执行的立法启动和实施程序。三是建立区域性税收特殊优惠政策的论证、起草和审议与通过实施程序。

4. 加快中央行政机关税收立法草案拟定程序建设

为了加快我国税收立法步伐，仅仅依靠全国人大的力量还远远不够，当前，应该进一步加强财政部、国家税务总局等财税执法部门，增强各类税收立法草案起草力度；应该进一步完善行政部门立法建议草案制定程序。财政部和国家税务总局作为财税执法的主要部门，应该进一步整合现有的法制部门力量，加强横向和纵向联系，尽快拟定财税立法草案制定程序，通过公开征求社会各界意见，形成运转高效、权责明确、合理可行的工作机制。行政执法部门通过衔接社会公众与立法机关，迅速高效地收集人民群众对于当前税收立法意见和建议，并将可行性立法草案尽快向立法机构提交，及时启动全国性立法，提高税收立法的效率和质量。

七、推进我国税收国际法体系建设

随着经济全球化和世界市场一体化发展，政府和各类市场主体会越来越多参与国际经济交往，成为全球一体化进程中重要的主体和角色。与此同时，我国税收走向国际化、参与国际交往的深度和广度日益拓展，对我国国家税收法律制度的改革和发展提出了新的时代课题。譬如2014年在美国上市的阿里巴巴，其经营业务主要发生地在中国大陆，而其注册地为开曼群岛，具有复杂股权机构和控股关系[①]；对于这样一家具有如此复杂国际经济交往关系，涉及互联网技术服务、电子商务、网上支付平台等广泛经济领域的新型跨国性经济组织，目前国内、国际税法体系还远远没有相应的充分的税收立法准备和税收管理应对措施。可以想象，随着我国国际经济交往的发展，出现类似的税收立法和执法问题必定将越来越频繁和寻常。因此，我们必须有充分的立法和执法相关制度储备，以跟进时代的发展，着眼国际税收发展的总体趋势，在更加广阔的领域服务于我国经济发展和税收事业发展。

（一）我国税收国际法体系的主要目标

当前我国税收国际法还处于探索发展阶段，远远还没有形成目标清晰、制度成熟和体系完整的定型阶段。因此，结合我国当前参与国际经济交往和我国经济发展“一带一路”及企业“走出去”总体战略，需要明确我国国际税收法律法规体系的立法精神和主要目标，以为我国今后制定、修改、谈判和签订国际性税收法律规则提供总的方向指引。因此，就目前形势而言，主要应该实现以下目标。

1. 维护国家经济安全和税收主权

国家主权（sovererignity）在传统社会受制于陆地和海洋边界的限制，主要体现在在一国领土范围内对该国立法、司法和行政等各方面享有的独立自决的最高权威。让・博丹认为，在一个共和国内，主权是一项绝对的和永久性的权力[②]。就国家经济主权来看，国家对于管辖区域范围内所有自然资源享有支配权，享有征税权、发行货币权和对于国内经济活动拥有监督管理的权力，以及对于国民境外资产、经营活动管理与保护的权力。[③] 具体针对税收领域来看，国家税收主权在经济全球化与信息网

① 见“阿里巴巴作为一家在开曼群岛注册的壳公司”，http：//news. meyet. com/artucke－117663－1. html。

② Jean Bodin. Six Books of The Commonwealth. Abridge and translated by M. J. Tooley , Basil Blackwell Oxford.

③ 卢麟元．论国家经济主权［EB/OL］. http：//blog. ifeng. com/article /9692632. html.

络化背景下，就是国家广泛参与与之相关的行政、执法和立法等各项财税活动，以最大限度参与和拟定制度安排，获得与世界上其他国家同样平等地享有管辖本国涉外税收事务，分享国际经济交往利益的最高权力。因此，就当前我国经济各领域越来越多参与国家市场的生产、交换和分配，采用经济、税收手段维护国家的主权利益，从而保护本国人民平等分享世界经济一体化带来的经济成果，维护国家和人民的最高利益，应该是我国税收国家法律体系的首要目标。

2. 维护国民参与国家交往的合法税收权益

我国的国际税收法律体系应该按照宪法关于保护公民基本人权和财产权的精神，通过合理的、可操作性的制度安排，尽可能为参与国际经济交往的公民、法人和社会组织提供完善的税收国际法保护，以健全完备的制度规范和制度设计，确保我国国民合法、正当的纳税人权利得到充分保护，防止不合理的国际税收制度安排和外国税收执法、司法行为对本国国民带来不公正的侵害和利益损失。

3. 维护国际投资者在本国范围内的合法权益

随着我国国内产业的对外开放和外国投资与服务贸易向国内布局，必然会有越来越多的外国投资者、外国国民更加广泛参与到我国国内经济交往中。我们应以维护国家最高经济主权为基本原则，在确保国家经济主权和税收主权的前提下，为外国投资者提供尽可能的税收法律保护，减轻外国投资者国内税收负担，吸引国外资金和先进技术与人才，同时在涉及外国国民有关税收纠纷情况下，能够提供充分的法律救济。

4. 通过国际税收交往最大限度增加财政收入

国家应该根据我国国际经济交往的层次和开放水平，在详细调研的情况下，有针对性出台关于对中国居民企业和居民个人纳税人参与全球经济交往的国际税收征管一整台税收征管制度安排，同时通过国际条约、协定、公约以及双边税收谈判，为我国税务机关“走出去”，面向国际经济交往，充分行使国家税收课征权提供法律依据，为我国经济发展和社会稳定提供更加有力的财政税收保障。充分利用税收法律手段依法打击各类避税、补贴以及其他税收违法行为，保证国家对所有主权范围内的税收领域享有充分、完整的税收管理权，确保各项合法税款应收尽收，堵塞国际税收漏洞。

（二）我国税收国际法体系的主要原则

1. 维护主权和基本人权原则

我国涉外税收法律法规的制定必须要充分维护国家经济主权，保证我国经济和税收主权不受不合理的干涉和侵害，充分认识到经济全球化和交易网络化带来的对传统主权安全的挑战，采取有效措施防范和消除各种风险和危害。同时我国国际税收法律规则必须充分尊重和保护基本人权，充分维护本国国民和外国居民享有参与经济交往和社会文化国际交往的合法权益。

2. 涉外税收执法公平原则

涉外税收法律规定必须贯彻执法公平的基本原则，这种公平主要体现在两个方面，一方面对于本国居民无论是在国内还是国外，应该平等享有我国税法所规定享有的各项税收法律权利，同等承担我国税法规定的各项义务；另一方面，对于外国居民，根据我国税法，应该不分国别、民族和种族，享有我国税收规定权利，同时按照有关税收法律规定，无差别履行相应的义务。

3. 涉外税收执法效率原则

根据我国当前税收国际化发展的趋势，我国涉外税收执法、司法和涉外税收法律规则的制定，都应该以效率为重要原则。第一，应该有制定涉外税收政策法规的快速响应机制，以灵活应对国际关系复杂变动的外部形势，作出有利于维护自身利益的最快反应和应对。第二，应该加快涉外税收征管、涉外税收稽查和涉外纳税服务的机构队伍建设，建立一支业务素质强、综合能力高和有丰富管理经验的涉外税收执法队伍，具备全球化执法和全球化税收风险预警能力，快速高效打击国际避税、逃税等违法行为。

4. 国际税收权利与义务对等原则

涉外税收关系不可避免会涉及国与国之间的关系，尽管经济全球化趋势在不断深化，但是全球不同的国家和不同经济体之间要做到完全的一体化和均衡发展还不现实，国际经济秩序还不可能做到完全公平。国与国、地区与地区、发达国家与不发达国家之间的经济交往并非康庄坦途和一帆风顺。因此，我们要在充分尊重别国经济主权的原则下，注重国际税收权利和义务的对等性，按照平等、互惠和合作的原则，开展国际税收交往，努力构建和谐、互利和公平的国际税收关系。

（三）我国税收国家法体系的主要着力点

为了更好地促进我国国际税收健康和稳定发展，要求我们进一步加强税收国际法律体系建设，通过谈判签订双边和多边税收协定以及加快国内反避税、防范境外税收风险制度等立法步伐，提高我国税收现代化水平和应对各种风险的能力，维护中国企业和公民参与国际经济交往的合法税收权利。

1. 进一步完善我国国际税收立法体制

长期以来，我国在建立社会主义法律体系的过程中，往往存在重实体、轻程序，重国内法、轻国际法的倾向。全国人大法工委作为负责立法机关，负责有关法律草案起草、修改和开展立法有关法律技术性工作，每年有大量的立法事务性工作，国内的法律制定和修改任务繁重，而近年来我国无论是国内法还涉外法律都面临贯彻依法治国的巨大的立法工作压力。因此，具有高度专业性和复杂性的税收、金融等涉外经济立法，往往对全国人大法工委来说显得力不从心，迄今为止我国还没有一部涉外税收法律通过，更不用说建立涉外税收法律体系。在法律空缺的情况下，只能按照国务院授权立法的方式，由行政立法代替涉外税收立法。从长远来看，这种以分散的、立法层级不高的税收法规、规章的方式来应对日趋复杂多变的国际经济活动，不利于我国国际税收现代化目标的实现，不利于我国充分行使税收主权和保护本国税收权益。因此，本书建议国家从适应我国经济国际化趋势和加强涉外事务的管辖目标出发，提高涉外税收立法工作的重要性认识，在全国人大法工委之外，设立涉外法律与条约、协定工作委员会，加快我国涉外法律工作步伐。同时，整合国家税务总局、财政部、商务部、海关总署、中国人民银行等具有涉外经济事务管辖权的部门法制工作力量，加快涉外税收基本理论、基本原则和基本规范的调研，及时向全国人大提交立法草案，以更好地推动涉外税收立法工作发展。

2. 尽早出台我国涉外税收通则性规范

我国税收基本法的立法起步晚，进展缓慢。期盼已久的《税收征管法》修订工作前后持续6年之久，反映了我国当前税收基本法立法步伐尚需加快。而在加快国内税收基本法律制定步伐的同时，我们应该坚持两条腿走路，必须同时加快我国国际税收基本法的立法起草和制定工作。出台我国国际税收通则性规范，从立法技术上，既可以融入我国统一的税收基本法框架，也可以以特别立法的形式单独颁布。从当前我国国际税收工作的实际出发，应该着重以下6个方面的国际税收通则制定。一是重新界定我国国际税收管辖权的范围。针对信息技术和互联网对社会经济发展的深刻影响，传统的地域管辖为主体的税收管辖权已经遇到了信息时代的挑战，对于虚拟空间和虚拟平台的经济活动以及日新月异的其他交易活动税收管辖权，需要在深入调研基础上，形成一般原则，为我国行使跨国界涉外税收管辖提供法律依据。二是进一步明确我国税收机关在行使国际税收管辖过程中的主体、范围和客体，即什么机构针对什么对象行使征税权，行使哪些种类和形式的征税权。三是为我国税务机关在行使涉外税收管辖确定一般的启动、中止和终结的法律程序，税务机关行使涉外税收执法权限的一般规定。四是明确涉外税收关系相对人在合法权益受到侵害的情况下的纠纷解决途径和机制。五是涉外税收征管、涉外税务稽查执法活动中的证据规则、举证责任，以及涉外相对人的协助义务和证据提交规则。六是涉外税收优惠政策的制定程序、纳税义务豁免，以及涉外税收行政与协助等特殊性事项的一般规定。

3. 加强国际税收国内实体立法与缔约工作

（1）加快我国国际税收实体立法工作。针对目前我国企业“走出去”战略和加强国际经济交往步伐所面临的涉外税收实体立法问题，应加快重要领域的税收国际法法规制定。首先，加快涉外所得税法、涉外流转税法、涉外财产行为税法和涉外环保税法等实体立法步伐，整合现有的散见于国内法法律、法规和规章等文本中的规则，形成相对完善、系统的涉外分部门法律法规体系，为我国涉外税收执法和司法活动提供明确和具体的法律依据。其次，加快我国涉外税收法律优惠规定的清理和评估，对于已经过时，与当前我国经济发展战略不相适应的国际税收优惠政策，加快启动废止、修改程序，建立全国统一、公平和透明的税收优惠规定。最后，加快我国反避税，打击国际偷、逃、骗、抗税等税收实体性法律规范，细化征纳双方相应的实体权利义务，提高我国国际税收征收管理质量和效率。

(2) 加快双边税收协定谈判。灵活利用世界贸易组织（WTO）有关规则以及其他国际组织规则，加快与世界其他国家和地区双边与多边税收协定、条约、公约的签约和立法程序。一是要抓紧与主要经济贸易伙伴开展关于避免货物和劳务税双重征税、税收饶让、税收互惠等双边或者多边税收条约协定的谈判签约工作，更好地促进双边贸易发展。二是加强对于不适应当前经济发展状况的旧税收协定、条约的甄别和废止工作，在尊重主权和相互协商基础上签订更加公平合理的新税收协定。三是积极参与国际经济组织条约的谈判和签约。借助中国签署《多边税收征管互助公约》的有利形势，进一步加快对现有国际经济组织制定的公约摸底调查，适时申请加入更多与税收有关的国际公约，展现中国的国际税收交往的新姿态，同时更好地利用国际公约为我国涉外税收提供有力的国际法支持。四是利用我国"一带一路"和上海合作组织以及建立亚洲基础设施投资银行组织的契机，理性认识当前既有公约的局限性①，积极谋划丝绸之路经济带和亚洲经济一体化相关公约、条约的创建，发挥中国参与国际经济和税收交往的话语权和主动权。

4. 加快我国税收涉外纠纷立法，完善法律救济制度

有效处理我国国际税收交往出现的各类矛盾纠纷，维护我国涉外税收相对人合法权，必须构建更加完善国际税收纠纷解决机制，为各类主体提供公正高效的法律救济。这不仅有利于维护我国税法的权威，而且可以有效促进我国更好地参与国际经济交往，保护我国海外经济组织和公民的合法权益。首先，应该结合目前我国国际税收实践，建立中国特色的涉外税收诉讼程序规范，对本国与外国组织和个人因我国税收执法行为提起行政复议、行政诉讼与仲裁的有关规则作出明确规定，建立统一的税收诉讼程序法。其次，探索建立具有中国特色的国际税收政府间税收争议纠纷解决机制。积极利用 MAP（Mutual Agreement Procedure）纠纷解决机制的成熟经验，进一步探索我国在行使国际税收管辖过程中与其他国家或地区发生国际纠纷情况下，解决相关争议的组织构架、行动

① 张泽平．论国际税务合作法律机制的新发展及我国的对策［J］．南京社会科学，2013（3）．

程序与协商途径，建立应对和处理相关纠纷的制度机制。同时加快我国国际税收仲裁等工作制度。发挥仲裁程序在解决国际税收争议重要作用，通过双边或者多边协定，建立高效、便捷的仲裁体制。最后，加快涉外税收生效判决、裁定和决定的执行制度完善。充分利用双边或者多边的条约和协定，建立我国税收执法、司法生效文书执行法律机制，提高税收执法和司法效率。

5. 加快建立国际税收执法监督制度

国际税收执法的质效直接关系到我国国际形象和国际税收收入的及时足额入库，在国际税收法律体系中占有重要的地位。目前，我国国际税收执法监督机制局限于现有国内税收管理体制，不仅不能满足涉外税收执法工作发展的需要，而且在防范涉外税收执法风险上显得捉襟见肘。因此我们应该积极借鉴国外发达国家先进的税收执法监督经验①，建立适应我国涉外税收监督的运转高效、严密科学的国际税收执法监督制度。一是建立涉外税收立法监督制度。国家应该加强对于我国涉外税收执法的立法监督，通过对涉外税收法规、规章和规范性文件的立法性审查、司法审查等途径，及时发现国际税收执法中存在的问题和漏洞。二是加强涉外税收执法的行政监督。加强对于涉外税收执法的审计、监察部门的监督，建立审计、监察对涉外税收执法监督的工作制度，跟踪管理，过程控制，确保各项重大涉外税收执法活动处于行政监督部门的严密监督网络之中，不留缝隙。三是充分发挥纳税人和社会公众监督的重要作用，探索涉外税收举报监督平台，调动社会力量和群众智慧，确保我国各项涉外税收执法活动阳光运行、权力公开、公正行使。四是建立与国外监督部门的联系沟通制度，积极利用外国执法监督信息提高我国国际税收监督的针对性和科学性。

① 田敬文．加拿大的税收执法监督及其启示［J］．涉外税务，2004（7）．

第二节 着力构建成熟定型的税制体系

我国现行税制体系于20世纪90年代中期基本成型，并在20年的调整和修订中日臻完善。应该肯定，现行税制体系自基本成型以来，比较充分地彰显了固有的财政、经济、社会功能，比较充分地发挥了促进我国改革开放、助推经济社会发展作用。不过也应承认，我国现行税制体系与“成熟”“定型”的目标相比还有一定差距。也就是说，如何适应税收现代化要求，着力构建成熟定型的税制体系，仍是我们必须面对的重大而现实的课题。

一、现行税制体系与税制结构存在的问题

税制即税收制度，有广义与狭义之分。本章讨论所涉税制属于狭义税制。一般认为，所谓狭义税制就是为实现税收职能，由国家以法的形式确立并通过行政手段实施的各个税种征税规范总和，通常称为税种制度。

从狭义税制角度解读，所谓税制结构就是以特定税制体系为背景的税种制度构成；所谓税制体系就是国家按照一定标准设计的、具有确定性功能的、由各个税种制度有机组合而成的整体系统。

基于以上诠释，本书认为，与税收现代化目标要求相比，我国现行税制体系及税制结构确有不少问题有待研究解决。

（一）现行税制体系具有一定的不适应性

众所周知，我国自实行改革开放政策以来，税收制度业已历经多次重大调整和变革。特别是在1994年，为构建适应社会主义市场经济体制的现代税制体系，按照“统一税法、公平税负、简化税制、合理分权、理顺分配关系、规范分配方式、保障财政收入，建立符合社会主义市场经济体制要求的税制体系”的指导思想，成功地实施了新中国历史上规模最大、范围最广、内容最丰富、影响最深远的税制改革。其后又通过

逐步取消农业税、统一内资企业和外商投资企业以及外国企业所得税、实行增值税转型和试行营业税改征增值税等重大改革措施，从制度上为逐步形成有利于各类市场主体公平竞争的税收环境奠定了坚实的基础。但从进一步发挥税收职能，更有力地服务于改革开放、更有效地助推新常态下经济社会发展的战略高度看，我国现行税制体系尚有不相适之处。

1. 货物劳务税体系不能适应转变发展方式需要

我国目前货物劳务税系列的税种收入约占全部税收的70%，比重显得过高，负面效应不容忽视：其一，不利于市场在资源配置中发挥决定性作用。因为无论是价内税还是价外税，终究都将成为商品价格构成因素，国家税收政策的调整变动、不同纳税人的税法遵从程度高低，都会影响或干扰价格形成的正常机制，进而难免导致价格不能准确反映市场供求关系。其二，不利于政府有效实施逆向宏观调控。因为在经济高速增长时，税收收入也会高速增长，甚至超过经济增速，会使政府此时难以通过增税措施对经济增速进行调控；经济增速减缓或降低时，税收收入增速随之减缓，甚至低于经济增速，会使政府此时难以通过减税措施对经济减速进行调控。其三，不利于发挥其他系列税种的功能。这主要是因为过高比重的货物劳务税系收入，挤压了诸如财产税、个人所得税等系列税种发挥功能的空间，使之显得无足轻重而不能获得足够重视。同时，我国货物劳务税系还有其他制度缺陷，如资源税税负偏低，消费税征税范围狭窄，调控高能耗、高污染产品生产能力弱化，进而与建设资源节约型、环境友好型社会的需求极不相适。

2. 所得税体系不能适应彰显社会公平需要

（1）企业所得税制不尽完善。自2008年1月1日起施行的《企业所得税法》统一了内资企业和外商投资企业、外国企业所得税制，为建立统一、规范、公平竞争的市场环境，强化宏观调控，合理调节国民收入分配关系，加快建立现代企业制度，促进经济增长方式转变和产业结构升级，营造公平竞争的市场环境和税收环境方面发挥了重要助力。但因在税率高低与形式、优惠政策设计的科学性与规范性、同其他税种衔接与协调等方面存在不足，使得其本应发挥的以上各种助力受到了一定程度限制。（2）个人所得税制不完全合理。现行的分类所得税制，对个人不同的应税所得分别确定费用扣除标准和税率、实行不同的征收方法，使税负在纵向和横向上都失去了公平性，难以全面体现量能负担原则；现行的税率设计不完全科学，不同类型所得的税负差异较大，尤其因资本、财产所得税率偏低，使其与生俱来的调节国民收入再分配功能处于弱化状态，难以在缩小不同社会成员贫富差距上发挥更大作用。（3）社会保障税尚未开征。我国是社会主义国家，有责任为全体公民提供统一的、基本的社会保障。社会保障是一种公共事业，具有强制性、无偿性和固定性的国家税收应该成为其主要的资金来源。何况实践业已表明，不采取“税”的形式和路径，我国显然难以获得更为稳定可靠的社会保障资金来源，难以实现全国统一的、全体公民都能公平享受的社会保障目标。

3. 财产税体系不能适应社会发展需要

严格来说，我国财产税系尚未完全成型。比如，历史漫长的房产税，纳税人主要为工商企业，征税范围过于狭窄；差别税率的地域级差太小，调节不同地区产业发展布局能力很弱；税基规定不尽合理，纳税人税收负担轻重失衡、公平不足。再如，许多国家实践表明，征收遗产税和赠与税，对于限制私人财富畸形集中、鼓励后代永续勤奋创业、激发社会生机活力、促进人民共同富裕等具有重要意义。我国现阶段已经有“一部分人先富起来”，立法开征遗产税和赠与税的必要性随之日益凸显。然而，关于我国是否要建立遗产税和赠与税制度的问题，讨论至今未见分晓。

4. 优惠政策体系不太利于建立公平竞争的市场秩序

我国现行的税收优惠政策是在不同的经济发展阶段、本着不同的施政目标而陆续发布的，其中大部分以行政法规、部门规章形式存在。虽然出台效率高、针对性强，但行政色彩较浓，系统性、稳定性、公平性相对欠缺，实施难度往往较大。尤其值得高度关注的是，有些地方违法出台“税收返还”等变相优惠规定问题至今尚未完全禁绝，其不良影响不仅限于财政收入流失，更在于发生了不应发生的国民待遇歧视，损害了以公平竞争为基础的社会主义市场经济秩序。

（二）现行税制结构具有一定的局限性

一般来说，在狭义上，税制结构包括两项内容：一是税种的组合方式，主要表现在税种功能的分工与协调上；二是税种的相对地位，主要表现在税种功能具体实现的权重上。从这个角度看，我国现行的税制结构与“成熟定型”的目标要求相比，明显不足。

1. “双主体”构架失衡，调节初次分配的功能受到一定程度限制

一个国家的税制结构合理与否，经常取决于“公平”与“效率”的平衡状态。从世界发达国家税制结构演进历程看，尽管政府在不同时期对“公平”与“效率”会有不同的侧重，但无论是间接税占比过高、还是直接税占比过高，都会损害效率，甚至妨碍经济增长。我国现行税制仍以间接税为主、直接税为辅，其中以货物与劳务税为主体的间接税收入约占税收总额的70%，不仅远高于发达国家60%的水平（注：经济合作与发展组织（OECD）成员国2012年度平均值），而且也高于多数发展中国家（如2009年此项数据，巴西为42.4%，印度为52.6%，南非为37.1%），进而导致税收逆向调节等矛盾较为突出。而以企业所得税为主体的直接税收入仅占18.7%（注：财政部2012年2月15日发布的数据），尤其是个人所得税税基较窄、收入比重过小，在一定程度上影响了税收调节国民收入分配关系、平衡社会成员收入水平等功能的发挥。

2. 个人所得税制度不够合理，调节再分配的功能受到一定程度限制

（1）税目设置不够科学。现行《个人所得税法》采用列举加概括的方式明确了12个应税项目（包括“其他收入”在内）。但人们在现实生活中所取得的收入名目繁多，难以与税法所列税目契合，进而难以实施精准高效征管；不同的税目适用不同的税率、不同的费用扣除标准、不同的纳税期限，也难以防止纳税人分解其实际所得额、多次申报扣除费用，难免税款流失。

（2）税率设计尚未充分体现税收公平。一是超额累进税率和比例税率并用的操作难度大。既不利于纳税人计缴税款，也不利于税务机关征收管理。二是税率级距设计不够合理。工资薪金所得免征额偏低，大量中低收入阶层成了纳税主体；低税率的级距较小，加大了管理成本和管理难度。三是劳动所得和非劳动所得的税率设计不够科学。劳动所得税负较重，非劳动所得税负较轻。如工资、薪金所得适用税率最高达45%；劳务报酬所得一般按20%税率征税（但一次收入过高的要实行加成征收）；生产、经营所得的适用税率最高也达35%。然而资本所得，包括股息、利息、红利、财产转让所得、财产租赁所得等仅按20%税率征税；更有甚者是偶然所得中的彩票中奖收入也仅按20%税率征税。

（3）费用扣除标准不够合理。个人费用支出是个人收入的减项，个人费用支出因各人经济负担情况不同而差别巨大。但现行的个人所得税法在费用扣除规定上未能体现这种差别。工资薪金所得采取定额扣除法，忽略了物价变动因素，缺少与物价指数挂钩的“水涨船高”式的机制性安排。费用扣除额度内外有别，显失公平。允许在中国境内的外商投资企业和外国企业工作的外籍人员等在中国境内取得的工资薪金所得，每月在扣除3500元的基础上再扣除1300元，不仅有悖于“同等国民待遇”国际惯例，而且脱离了国际国内经济社会现实。

3. 消费税制度已经不合时宜，调节社会消费和筹措财政收入功能均受一定程度限制

（1）征税范围较窄。高耗能、高污染产品及部分高档消费行为（如高尔夫及其他高档娱乐等）、高档消费品（如私人飞机、私人游艇等）、资源紧俏品（如红木家具等）尚未纳入征税范围，难以充分发挥促进产业结构调整、消费结构优化的政策功能。

（2）部分征税项目对满足现时国民正常消费需求构成了不应有的限制。如对啤酒、黄酒、一般化妆品等人民日常生活必需品继续征收消费税，已经有悖于现阶段人民消费常态，有悖于国家鼓励扩大内需的政策取向。

（3）高税率推高了某些国内消费品价格，致使部分购买力转向国外、境外市场。“国际在线”2014年11月6日发布的中国奢侈品市场研究机构——财富品质研究院报告显示：2013年中国消费者境外人均消费额高达1508欧元，为欧美国家公民的3～5倍。

4. 资源税税基薄弱，筹措财政收入和保护稀缺资源功能均受一定程度限制

（1）征收范围比较窄。目前世界上大多数国家的资源税征收对象都包括矿产资源、森林资源、水资源以及其他多种资源。但我国资源税的征收对象仍局限于矿产资源，主要包括原油、天然气、煤炭、其他非金属矿原矿、黑色金属矿原矿、金属矿原矿和盐。过窄的征税范围影响了税收在资源配置领域的调控作用，不利于限制非税资源的过度开采和使用，不利于节约资源和保护环境，同时难免非税资源价格获得不当优势，有碍公平竞争。

（2）计征方式不恰当。目前资源税以从量定额计征为主，仅对原油、天然气、煤炭稀土、钨钼从价定率计征。这种计征方式虽然简便易行，但因税收与价格缺少直接关联，难以通过税收对资源价格的影响来调控资源的开采和供给。

（3）计征依据不合理。由于我国资源税主要以销售数量为计征依据，进而使得大部分资源税与已经开采但未销售的资源无关，即没有销售的资源无须付出任何税收代价，使得税收对企业和个人无序性开采、掠夺式开采资源的节制能力受到一定程度影响，难以在防范资源积压和浪费上发挥应有的制约作用。

5. 辅助税种较少，税收调控功能发挥的领域受到一定程度限制

这里存在的主要问题是“三个缺位”：一是社会保障税制度缺位，而现行的社会保障费制度刚性又严重不足，难以承担本应由社会保障税制度承担的功能；二是生态环境类税收制度缺位，进而使税收失去制约污染环境、损害生态等经济活动的必要能力；三是遗产税、赠与税制度缺位，其所内含的其他税种不能替代的社会功能无以发挥，难免影响我国税制体系功能结构的配套性和完整性。

6. 地方税体系建设滞后，支撑地方财政功能受到一定程度限制

（1）在地方财政收入中，地方独享税收入占比偏低、共享税分成收入占比偏高，从而在一定程度上弱化了地方财政自主聚财办事能力。

（2）地方税税种设置交叉、体系庞杂，不符合简明税制原则。比如：土地，既要内含于房屋价值中征收房产税，又要按面积征收城镇土地使用税；土地增值收益，既要缴纳土地增值税，又包括在营业税和企业所得税计税依据之中；房屋出租，既要缴纳营业税，又要缴纳个人所得税；房地产产权转移，既要交易双方按合同金额缴纳印花税以证明交易合同的合法性，又要以保障产权的名义向接受产权方征收契税。

（3）地方税调节功能也有缺失，有些重要税源尚未纳入征税范围。如水、森林、草场等资源目前仍排除在资源税征税范围之外，显然不利于提高资源利用效率和促进生态环境建设；针对私人房产征税事宜，目前还在研究论证之中。

二、推进增值税改革

增值税改革的基本目标是建立现代增值税制；主要任务是在完善消费型增值税和完成营业税改征增值税的基础上，优化以增值税为主体的商品税系税制结构。

（一）保持增值税主体税种地位，使之发挥更大功能

在我国目前的经济发展水平、税收管理能力、纳税人的税法遵从度以及金融监管支持力度等客观条件下，增值税因其征收的普遍性和具有通过抵扣机制有效避免重复征税的特征，而获得了其他税种不可替代的优越地位，使之毋庸置疑地成为我国税种体系的主体税种之一；对于保障我国财政收入的稳定增长，促进社会市场经济高速高效发展发挥了积极而重要的作用。在国际上，增值税仍然受到很多国家的高度重视，不少欧盟成员国已经开始或准备提高增值税的收入比重。基于增值税的优越性，尤其是增值税与我国现阶段国情的相适性，在今后一个相当长的时期，我国仍然应将增值税置于与所得税并列的主体税种地位。

（二）优化增值税抵扣机制，增强防范税收风险能力

增强增值税防范风险能力、防止税款流失的关键路径是不断强化有利于增值税交叉稽核的增值税抵扣机制。因此，要对增值税进项税额形成的4个渠道（增值税专用发票、进口货物海关征税凭证、小规模纳税人代开发票、农产品收购凭证）分门别类地加以规范。同时要在完善相关配套规定后，取消税务机关为小规模纳税人代开发票规定；要重点研究解决农产品的征税与抵扣问题，有必要对农产品从生产到流通都予以免税；要停止纳税人外购农产品自行填开收购凭证、自行计算抵扣税款的做法，可考虑改为对以农产品为主要原料生产的产品实行低税率，以抵消因停止自行计算抵扣税款而增加的税收负担。

（三）视情况酌减增值税优惠项目，同时优化优惠方式

大量减免税的存在，不仅会影响税收公平，并且会因损害增值税抵扣机制而导致税收流失。今后应在尽量使增值税制与国家产业政策取向

保持一致的同时，力求增值税优惠项目最少化：除保留保护环境、发展高新技术、安置特殊群体人员和扶持重大公益事业发展等方面的优惠外，尽最大可能取消并不再安排其他新的优惠。对于小微企业，则可通过设立增值税起征点和按较低税率征税等简易方式给予优惠，以便不对增值税抵扣机制造成破坏。

三、完善消费税制度

党的十八届三中全会已经明确了消费税改革方向，亦即“调整消费税征收范围、环节、税率，把高耗能、高污染产品及部分高档消费品纳入征收范围”。毫无疑问，完善消费税制度，必须坚持这一改革方向。

（一）调整征收范围

消费税若要实现筹集财政收入和调节生产、消费职能，就必须根据不同时期的经济社会政策目标适时调整征收范围。就目前情况看，在消费税征收范围的调整上，既要做“加法”，也要做“减法”，亦即需要区别征税对象性质进行调增和调减。

1. 调整高档消费品的征收范围

高档消费品和奢侈品都是非生活必需品。在税收层面上，我国目前还没有关于高档消费品的明确定义，但一般认为高档消费品就是具有价格高、品质好、耐用性强等特点的消费品。奢侈品作为非生活必需品，在经济学上定义非常明确，即人们对其需求的增长高于人们收入水平增长的物品，具有独特、稀缺、珍奇、价高、替代性差等特点。符合上述特点的高档消费品和奢侈品种类繁多，如果采取列举法对其中的极少数征税，则不符合税收公平原则；如果不对征税范围加以限制，则势必使消费税与其他类的货物税征税范围重合。因此，调整高档消费品和奢侈品的征收范围，首先需要研究界定高档消费品和奢侈品的种类和范围，然后根据国家现时经济社会发展政策尤其是财政政策、消费政策需要，就具体征税对象作出选择：确需征税的要及时纳入征税范围，无须征税的要及时剔出征税范围。

2. 调整高耗能、高污染产品的征收范围

对“双高产品”征收消费税同样需要界定征收范围。从产业角度划分，“高耗能”主要是指生产过程中所消耗的一次性能源或二次性能源比重较高，能源成本在产值中占比又高的行业；也可称为消耗能源密集型的产业。根据国家统计分类，目前属于高耗能产业的主要有6大行业，包括石油加工、炼焦及核燃料加工业，化工燃料及化学制品制造业，非金属矿物制造业，黑色金属冶炼及压延加工业，有色金属冶炼及压延加工业，电力热力的生产和供应业。我国目前对“高污染”行业尚无权威性界定，但自2008年开始设立了“高污染、高环境风险”产品名录，列举了包括涂料、农药、染料、无机盐、化工及其他产品等在内的产品141种，2010年增加到349种，2012年环保部发布的《环境保护综合名录》列举了596种。

3. 调整生活必需品的征收范围

前文已有所述，目前我国消费税的税目中，黄酒、啤酒、一般化妆品等已经成为人民日常生活必需品，成为鼓励消费而不再是限制消费的对象。因此，为了拉动国内需求、催生经济增长内部动力，就不能再囿于单纯的财政目标，而必须适时将其剔除出消费税征收范围。

（二）调整征收环节和税率

1. 通过调整征收环节显现税收调节作用

目前在生产或批发环节上，消费税负担均由生产者通过产品价格转嫁给了消费者。但消费者对自己负担的税收多少并不知晓，不易产生强烈“税感”，不利于促进其调整或改变消费行为。可以认为，对“双高产品”征收“有感”的消费税后，如有可供选择的替代性商品，消费者可能会选择购买、使用免税或低税负的环保和低能耗产品，因而也就有可能发挥消费税促进节能减排等一系列环保目标实现的作用。

2. 结合应税商品特点调整税率结构

推进消费税改革，必须根据应税消费品的特点调整税率结构。消费税作为选择性征税的税种，对于消费的调节或奖限作用主要体现在税率结构的设计上。根据消费品的生活必需程度、环境污染和能耗状况、产品的替代性等设计不同的税率形式，应该属于消费税改革的重要任务。比如，对生活必需程度高的产品应当实行低税率，对高档消费品采用高税率，对奢侈品和特别高档的商品（如贵重首饰及珠宝玉石、私人飞机、游艇等）采用特别高的税率；又如，对环境污染程度高、资源消耗大、危害人体健康（如香烟、鞭炮、烟火）的消费品实行超高税率；再如，对国家严格限制生产和消费的应税消费品，不仅实行高税率，甚至可以同时在生产环节和零售环节征税。

（三）需要与相关税种改革保持协调

完善消费税制度的重要目标之一就是提高税收制度与经济发展方式相适应的能力，其中推进绿色税制建设是一项重要任务。为了促进环境保护、资源节约和节能减排，我国已启动环境保护税的立法研究工作，还将继续推进资源税改革。因此，推进消费税制度建设，必须与推进环境保护税、资源税等税制建设相协调，应当努力避免让消费税承担过重的资源环境保护功能。实际上，就“双高产品”而言，如果没有更加环保和节能的替代品出现，即使征收消费税，也只会增加消费者负担，难以实现环保和降耗等目标。同时，消费税改革还要与我国提高直接税比重的税制改革趋势相协调，不宜大幅提高消费税占整个税收收入的比重，不应以增加消费者的税收负担和间接税的比重为出发点，不应有悖于逐步提高直接税比重的税制改革与发展趋势。

四、完善企业所得税制度

企业所得税是我国为数不多的以法律形式固定下来的税种，相对而言，制度较为完备。但随着我国经济社会的快速发展和经济全球化时代的到来，《企业所得税法》在执行过程中也逐渐暴露出一些新的问题，有必要在推进税收现代化过程中予以解决。

（一）完善纳税主体制度

《企业所得税法》第一条规定，“在中华人民共和国境内，企业和其他取得收入的组织（以下统称企业）为企业所得税的纳税人，依照本法的规定缴纳企业所得税。个人独资企业、合伙企业不适用本法”。该条规定以是否具有法人主体资格作为标准进行划分，将个人独资企业、合伙企业两类企业主体排除在企业所得税的纳税主体范围之外。这种做法，使得个人独资企业和合伙企业虽无须履行企业所得税的纳税义务，但也无法享受本该享受的某些企业所得税优惠。

（二）完善扣除标准

《企业所得税法》第八条规定："企业实际发生的与取得收入有关的、合理的支出，包括成本、费用、税金、损失和其他支出，准予在计算应纳税所得额时扣除。"我们认为这里的扣除标准规定过于笼统，缺乏可操作性。比如，《企业所得税法》原则规定企业费用扣除范围限于实际发生，且与生产经营有关的直接支出——这就需要税务机关按行业进行调研、分析行业扣除费用的特点及支出的合理性、出台按行业划分的费用扣除细则，有针对性地按行业对企业所得税费用扣除进行规定，才能保证不同行业的企业能够根据行业特点，准确地划分费用扣除范围，体现《企业所得税法》的公平性。

（三）完善税收优惠规定

《企业所得税法》规定的优惠有待进一步细化和完善。首先，要明确企业所得税优惠政策的目标，将企业所得税优惠定位于促进科学技术进步、促进产业结构调整与升级、促进引进外资和对外投资、促进区域协调发展和维护社会公平正义等目标；其次，围绕这些目标具体详细地设计企业所得税优惠政策体系。

五、改革个人所得税制度

党的十八届三中全会业已明确了"逐步建立综合与分类相结合的个人所得税制"的改革方向。毫无疑问，我国近期乃至今后一段时期的个人所得税制度改革，必须朝着这一方向推进。

（一）建立综合与分类相结合的个人所得税制

在兼顾税制公平、效率和操作可行性的基础上，将不同来源、不同性质的个人所得重新进行科学分类，简化目前实施的分类所得税制，建立适合我国国情的分类与综合相结合的个人所得税模式，实现"既能充分发挥分类税制的长处，又能弥补分类税制的不足"的个人所得税改革目标。

本书研究认为，近期可以考虑将工资薪金所得、生产经营所得、劳务报酬所得、财产租赁所得等有较强连续性或经常性的收入列为综合所得的征税项目，制定统一适用的累进税率；对财产转让、利息、股息等其他所得，在一段时期内仍可按比例税率实行分项征收。远期则可以考虑随着税收征管及相关配套措施的不断完善，实施完全的综合个人所得税制，以加大税收调节高收入群体个人收入水平的力度，并从根本上解决事实上的个人所得税负担不公平的问题。

（二）优化税制要素以拓宽税基

1. 完善个人所得税“税基”控管和操作机制

在个人所得税免征额的设计上，应参考相关的经济指标，并充分考虑各地区的收入状况和消费水平，规定具有一定弹性的免征额区域，给予不同地区一定的选择权；同时建立免征额定期调整制度，避免再现目前各地区自行决定免征额等不规范的法律行为。在条件成熟时，应当建立免征额与生活物价指数联动机制，避免因物价上涨甚至通货膨胀而使人民遭受个人所得税的困扰。

在征税对象的划定上，应按照“宽税基”的原则，扩大个人所得税的征税范围。对其中的外籍个人从外商投资企业、外国企业取得的股息、红利所得等应当征税。同时对所得的征税范围采取反列举法，即只列举不征税项目，余之皆为征税项目、皆要依法征税。

2. 规范优惠以减少征收中的随意性

现行《个人所得税法》规定的免税所得有10大类，除此之外还有3类减征情形。过多的区别对待容易促使纳税人为逃避纳税而进行人为的财务安排，也易造成国内外居民的税负不公，因此很有必要对现行优惠进行清理和规范：一要取消一般性的税收优惠。尤其是对普通外籍人员，不应给予比本国公民更多的税收优惠；对于普惠制政策，可以通过费用扣除标准的调整予以考虑。二要保留特殊群体的税收优惠。如对残疾人的劳动所得、烈士家属的所得、政府的特殊补助、下岗再就业取得的所得等应当继续给予优惠，其他则应严格限制。三要出台高端人才激励性优惠。对具备较强研发能力、掌握尖端科技的高端人才，或在特殊行业或特殊领域做出贡献的人才，可经由省或部级机关确认，将其相关部分所得确定为免税所得。

3. 完善技术支持和设计

（1）简化调整现有税目。根据各项所得的性质，可将现行税法中的11类所得项目整合为3大类（见表2-1）。

表2-1　　调整现有税目

调整前项目	调整后项目
工资、薪金所得	劳动所得
劳务报酬所得	
稿酬所得	
个体工商户生产、经营所得	
企事业单位承包、承租经营所得	
特许权使用费所得	资本所得
利息股息红利所得	
财产租赁所得	
财产转让所得	
偶然所得	其他所得
其他所得	

提出上述调整建议的原因在于：对劳动所得推行综合征收改革——劳动所得在个人所得税中占比最大，实行综合征收后，对个人所得税的收入稳定影响不大；对资本所得延续目前分类征收的办法，但在将来应逐步纳入综合征收范围；对其他所得适当拓宽征税范围。另外，可以将确定征税的其他所得权限下放给国家税务总局乃至省级税务机关，在条件成熟时列为综合征收项目。

（2）科学设计税率档次。在税率设计上，应遵循有利于调节消费结构和与征税对象承受能力相适应的原则。对劳动所得采用超额累进税率，按年计征，适当拉开税率级距，可以将现行的7档减为5档；对综合所得可以考虑采用5级（如5%、10%、20%、30%、40%）超额累进税率，适当减轻中等收入者的负担；同时加大对高收入者的征税力度，促进形成橄榄型的个人收入分配社会格局（具体税率设计见表2-2、表2-3）。

表 2－2　　个人所得税税率设计方案 1（劳动所得适用）

级别	年应纳所得额	税率
1	不超过 3.6 万元的部分	5%
2	超过 3.6 万元至 12 万元的部分	10%
3	超过 12 万元至 36 万元的部分	20%
4	超过 36 万元至 60 万元的部分	30%
5	超过 60 万元的部分	40%

表 2－3　　个人所得税税率设计方案 2（资本所得适用）

级别	年应纳所得额	税率
1	不超过 50 万元的部分	20%
2	超过 50 万元部分	30%

对于目前实行分类征税的资本所得，继续依 20% 的比例税率按次征收；对资本所得的应纳税所得额超过 50 万元的部分，依照规定计算应纳税额后再按应纳税额加征 5 成。

对于目前实行分类征收的其他所得，继续依 20% 的比例税率按次征收，或可采取中性策略不再实行加成征收。但对于偶然所得，尤其是如彩票中奖一类的所得，应当设计边际税率较高的累进税率，依率征收。

（3）合理制定费用扣除标准。改变单一费用扣除方式，根据税目设计制定合理的扣除标准；各项扣除要简便易行，具有可操作性。继续保留基础性的标准扣除。首先，要适度提高扣除标准，因为无论是从社会稳定发展角度看，还是从降低税收管理成本角度看，都没有必要将大量低收入群体纳入纳税人范围。其次，要取消单列的外籍人员扣除标准，以实现内外统一、税负公平。再次，要继续对资本所得采取成本费用扣除办法，允许纳税人扣除为获得应税收入而支付的必要成本费用。最后，要推行“生计扣除”办法。生计扣除部分相当于纳税人本人及其家庭成员的最低生活费用。可以借鉴国外经验，规定生计扣除一般包括医疗费用、家庭住房抵押贷款利息、子女抚养和老人赡养费、公益救济捐赠等项目。鉴于目前税务机关尚难充分及时掌握与此有关的家庭信息，需要抓紧开展配套制度建设。

4. 构建税源监控体系

税源监控是实行综合与分类相结合的个人所得税制的关键环节。税务机关需要充分利用现代化的征管手段，尽快建立严密、科学、高效的个人收入源头监控体系。

（1）完善自然人税务登记制度。建立、完善自然人税务登记制度。可以根据我国实际，结合居民身份证管理制度，建立自然人纳税代码制度，即每个公民必须持居民身份证到税务机关办理税务登记，税务机关可通过纳税代码获得其有关银行账户的收入和支出的实时信息，再通过税收征管信息系统集中处理，为强化个人所得税征管奠定基础。

（2）强化源头代扣代缴管理制度。凡是支付个人应纳税所得的各类单位、机构都应依法履行代扣代缴义务，并严格按税法规定解缴税款。可以借鉴德国模式，实行重点监控、普遍抽查的方式：发现某高收入者有虚假纳税申报嫌疑，便对其真实收入和银行账户进行审核；一旦掌握偷逃税的确凿证据，则应及时给予惩罚和曝光。

（3）建立防控型稽核系统。在建立起全国统一申报信息系统的条件下，逐步推行针对自然人的纳税评估和稽查。每个纳税年度清算结束后，利用税收情报分析系统，有针对性地选择一定比例的纳税人，对其收入和纳税情况进行评估；还可实行个人所得付出方和收入方并行申报制度，以便更有效地促进纳税人提高税法遵从度。

5. 完善信息管理体系

信息化管理能够有效提高个人所得税的征管效率。有条件的地区可以建立个人所得税情报中心，对个人所得税涉税信息进行交换和风险分析、识别和推送。首先，要大力推行第三方信息报告制度，进一步强化银行、海关、工商等部门向税务机关报送信息义务，并明确不履行义务之责任。其次，要逐步建立协税护税信息网络，地税部门应与国税、银行、工商、房管、海关等部门加强联系，协作构建实时共享的信息网络体系，以便适时、全面掌握纳税人的收支和财产等涉税信息。同时要通过立法手段，明确任何组织都不得拒绝税务机关依法提出的涉税协查申请。可以结合《社会信用体系建设规划纲要（2014—2020年）》，建立跨部门的信用信息共享机制，积极开展纳税人基础信息、交易信息、财产保有和转让信息以及纳税记录等涉税信息的交换、比对和应用工作。再次，要着力构建个人信用体系。将其偷逃税行为及相应处罚记入相应档案，定期向社会公开；将个人纳税信用与就业、贷款、出入境等联通，提高税收违法成本。在个人储蓄存款实名制的基础上，对个人金融资产、房地产以及汽车等重大资产实行实名登记制度，促使纳税人的财产收入显性化，以便税务机关实时掌控个人涉税信息。最后，从立法层面推进现金使用管理制度改革，减少现金使用频率和规模，大力推广电子结算方式的应用，强化个人收入银行结算制度，促使个人收入信息透明化。

六、创新房地产税制度

党的十八届三中全会《决定》明确要求“加快房地产税立法并适时推进改革”。鉴于我国土地产权制度与西方发达国家存在质的差异性，因而要立足国情并以创新精神来推进房地产税改革。

（一）房地产税的要素设计

1. 纳税人

现行《中华人民共和国房产税暂行条例》（以下简称《房产税暂行条例》）规定，房产税由产权所有人缴纳；产权属于国家所有的，由经营管理单位缴纳；产权出典的，由承典人缴纳；产权所有人、承典人不在房产所在地或产权未确定及租典纠纷未解决的，由房产代管人或使用人缴纳。

随着社会主义市场经济体制的确立、推进与快速发展，房产税的纳税义务人除《房产税暂行条例》列举的产权所有人、经营管理单位、承典人、房产代管人或者使用人外，目前还出现了下列情况：房产所有人有的已经拥有房屋权属证书；有的实际拥有房产但尚未办理房屋权属证书；有的房屋设有典权；有的房屋属于多人共有；有的房屋产权所有人住址不明、行踪不定；有的房屋仅有现住人，但无从知晓产权所有人或建造人。

因此，显然需要对房产税纳税义务人的范围做出明确而具体的规定。如产权所有人是指已办好房屋产权登记的所有人，以及未办理产权登记的实际房产所有人；但新建房屋未办好产权移转的，应以建造申请人为房屋实际所有人。对于产权出典的，应由承典人缴纳，即以设有典权的纳税义务人为典权人。对于共有房屋的纳税义务人应为共有人，应由共有人推定其中的一人缴纳；如果未推定则由现住人或使用人代缴；代缴的房产税如在应负担部分以外的，对其他共有人有求偿权。如果房产所有人或典权人住址不明，或未居住在房屋所在地时，应由管理人或现住人负责缴纳；如果属于出租的，则应由承租人负责代缴，代缴的房产税可抵扣房租。对于没有办理房产登记，而且所有人不明的房屋，纳税义务人应为施工许可证上所记载的建造人；如果没有办理施工许可证的，纳税义务人则应为现住人或管理人。如果房产为信托财产的，在信托关系存续中，应以受托人为纳税义务人；受托人为两个人以上的，应适用共有房屋纳税义务人的相关规定。如果产权所有人、承典人不在房产所在地，或产权仍未确定，或租典纠纷仍未解决的，纳税义务人则应为房产代管人或使用人。

2. **税率**

我国现行《房产税暂行条例》规定，房产税按照房产余值计算缴纳的税率为1.2%，按照房产租金收入计算缴纳的税率为12%。由于房产税采取简单的比例税率，过于笼统，对房产是否属于高档房产或普通房产等一律不作区分，不利于对房产市场的调控，不能体现合理负担的原则。因此，今后立法设计税率时，应考虑居民承受能力、税负水平及房产用途等因素。原则上，税率宜从低设计几档比例税率，幅度应以0.5%～3%为宜，确定权可授予省级政府，允许其在税法规定的幅度内确定调整系数。

3. **征税范围**

目前我国仅对城市、县城、建制镇和工矿区的房产征税，不对开征地区范围内的工厂、仓库征税。随着我国城镇化步伐的加快和乡镇企业的崛起，农村地区现已存在着大量的非农业用房产（如工厂、商业设施、高档别墅等），而由于不少地方因房屋处于农村地区无须缴纳房产税，无序开发现象屡禁不止，耕地、林地流失严重。此外，随着我国房地产业的迅猛发展，住房商品化程度不断提高，工厂购买主体发生了重大变化，个人购房比重快速上升，购房者属于中高收入阶层的为数不少。对于高收入者而言，购房实质上是财富形态的转换，如果免除个人住房房产税，实际上就是国家放弃了通过税收调节该类收入分配的权力和机会。

因此，很有必要在原有征税范围基础上，将凡是房屋产权明晰的所有者纳入征税范围，如将城乡居民的自有商品、半商品住房，农村生产经营性用房等全部纳入征税范围。同时通过起征点或免征额、人均居住面积免征量等方式给予免减税优惠，使大量的低收入群体得到应有的照顾。另外，房产应是指固定在土地上的建筑物，供营业、工作或居住用，包括增加该房屋使用价值、与该房屋不可分割的其他建筑及设施。但为避免重复征税，不应包括该建筑物所占用的土地——因为国家已对土地征收了城镇土地使用税。

4. 计税依据

我国现行《房产税暂行条例》规定，房产税依照房产原值一次性减除10%～30%后的余值计算缴纳，计税依据并不能完全准确地反映财产现有价值与时间价值，以致出现在商业繁华地段与在城镇的房产负担相同的房产税，或坐落在同地段的同类房产缴纳房产税差异较大等情况；还会因为坐落在不同地段的同类房产现值与其所产生的效益相差很大，却由于房产原值和计税余值相同，每年的房产税负担相同。因此，本书认为房产税的完税价格应为房屋现值。房屋现值应由纳税人在房屋建造完成之日起30日内，检附有关文件、资料自行申报。纳税人在向税务机关申报时，除申报房屋现值或转移价格外，还应该申报与房产税有关的事项，如房屋的坐落地点、构造、层数、装修和使用情况等。如有增建、改建、变更使用或转移、承典等情况，也应一并申报。税务机关应根据权威机构评定标准逐年评定房屋现值并予公告，同时赋予纳税义务人申诉和监督权利，以确保评估结果的公平合理。

5. 减免税

由于现行房产税减免对象主要是财政拨款单位的房产，而对私人投资从事教育事业、文化事业、公益事业等的房产都没有优惠，因此将居民个人住房纳入房产征税范围后，必须相应地调整现行减免税规定。另外，对不以营利为目的法人登记的自有房屋，从事农业、牧业、林业生产的房屋，遭受重大灾害、毁损的房屋，受到司法保护的房屋等应视情况予以减免。

在此应当强调指出，必须对城乡居民用于居住的房产给予一定面积或一定价值或其他方式的免税、减税。这里所说的“一定面积”“一定价值”必须从宽确定。因为社会主义税收性质和我国国情规定了房产税制度的实施——不应增加广大普通居民的住房负担，不应妨碍广大普通居民改善住房条件，不应影响广大普通居民提高生活质量、生活水平。

6. 纳税地点

房地产的不可流动性决定了房产税应以房产所在地为纳税地点。同时还应以人为本，赋予纳税人申报地点选择权。对拥有多处住房的纳税人，可根据居住习惯自主选择申报地点，以方便纳税人办理涉税事项、利于征纳关系和谐。

7. **税制配套**

房地产改革所涉及的财产行为税有 5 种，不仅涉及保有环节的房地产税，还涉及交易等环节的土地增值税等，即房产税、城镇土地使用税、土地增值税、契税和印花税。征收房地产税会增加保有环节税负，因此需要进行与之配套的税制改革。其主要措施应包括：①取消土地增值税。因为在个人房地产交易环节，土地增值税未能有效发挥调节土地超额收益的功能。②保留契税，但降低税率。因为契税和其他税种在征税对象和功能上有所不同，具有调整不动产交易行为、抑制房地产囤积行为作用。但应降低税率以减轻纳税人负担。③取消印花税。印花税对书立、领受应税凭证征税与契税存在一定程度的功能重叠，在保留契税的情况下，可以取消印花税。

七、改革资源税制度

资源税改革是当前全面深化财税改革的重要议题。我国现行的资源税主要属于产出型资源税，具有流转税属性，调节功能相对有限。资源税改革应以保护资源、提高资源开发利用效率效益、保护生态环境、实现经济社会可持续发展为导向。在税制设计上，应本着宜简不宜繁的原则，与结构性减税政策相呼应；要避免因操作顺序不当而造成资源性产品价格异动。

（一）资源税制度的框架结构

根据政府预算管理的“收支不相属”原则，资源税收入在我国属于一般性税收。也就是说，各级政府部门可以根据公共开支的需要，将资源税收入纳入一般性财政收入统筹安排使用。按照资源价值构成理论，资源价值在纵向时间序列上的分配，应该能够弥补代际内和代际间资源开发和利用的代价。因此，在设计资源税的税制结构框架时，可以参考环境保护税的做法，将资源税作为专门目的税处理。在具体操作上，可以强制性地规定，各级财政必须从资源税收入中提取较大份额（如

70%～80%)，建立专款专用的“资源税代际补偿基金”，以弥补资源损耗、环境破坏损失，维护代际间的资源价值配置公平。

（二）资源税制度的设计路径

在资源税的税制要素设计中，应本着宜简不宜繁的原则，继续扩大从价计征改革范围，并对从价计征的资源品种采用比例税率；对于一些价格相对稳定的资源产品，从简化征管手续和便利纳税人的角度出发，仍旧保留一定范围的从量计征方法。

（三）资源税的税负调整

基于结构性减税视角，资源税改革不外乎扩大征税范围、改革计征方式、提高税率这3种举措。3种改革举措均意味着资源税税负水平应有相当程度的提高。如果从资源税的单一维度来考察，在税制国际比较的视野中，我国现行资源税的负担确实偏低，未能有效发挥调节资源级差收益、促进节能减排的功能。但如考虑资源性产品和资源开采的税费总体负担，则就需要审慎考量资源税增税效应的负面影响。因此在推进资源税改革中，其综合税负的确定，需要从资源性产品和资源开采企业综合税费负担的角度来分析，进而在结构性减税的操作顺序上，采用“先减税再增税”或者“同时增减税负”的方式，以避免先行调增资源税负担，但因未能同时配合实行减税措施而造成资源性产品价格的异动波动。

第三节　着力构建优质便捷的服务体系

一、纳税服务的定义与内容

（一）纳税服务的定义

纳税服务是政府和社会组织根据税收法律、行政法规的规定，在纳税人依法履行纳税义务和行使权利的过程中，为纳税人提供的规范、全面、便捷、经济的各项服务措施的总称。

纳税服务包含以下含义，首先它是税收本质属性的具体体现。税收是国家凭借其政治权力取得财政收入、进行国民收入分配和再分配的一种主要形式。税收的产生来自于满足社会公共需求的需要，即为社会提供公共物品和公共服务。税收来自于纳税人的收入和所得，并用于国家为纳税人提供公共产品。从某种意义上来说，国家成为公共产品的供应商，而纳税人成为国家的顾客。因此，为纳税人提供优良的纳税环境也就成了国家的法定职责和应尽义务。

其次，它是税务机关职责的体现。税务机关是代表国家执行税收法律法规、组织税收收入的职能部门，税务机关要履行上述职责，就必须开展一系列税收征管活动。税收征管活动主体的一方始终是各类纳税人，直接体现为从纳税人处取得税收收入。组织税收收入的理想境界是实现“应收尽收”，也就是税法所确立的应征税款与实征税款没有丝毫差额。

（二）纳税服务包含的主要内容

1. 税法宣传和纳税咨询辅导。这是纳税人的基本需要，也是纳税服务中的基本内容和税务机关的义务，贯穿于税收征管工作的全过程。税法宣传的对象是社会公众，宣传的内容应当是广泛普遍的，包括税法、税收政策和各种办税程序、税收知识等，其作用在于潜移默化地增强全社会的纳税意识，提高纳税人依法履行纳税义务的自觉性。纳税咨询辅导的对象是特定的纳税人，其内容应该具体且明确，税务机关的答复和辅导应当及时、准确和权威，其作用在于直接指导纳税人办理涉税事项，减少纳税人因不了解有关规定而带来的负担。

2. 申报纳税和涉税事项办理。这是纳税服务的核心内容。税务机关应当创造和提供必要的条件，简化环节和程序，使纳税人在履行义务时方便快捷，感到轻松愉快。如税务机关设立的办税服务厅，集中进行税务登记办证，发票供应，涉税事项审核审批等；利用信息和网络技术的成果，向纳税人提供电话申报、计算机远程申报等多元化申报方式，通过电子缴税、银税联网提供纳税人、税务机关、银行和国库“四位一体”的缴税方式，使纳税人足不出户就可以完成申报纳税；随着税收信息化建设的不断深入，将来提供网上税务局、移动税务局服务，纳税人的一些涉税事项还可以通过网络来办理。

3. 个性化服务。这是纳税服务中更深层次的内容。如果纳税服务仅限于按照统一服务规范提供的普遍服务，不考虑不同纳税人的特殊情况，既不利于税务机关合理配置征管资源和进行税源监控分析，也不能满足不同纳税人的特殊需要。所以应当整合纳税人的个性化信息，针对其不同的纳税服务需求，在管理中动态地予以体现。如对纳税人实行户籍管理、分类管理、评定纳税信誉等级等办法，为纳税人提供个性化服务。

4. 投诉和反馈结果。这是纳税服务必不可少的内容。税务机关要把纳税服务作为行政执法的有机组成部分，使纳税人满意。纳税服务并不是仅仅强调服务形式的多样性，更为重要的是体现服务的质量和效果能够使纳税人满意。税务机关要想知道纳税人对纳税服务满不满意，哪些地方需要改进，就应当虚心接受纳税人监督，听取各方面的意见。因此，应该提供一个征纳双方联系的渠道，纳税人在与税务机关打交道的过程中，对不满意的地方能及时向税务机关投诉、反映，税务机关则及时给予处理和反馈，给纳税人以满意的答复。

二、纳税服务现代化的概念与含义

（一）什么是现代纳税服务

所谓现代纳税服务体系，是相对于传统纳税服务体系而言的，是指适应当今社会发展需求，全社会共同参与，服务手段先进，征纳成本低廉，保障体系完备，为满足纳税人的合法需求提供全过程、全方位高效便捷的服务，使纳税人的合法权益得到充分尊重和保障的一种向深层次、系统化、高价值的综合服务系统。这个系统以现代信息化手段为依托，以保障纳税人的合法权益为中心，以引导纳税遵从、提高征管效能为根本，以促进和谐社会建设为最终目标。

（二）构建现代纳税服务体系的目的

经济合作与发展组织（OECD）认为，纳税人可分为“纳税人完全不遵从”“纳税人可能不遵从”“纳税人想遵从但实现难度较大”和“纳税人遵从”四类情况，税务机关应对前两类纳税人强化管理和惩处，严格执法，绝不姑息，矫正其未遵从或不遵从税法的行为，杜绝其不依法纳税的侥幸心理；对第三类纳税人应通过教育、辅导、帮助等形式，引导其自觉遵从税法，协助其提高依法诚信纳税的能力；对第四类纳税人则要重点向其提供纳税服务，同时通过奖励等手段鼓励自觉遵从者做得更好。优化服务与强化管理是针对纳税人的不同遵从状态采取的不同手段和方式，目的只有一个，那就是促使其遵从税法。因此，服务也是管理，服务有助于管理。为纳税人提供便捷、优质、高效的税收服务，寓管理于服务之中，是现代国际税收管理的潮流，更是我国《税收征管法》对税务机关提出的法定义务。

应当看到，纳税人完全不遵从、恶意偷税的还是占少数，并非所有的纳税人与生俱来就想不缴税，不少是因为不了解、不熟悉税法而过失违法。如果通过税务机关优质的服务——辅导、信息传递、教育，避免因不懂税法而误偷税、漏税，使得这些人有能力自行依法申报纳税，那么，税务机关就可以腾出更多的人力和精力去对付那些故意违法者，强化税收征管。从这个意义上讲，服务也是管理，即通过优化服务和严格管理两种手段，构建和谐征纳关系，提高税法遵从度。

税收遵从与不遵从的分野是纳税人是否依法履行纳税义务。全国纳税服务工作的有效开展，增强了纳税人依法诚信纳税的意识，促进了税收收入的稳步增长。

（三）构建现代纳税服务体系应遵循的原则

1. 效率便利原则。据调查，纳税人的纳税需求首先是效率。随着纳税人的自行申报纳税，很多涉税事项都要纳税人自己办理，因此纳税人将提高办事效率、节省便利摆在了自身需求的第一位。

2. 公正公开原则。现代纳税服务应当在法律框架下，征纳双方基于法律的对等性尊重和责任双向机制，税务机关坚持法治、公平和公正的治税思想，以合法手段满足纳税人合理合法的需求与期望，尊重并取信于纳税人；同时要保障纳税人的知情权，拓展政务公开的广度和深度，增加工作透明度，建立互信的征纳关系。

3. 寓管理于服务原则。将纳税服务与管理紧密结合，从管理和执法的全过程去落实服务，处处体现出程序简便、流畅，节约征纳双方成本，提高效率。包括税前为纳税人提供宣传、咨询和辅导，税中为纳税人方便、快捷、准确地依法纳税创造便利条件，税后为纳税人实施法律救济等。

4. 供求对路原则。根据纳税人的需要变化来及时调整纳税服务内容，建立起有效的信息沟通机制和投诉反馈机制，建立需求及评价反馈机制，量身定做，使纳税服务具有针对性，更有效率。

5. 奖优罚劣的原则。实行纳税信用等级评定制度。对不同等级的纳税人实施分类服务管理，加大对遵从纳税人的奖励力度和对不遵从纳税人的惩罚力度，完善纳税遵从的奖惩机制，从而带动和引导广大纳税人努力提高纳税信誉等级，树立诚信纳税意识。

6. 成本效益原则。提高纳税服务质量，可带来纳税遵从率和税收征管质量与效率的提高，大大降低税收成本。另外，着眼于整个社会效益，使纳税人用最低的纳税成本获得最优的纳税服务。

三、纳税服务现代化建设的现状

（一）我国纳税服务工作的发展

从历史角度来看，直到20世纪90年代中后期，我国税务机关才开展纳税服务工作，到21世纪初对纳税服务才有较为一致的认识。通过梳理文献资料，可以把我国纳税服务的发展分为六个阶段，见表2－4。

表2－4　我国纳税服务的发展历程

时间	标志	机构职责	目标要求	方式特点
1994年以前萌芽阶段	税收专管员制度	没有专门机构	一人进厂，各税统管，征管查一条线	对纳税人支、帮、促
1994—1996年起步阶段	1993年全国税制改革会议，第一次提出了“为纳税人服务”概念	没有设立专门的纳税服务机构	税法宣传	一般固定在“税法宣传月”集中进行，方式比较简单
1997—2001年发展阶段	1996年全国税收征管改革会议，首次确立了“优化服务”在税收征管中的基础地位	建立了集征收与服务为一体的办税服务厅	“一站式”办税服务	以办税服务厅为载体开展服务

续表

时间	标志	机构职责	目标要求	方式特点
2001—2008 年完善阶段	以新《税收征管法》为标志，以法律形式明确了纳税服务作为行政行为的根本性质和法律地位	2003 年国家税务总局成立纳税服务处	全方位服务	纳税服务融入税收征管的整个过程，成为税收管理的基础环节
2008—2012 年改革阶段	2008 年全国税务工作会议，进一步明确“改进和优化纳税服务”，积极构建和谐的税收征纳关系的纳税服务思路；2009 年我国纳税服务正式与国际接轨	2008 年机构改革，正式组建纳税服务司，各地开始成立专门纳税服务机构	构建国际化纳税服务新格局	做到依法、公平、文明服务、促进纳税人自觉主动依法纳税，不断提高税法遵从度
2013—2020 年现代纳税服务建设阶段	2013 年全国税务工作会议提出到 2020 年基本实现税收现代化；“便民办税春风行动”、县级税务机关纳税服务规范等工作的推进	健全专门的纳税服务机构，职责要求清晰明了	构建现代纳税服务新格局，构建与现代税收制度、税收现代化相匹配的现代纳税服务体系	优化办税流程、实行清单公开、落实首问责任、加力减负提效、促进诚信纳税、完善服务平台、规范办税服务、保障纳税人权益等内容，就是要通过持续、有效的行动，达到优化纳税服务，便利纳税人办税的目的，促进构建平等、信赖、合作的征纳关系

（二）推进纳税服务现代化亟须解决的问题

1. 办税效率迫切需要提升

尽快办好涉税事宜，是当前纳税人的首要需求，部分纳税人甚至表示“宁要高效率的黑脸，也不要低效率的笑脸”。一是规范办税项目和标准方面的需求。希望解决办税流程有时存在随意性的问题。二是简化办税流程和减少审批程序方面的需求。希望减少办税环节，缩短审批时间。三是减轻涉税资料报送方面的需求。希望税务机关一次性告知需要提供的办税资料，尽量减少资料报送。四是对办税人员综合素质的需求。希望解决办税人员业务技能不熟练，效率低等问题。

2. 税收政策的制定和宣传迫切需要更加公开透明

一是获取税收政策信息方面的需求。纳税人反映获取税收政策的渠道主要是通过各级税务局网站查询、向税收管理员不定期咨询、税企 QQ 群三种方式。由于区县局网站建设较差，获取税收政策不全面、不及时。希望税务机关更加主动宣传税收政策。二是理解税收政策方面的需求。主要是税收政策表述语言较为专业，难以理解。具体执行中存在与税务机关理解不一致，带来一定困扰和麻烦。希望定期组织辅导，解读税收政策，统一执行口径。三是纳税咨询辅导方面的需求。部分纳税人反映在遇到疑难问题时倾向于电话咨询方式，但通过 12366 纳税服务热线得到的答复不具体，或者很久才答复，导致很少拨打 12366 纳税服务热线，且满意度不高。

3. 纳税人权益迫切需要得到公平对待和维护

一是征纳双方沟通方面的需求。纳税人普遍希望与税务机关建立一条比较通畅的沟通渠道，经常沟通交流，而不是有税收问题了才与其联系，一出问题就重罚。二是公正执法方面的需求。纳税人很看重税务机关是否依法征税、依率计征、办税公开、定税明白，希望税务机关能加强办税公开力度，增强税收执法的透明度，杜绝“关系税”“人情税”。三是权益保障方面的需求。部分纳税人对税收权益性服务需求不断增加，希望对投诉（举报）能得到及时满意回复或处理、畅通法律救济渠道。

4. 现代纳税服务观念迫切需要改进

一是“管理服务”角色的理念有待加强。目前，仍有不少税务干部没有很好认清自己角色定位，工作的出发点更多的是“我要为纳税人做什么”，而不是“纳税人需要我做什么”，在理解和执行政策时，追求的是更多税收收入和更少的执法风险，或片面强调服务者角色，以怕引起征纳矛盾为借口，对纳税人违反税收法律法规的行为不敢管、不愿管、选择性管，导致纳税服务措施的定位有偏差。二是系统化纳税服务理念有待建立。或把纳税服务等同于办税服务，忽视了税收工作征收、管理、评估、稽查等环节的服务职能，削弱了纳税服务的协同效应和整体效能。

5. 规范统一的服务流程迫切需要建立

2014年8月，国家税务总局推广实施《全国县级税务机关纳税服务规范（1.0版）》（以下简称《规范》），2015年1月实施2.0版，全面构建规范、文明、现代的纳税服务体系，推进税收现代化进程。但仍然存在一些问题，一是基层税务干部素质有差距。大量依申请的服务事项在办税服务厅即时办结、首问责任、一次性告知等方式涵盖几乎所有的服务事项，一窗全办、同城通办、免填单要求高，办税服务场所工作人员适应服务方式有过程，素质还有不小差距。二是纳税人被动适应。试行《规范》由税务机关主导，纳税人因为地域、文化素质等差异，对《规范》的很多举措被动适应；也因为《规范》内容庞大，且不断升级，有的服务举措变化较快，纳税人应接不暇，增加了办税的时间成本。三是绩效管理待创新。《规范》试行及纳税服务的趋势，对征收前台人员的要求更高，任务更重，如何调动前台人员的积极性，对个人的绩效考核和激励措施需要完善。四是信息技术支持不充分。《规范》规定了很多互联网办理和移动终端办理的服务事项，而现行技术对这些业务支撑的稳定性、易用性、安全性等方面支持不够，纳税人意见比较多。

6. 纳税服务能力迫切需要提高

一是纳税服务信息化建设仍需完善。省以下税务机关由于缺乏专业人才导致网站内容发布较少和滞后，在线互动基本没有，网站的信息公开等作用发挥不高。12366纳税服务热线集中在宣传咨询、投诉举报上面，受人手短缺和人工座席不具备全面的综合业务素质等因素制约，只能满足基础的咨询需求。同时，省以下办税服务厅自助办税服务区设施配备参差不齐，信息系统应用水平高低不一，不能最大效能地满足纳税人日益增长的需求。三是纳税服务社会化程度较低。目前的纳税服务工作是由税务机关“单兵作战”，少有培育、引导社会中介提供纳税服务的行为，限制了社会服务业的发展，不利于纳税服务总体水平和质量的提高。

（三）传统纳税服务体系与现代纳税服务体系的区别

由表2－5不难看出，现代纳税服务体系无论是在理念、内容、方式和手段上都与传统纳税服务体系有着本质的区别，建立现代的纳税服务体系已经是世界各国现代税收征管发展的新战略、大趋势，并正迅速成为现代税收管理的重要特征和主题。

表2－5　传统纳税服务体系与现代纳税服务体系的区别一览表

区别项目	传统纳税服务体系	现代纳税服务体系
立场上	站在税务机关管理的立场，基本不相信纳税人依法纳税，以监督打击型为主，以约束纳税人的行为为目标	立足于纳税人立场，基本相信纳税人能自觉履行纳税义务，以全心全意为纳税人服务为宗旨
内容上	只体现在服务的表象上，即工作重点局限于文明征税、礼貌待人、行风廉政、税务形象等	贯穿于税收工作的全过程之中，使纳税人的合法权益得到充分尊重和保障的一种深层次、系统化的综合服务系统
重点上	强调纳税人义务	强调保护纳税人的权利
性质上	主要取决于税务机关的自身意识和作为，不是一项法定义务，更多地体现为精神文明和道德的范畴	是税务机关的法定义务，行政行为的重要组成部分，不向纳税人提供服务在行政是一种“不作为”行为
作为上	这种服务是建立在税务机关是管理者的基础上，基本是一种被动式的，突出表现为纳税人提出后，税务机关才实施，一般只有纳税人上门时才能享受	是一种始于纳税人需求、终于纳税人满意的主动性的税前、税中、税后服务，不是局限于纳税人上门纳税办税环节
手段上	主要采取咨询、辅导、培训、宣讲、答疑等	充分借助和应用现代信息技术手段
方式上	更多时候是点对点的，是单个税务人员对特定的纳税人个体实施的	向所有纳税人提供纳税服务，对应方式是面对面的关系
价值上	主要让纳税人对纳税服务的表层感受得以充分满足，只考虑征收成本，传统的热情服务、微笑服务等不具有任何使用价值的服务	从满足表层的感受上升为关注价值的创造，尊重纳税人，降低纳税成本，最大限度地减少纳税人因履行纳税义务而发生的各种奉行成本，为其创造更多的服务价值

四、推进纳税服务现代化的途径

（一）纳税服务现代化的价值取向。

1. 现代化纳税服务要以法律规定为依据。一指有法可依。建立纳税服务法律体系，从国家法律法规层面规定纳税人的权利义务，规定税务机关和相关部门的权利义务。二指依法行政。坚持征纳双方的法律地位平等，税务机关在依法行使征税权的同时，充分保障纳税人的合法权益；纳税人在依法纳税的同时，充分享受应有的权利。

2. 现代化纳税服务要以纳税人正当需求为导向。推进纳税服务现代化，必须将满足纳税人正当需求作为出发点和落脚点，进行纳税人需求调查分析、调整税收业务流程、配置机构设置及人员等工作。

3. 现代化纳税服务要以提高纳税人税法遵从为目标。从税源管理和纳税服务的本质看，纳税服务是通过辅导、奖励等手段，引导纳税人自觉遵从税法，协助其提高依法诚信纳税的能力。

4. 现代化纳税服务要以追求效率为基础。纳税服务作为为纳税人提供的各项服务措施，旨在于帮助纳税人降低税收遵从成本。推进纳税服务现代化，就必须树立起成本理念，注重合理利用资源，讲求效率、效益、经济的原则。

5. 纳税服务现代化要以社会协同参与为保障。从某种意义上来说，国家成为公共产品的供应商，而纳税人成为国家的“顾客”。显然，现代化纳税服务不应局限于税务机关提供的服务，而应当包括全社会提供的各式各样的公共服务以及各种社会组织的积极参与。

（二）推进纳税服务现代化的主要途径

1. 完善立法，依法保护纳税人的合法涉税权益

税务机关的纳税服务是税收工作的核心业务，是税务部门和税务人员必须长期坚守的与税收执法同等重要的法定职责和义务。应在实践的基础上对纳税服务进行法律上的准确定位，为纳税服务提供可靠、健全和完善的法律法规依据，明确征纳双方的法律责任和义务，既依法“还责于纳税人”，又重点明确税务机关纳税服务职责与权力清单，保证纳税服务工作依法有效开展。纳税服务的法治化可以法律条文的形式来改变税务机关人员及纳税人的观念，使征纳双方对税收服务有更清楚、明确的认识，真正做到有法可依，有法必依，全面树立现代纳税服务观。在《税收征管法》中明确征纳双方权利和义务，明确政府应为纳税人营造公开、公平、透明、规范的纳税环境；明确纳税人对税收征管规定应有的知情权，税务机关应免费提供相应的国内外税收法规咨询服务；纳税人应有税法修订的参与权，税收法规的修订应遵循法定程序，对税率、减免税等涉及纳税人权益的税收法律法规的修订应设立听证程序，广泛听取纳税人的意见建议。同时，通过完善税收法律，突破信息共享的法律障碍，以法律保障税务机关依法获取第三方涉税信息，更好地提高税务部门服务和管理效率。

2. 转变观念，全面树立现代服务理念

现代化的纳税服务要求各级税务机关普遍树立以客户为导向的工作理念，将纳税人当作自己的客户来对待，切实做到以纳税人为本。目前，部分税务机关和税务人员的思想观念还没有从监督管理向服务管理转变，部分纳税人受到权力观念的影响，对维权还心存顾虑，这就需要加快构建客户化的核心理念体系。重点是坚持以纳税人为中心，要站在纳税人的角度而不是税务机关自身角度去思考问题，使维护纳税人权利、满足纳税人正当需求成为纳税服务工作的重点；难点是思想的融入，要破除过去税务机关以管理者自居的陈旧思想，将征纳双方责权利相对称的思想融入税收管理各个环节，积极应用标准化的原理和方法，将各项纳税服务措施和方法进行规范和固化，并且通过标准保障对纳税人提供同质同量的纳税服务。还要通过税收宣传等手段引导纳税人主动维权；切入点是为纳税人减负，即税务机关每一项政策的制定、措施的出台都应有强烈的维权意识，要将减轻纳税负担作为衡量其科学性、可行性的一项重要指标；着力点是构建大服务格局，明确各部门纳税服务职责，促进纳税服务工作的高效实施。

3. 抓好顶层设计，着力构建优质便捷的纳税服务体系

构建优质便捷服务体系的目标内容是现代服务理念和先进信息技术广泛应用于税收服务，与现代税收征管体系相融合的，以理论科学化、法制系统化、平台品牌化、业务标准化、保障健全化、考评规范化为主要特征，始于纳税人需求、基于纳税人满意、终于纳税人遵从的现代服务体系基本建立，按照标准化模式下的服务细分策略，完善税收宣传、纳税咨询、办税服务、权益维护、信用管理和社会协作六个方面的服务内容，基本建成标准化管理、多元化申报、社会化办理、一体化运行的公开、透明、便捷、高效的服务格局。

（1）构建常态化的纳税人需求反应体系。随着经济社会的发展，纳税人需求呈多样性、层次性、差异性的发展趋势，畅通纳税人需求获取渠道，对纳税人涉税服务需求进行有效收集和分析，是做好服务应对工作的前提。要采取常态化收集与专业化收集相结合、日常收集和定期收集相结合的方式，畅通和拓宽纳税人需求采集渠道，及时掌握纳税人需求的动态和重点。收集方法主要有现场收集、电话采集、税务网站采集、税企邮箱采集、12366 纳税服务热线系统采集、税法宣传采集、纳税咨询采集、办税辅导采集、税企座谈采集和第三方调查采集等。同时，要规范各渠道收集纳税人需求工作，强化组织协调，明确各渠道职责、方法和程序，做到各司其职，又互为补充。各级纳税服务部门应组织专人对服务需求进行分解、归集和整理，立足于解决纳税人普遍关心和关注的热点、难点、疑点问题，针对纳税人需求的变化，分析纳税人需求的重点，及时发现工作中的薄弱环节，提出应对措施和方法，为指导和改进纳税服务工作提供依据和方向。

（2）构建最先进的信息化支持体系。注重涉税信息的分析应用，实现服务手段的高度信息化。在信息获取方面，通过修订《税收征管法》，突破信息共享的法律障碍，以制度保障税务机关依法获取第三方涉税信息，全面监控税源。同时，税务部门应当主动协调，推进与银行、海关、公安、财政、社保等方面的信息交换，加强税收信息化建设。其中最紧迫的任务是，梳理和整合各方面的涉税信息，激活大量“沉睡”的信息，加大信息分析和应用的力度。推行纳税人登记编码制度，纳税人的一切经济事宜均通过税务代码办理，并运用信息系统，通过税务代码监控其所有涉税信息和信用记录。充分利用 QQ 群、微博、微信、手机短信、税务网站、税企邮箱等现代信息技术手段，实现与纳税人的“零距离沟通、无障碍交流”。

（3）构建专业化的需求保障体系。现代化的纳税服务需要有效满足纳税人正当需求，切实减轻纳税人办税负担。近年来，全国税务系统通过完善服务功能，拓展多元办税，优化办税流程，精简涉税资料，帮助纳税人更便捷高效地行使权利和履行义务。着力改善办税环境，完成了全系统全部办税服务厅标准化建设改造，实现办税厅在功能分区、窗口设置、业务流程等方面的统一。结合“便民办税春风行动”，着力解决涉税审批、办税效率、办税负担等方面存在的问题，将办税服务通道建成高速路，不在“最后一公里”上慢下来。加大涉税审批制度改革，坚持便捷高效和便民利民的原则精简涉税审批项目，最大限度地下放涉税审批权力，减少审批环节，压缩审批时限，提高工作效率。减轻纳税人负担，利用信息技术减轻资料报送负担，梳理简并现行涉税文书，清理规范收费项目，合并办理不同税收业务流程中的调查、检查等事项，全面推行首问责任制，避免纳税人多次跑、来回找，完善办税流程内控机制，积极推行办税业务标准化作业。通过即时限时办理、推广网络发票等提高办税效率。实现服务方式多元化，全面实行同城通办、“一站式”服务，推行延时、预约、自助等服务方式；根据纳税人的不同需求，提供个性化的办税服务；通过税务门户网站、电话、短信等办理涉税事项。探索推行公开执法权力清单，最大限度减少执法随意性，指导和约束基层税务机关合法合理地行使处罚裁量权，防范执法不公。

（4）构建立体化的宣传咨询体系。现代化的纳税服务需要为纳税人提供全方位、多角度、多层次的宣传咨询服务，切实保障纳税人的知情权。随着多媒体、网络技术、新兴媒体等的迅猛发展，在今后的宣传咨询工作中要更加注重传统媒体与新媒体之间的融合互通，奏响宣传咨询协奏曲。拓展宣传咨询时效，既要发挥报刊、电视、电台、网络、办税服务厅、内部刊物、12366 纳税服务热线等多个传统平台的宣传咨询作用，又要探索微博、微信、QQ 群等新媒体在发布重要权威信息、实现与纳税人零距离对话等方面的积极作用。优化宣传咨询方式，发挥互联网易于检索、信息量大的优势，加强互联网宣传；突出面对面税法培训辅导生动直观、易于沟通等特点，加强培训辅导宣传。在国家税务总局成立由税收法律法规及政策制定人员和财会、经济、外贸等方面专家组成的高级别涉税咨询辅导专家团队，对新出台法规政策从出台的背景、意义及操作层面作权威性的解读；对执行中焦点、难点问题由各级税务机关、纳税人以及社会中介机构进行日常收集、整理并上报国家税务总局专家团队，或由国家税务总局开通专门的咨询辅导通道，由专家团队通过严密的研究和讨论，及时、定期以公告的方式向纳税人进行辅导，从而提高纳税服务的针对性和权威性；推进税务机关与涉税中介机构、行业协会、社区、志愿者组织等社会组织的合作，加强社会化宣传。丰富宣传咨询内容，以纳税知识、税收政策和征纳沟通渠道作为宣传重点，针对税收常识、办税流程、难点问题、典型案例等内容，制作丰富多样的宣传咨询资料。注重分类宣传咨询，针对不同行业和不同经济类型，企业管理层、财务主管、办税人员等不同群体，涉税中介机构、行业协会、志愿者组织等不同组织，分别开展宣传咨询。推行公开纳税人信用状况清单，针对纳税人信用实行区别服务。积极发挥税收管理员、办税服务厅人员和税务稽查人员等直接接触纳税人的优势，有针对性地开展个性化宣传咨询。

（5）构建社会化的权益保护和税收信用体系。现代化的纳税服务最终落脚点就是在保护纳税人合法权益的前提下，不断提高纳税人税法遵从度。就普遍情况而言，纳税人维权很大程度上仍依赖于税务机关自身，还没有形成社会化的维权网络体系。要按照大维权格局和扁平化的要求，逐步构建机制健全、运作高效、覆盖全面的纳税人权益保护组织体系。加强对纳税人权益保护的第三方监管。注重发挥税收机关在建立第三方纳税人权益保护组织中的主导作用，逐步实现纳税人权益保护组织的管理规范化、活动常态化，在启发引导纳税人依法诚信纳税的同时，增进征纳沟通和社会协作，拓展纳税人权益保护工作的广度和深度。快速响应纳税人权益保护组织代表纳税人提出的意见、建议和权益维护诉求，并将维护纳税人权益落到实处。加强纳税人权益保护的社会公众监管。切实发挥好社会公众、纳税人对税务机关保护纳税人权益工作的评价作用，通过邀请纳税人之家会员代表、聘请行风监督员、廉政监督员、执法监督员，开展征纳双方互评、纳税满意度测评、税情民意联络、协税护税综合治理等活动，对税务机关的行风建设和干部的行为规范、服务质量、政策执行、廉洁从政等情况进行评价，自觉接受社会监督。充分发挥纳税信用信息对建立国家征信体系的重要作用，建立全国共享的税收信用体系和网络化数据库，完善纳税信用等级的评定和动态管理，推进信用结果应用，根据信用等级为纳税人提供有区别的差异性服务，将有限、优质、高效的服务资源提供给诚信守法的纳税人。

（三）持续创新和改进，形成纳税服务现代化的评价指标体系

按照税收标准化的理念，打造纳税服务现代化评价指标体系。积极支持和鼓励全国税务系统各地区各部门按照标准化的现代纳税服务评价指标体系，结合自身征管水平的实际情况以不同的进度推进纳税服务现代化建设，争取在2020年年初步实现全国的纳税服务现代化，具体的评价指标要求如下。

1. 落实纳税服务规范指标达到百分之百

有效推动纳税服务规范的执行，研发纳税服务工作平台，2015年国家税务总局推出了《全国税务机关纳税服务规范2.0版》共9类76项236个服务事项1385个服务规范，将流转程序、涉税资料等内容完整体现在各项规范指标中。实现办理环节时时跟踪、限时办结事项倒计时、操作系统双屏显示，使得纳税人可同步查看所需办税资料和办税环节的功能，解决因时间紧、内容多，大厅人员无法在有限时间熟记全部规范内容有可能带来的效率低、未一次性告知办税事项、出现工作差错等问题，更重要的是解决流转环节盲点和需要人工催办的问题，大大提高效率和便捷性，限时办结事项实现零延误。

2. 纳税人满意度测评指标达到90分以上

国家税务总局制定《纳税人满意度调查问卷》下发，明确了包括办税服务厅服务、涉税事项审批、网上办税服务和工作总体水平四项纳税人满意度评价指标，要求各税务机关的平均成绩达到90分以上，通过对税务机关的纳税人满意度进行衡量评价，促进税务机关改进纳税服务水平。新《税收征管法》及其实施细则也明确规定了保护纳税人合法权益，纳税服务有了法律依据，在税收工作中得到了前所未有的重视，纳税服务也由传统的道德范畴上升到法定义务，成为法定行政行为的重要组成部分。这就要求征纳双方都要全面领会其内涵，重新定位纳税服务的价值。作为征税主体的税务机关要切实履行新《税收征管法》规定的税务机关对纳税人的义务，树立现代税收服务观，应“视纳税人为顾客”，认真分析纳税人的需求，在依法治税的前提下，以让纳税人满意为目标，

确保纳税人合理的需求和期望得到满足，积极拓展对纳税人服务的范围和空间，不断完善纳税服务工作，同时也要积极引导纳税人不断增强维权意识，形成共同创造优质服务的良好氛围。

3. 网上办税实现业务范围全覆盖

通过加快税务信息化建设，构建纳税服务信息化平台，降低税收成本，为纳税人提供优质的网上办税服务。

一是完善纳税服务的公共服务平台，以电子税务网络为载体，运用网上电子申报系统、网上税务局信息管理等系统，为纳税人提供全方位、功能强大的多元化、个性化、开放式的三类纳税服务，即由纳税人主动发起的服务、税企交互式的服务和由税务机关发起的服务。其中由纳税人发起的服务主要是指纳税人通过平台自助查询涉税信息，如政策法规、发票流向、办税流程、涉税表单等；税企交互式的服务主要是指纳税人与纳税服务人员的实时在线咨询交流和留言信息回复；而由税务机关发起的服务，主要是指税务机关将纳税人自主选择的或是税务机关指定的一些涉税信息定时更新并以邮件推送的方式告知纳税人。功能涵盖信息服务功能、流程服务功能、评估预警功能、评价反馈功能和救济帮助功能。

二是完善税收管理平台，推广运用纳税申报电子信息采集系统、发票管理系统、一般纳税人认定管理系统、增值税纳税评估管理、计算机稽核、协查等管理系统，实现税务管理信息系统的一体化，提高工作效率，节约纳税人纳税成本。

4. 税收政策法规库查询功能全覆盖

建立以计算机网络系统为载体，以全文信息检索软件为手段，以全部现行有效并对征纳双方具有普遍约束力的税收法律、行政法规、行政规章及规范性文件为内容，可为征纳双方及时、准确地提供标准税收法律依据的税收法规库。更好地服务纳税人，方便广大纳税人及时、便捷地查询税收相关法律法规和规范性文件。法规库内的文件做到定期更新、动态管理，及时对税收政策法规库进行改版升级，满足纳税人对税收政策的需求，做到内容全面、分类科学、查询便捷。

5. “金税三期”工程全面运行

大幅提升纳税人办理涉税事宜的信息化程度，其重要标志就是“金税三期”工程在全国范围内的全面上线。这项具有重要战略地位的国家级信息系统工程，融合了税收业务变革和技术创新，运用先进税收管理理念和信息技术做好总体规划，运用流程管理理念规划征管系统，直接使用工作流工具，增强征管系统的适应性，有效支持业务由职能导向转变为流程导向，由结果监督转变为过程监督。运用税收风险管理理念管理决策系统，并与征收管理、行政管理系统进行有效衔接，提升信息应用水平。运用面向服务的理念、技术整合行政管理系统，把已开发的应用软件整合到行政管理系统中，实现信息共享。“金税三期”工程通过统一规范国家税务总局、省局的纳税服务渠道、功能，建设全国的纳税服务系统，为纳税人和社会公众提供统一、规范的信息服务、办税服务、征纳互动服务。

6. 完善纳税人法律救济手段

建立完善畅通的法律维权渠道。一是广泛开展税收法律宣传，充分告知纳税人应有的权利；二是鼓励纳税人建立互助、自治式的维权服务组织，代表纳税人调解税企矛盾；三是统筹涉税听证、复议、诉讼制度的衔接，加强纠纷申诉调解，使纳税人避免因进入司法程序造成的成本和环境负担；四是建立健全完善积极的错案纠正和责任追究及反馈机制，准确认定税务案件性质和责任人，并落实相应责任。

7. 纳税人信用系统全面建成

构建纳税人信用评价体系，完善信息交换平台，推进税库银企的一体化建设，实现纳税人识别号全国统一，达成部门间信息共享，提高管理和服务效率。依据《纳税人信用评价指标和评价方式（试行)》（国家税务总局公告2014年第48号)、《纳税信用管理办法（试行)》（国家税务总局公告2014年第40号）的要求，按一定标准把纳税人划分为若干细类，依据不同的类别特征提供针对性的服务，对信誉等级高的A级纳税人提供及时上门服务、免年检、少检查等服务，对信誉等级低的则更强调法人警示、加强政策培训、加大检查等，帮助其提高对税法的遵从度。

第四节　着力构建科学严密的征管体系

税收征管是税收工作的核心业务，税收征管体系是税收征收管理活动中各要素相互结合而形成的整体系统，是税收现代化建设六大目标体系的重要组成部分。2012 年国家税务总局将新一轮税收征管改革的目标描述为“两提高、两降低”，即提高税法遵从度和纳税人满意度、降低税收流失率和征纳成本，明确了改革目标。构建科学严密的征管体系，就是要适应开放经济条件下跨国经济活动日益频繁、知识经济蓬勃兴起对税收征管提出的新挑战，以完善税务机关履行税收征管职责和纳税人履行纳税义务应共同遵守的基本程序为主线，明确征纳双方主体地位，增强税务机关税源监控能力和纳税人的纳税遵从能力，重视纳税信用的培养，优化税收环境，促进国家税法和各项税收政策全面落实，促进经济社会发展和税源增长。① 简言之，2020 年的税收征管，应具备主体地位明确，税源监控完善，税收环境优化的特征。

一、构建科学严密税收征管体系的现实紧迫性

税收征管的现状与“两提高、两降低”的改革目标比较，仍面临诸多矛盾和问题，需要认真研究，通过不断的改革创新加以解决。

（一）传统税源管理模式不能完全适应税源变化要求

随着现代科学技术和经济社会发展，新的生产、消费方式不断涌现，现代信息技术和电子商务迅速发展，通过交叉融合产生新型业态的趋势日益显现。信息化技术的普遍运用和纳税人数量大量增长，使传统的税源概念发生了深刻的改变。尤其是跨国公司和电子商务迅速发展成为税收征管无法回避的课题，给税收征管带来了新的挑战。从有形经济产生

① 王军．以科技创新推进税收管理现代化——深入学习贯彻习近平同志关于实施创新驱动发展战略的重要论述［N］．人民日报，2013－12－12（7）．

的传统税收制度和征管规则，有的被虚拟经济和新的可持续发展观所否定，有的变得不适应。现行税源管理模式信息管税能力不强，方法单一，传统的“以票管税”方法还在一定程度、一定范围内起着主导作用。在目前“国家税务总局—省局—地（市）局—区（县）局—分局（税务所）”五个层级税收管理格局下，各级税务机关多为全能型设置，行政管理占比过大，直接从事一线税收管理人员不足。税收管理员制度平面安排人力的做法，进一步分散了征管力量，而且必然随纳税人数量增加呈税务机构和人员膨胀趋势。随着自然人纳税人全面纳入税收征管视野，这一问题将更加突出。跨国经济活动和跨国公司的迅速发展，与之联系的是越发多变的流动性国际税基的分享、全球性金融投机和风险加剧，国际双重征税或不征税问题日益突出，国际偷避税和经济犯罪大量发生，对采集纳税人境内、境外涉税信息，加强税收征管国际合作和反避税提出了新的要求。显然，税收管理员制度和依赖人工投入的传统管理方法已经无法实施有效的税源管理，建立先进的税收征管体系，在信息化依托下实行分类分级税源管理，将是应对税源变化的现实选择。

（二）覆盖税收征管各环节的风险管理机制有待完善

征纳双方还没有牢固树立税收风险及防范意识，税收风险防范的信息化水平不高。多层级税收管理格局所形成的部门权力和信息化运用体系具有强大的体制惯性，部分基层税务机关对税收风险管理的认识还停留在进行纳税评估、增加税收收入的认识水平。在机构与人员配置上，按照属地管理原则建立的税源管理部门，没有风险管理的专门机构和岗位、税收风险管理机制不完备、考核评价手段单一、执行上缺乏有力推进。随着优化纳税服务、简化办税流程要求越来越高，涉税事项“先审批、后监管”模式日益推广，后续管理跟进不及时导致的税收风险大大增加，给税收征管带来更加严峻的挑战。

（三）税收执法流程需要进一步厘清

随着经济社会发展、现代科技进步，传统的税收管理职责已经发生较大改变，现有的基本税收征管程序不能完全适应客观经济形势发展的需要。在税收征管实践中，一部分与纳税人直接打交道的涉税事项转移到纳税服务环节，一部分因为征管手段的改进逐步由信息化技术所取代，税收征管基本程序和执法流程没有随着征管实际工作变化从法律上及时调整和重新定位，部分后续管理环节缺失，多头检查和重复检查情况一定程度存在，增加了纳税人负担。修订中的《税收征管法》已经用“税额确认”的提法明确了“纳税评估”的法律地位（本章在后面的论述中，仍然采用目前常用的“纳税评估”的提法），即纳税评估是对纳税申报的真实性、合法性进行核实、确定的法定程序，这种评估一般应当在5年内进行，对纳税人未登记、未申报或者存在需要立案查处的，可延长至15年。履行纳税评估职责的管理部门和税务人员享有与税务稽查相同的检查权。在纳税评估过程中，发现纳税人涉嫌逃避缴纳税款等税收违法行为的，由税务稽查部门立案查处。但是，修订中的《税收征管法》仍然没有明确省级一级稽查模式下各跨区稽查局职责和权限，尚未将由税务局局长行使的调取账簿、查询银行存款、税收保全、强制执行等批准权限赋予同级稽查局局长，有待在进一步修订时予以明确。《税收征管法》出台以后，国务院税务主管部门将制订税额确认的具体程序和方法，纳税评估与税务稽查职能交叉重叠、重复检查等弊端有望得到较好的解决。

二、重构征纳关系

本书讨论的税收征纳关系，是指税务机关和纳税义务人在税收征纳过程中形成的征税主体依法征税、纳税主体依法纳税的狭义的征纳关系，除非特别指明，对税务机关以外的征税主体和不负直接纳税义务的税务管理相对人基本不予关注。新型税收征纳关系的特点是坚持国家税收和服务税收的辩证统一，税收征纳双方的主体地位和权利义务边界由法律明确规定，各自在法律框架内有效地行使权利和履行义务。

（一）现代税收征管的核心理念

现代化的治税理念是税收现代化的重要基石，也是研究税收现代化的逻辑起点。只有树立和始终遵循正确的理念，贯穿税收现代化的全过程，税收现代化的制度体系才能真正建立并有效运行。对立统一是税收征纳关系的实质，现代治税理念的核心就是如何认识和全面把握税收征纳双方权利义务关系。树立法治、共治、善治理念，是对立统一税收征纳关系的必然要求，是治税理念从统治、治理到追求良好治理符合逻辑的发展。[①]

树立法治理念，建立完备的法律规范体系和高效的法治实施体系，发挥法治的引领和规范作用，是税收权威性的基本保证。传统治税理念强调征纳关系对立的一面，视“征”为征纳矛盾的主要方面，站在征税主体角度构建税收征纳关系，强调税收的强制性、无偿性特点。税务机关在征纳过程中居主导地位，纳税人处于被监督、管理的被动地位，税收实现凸显税务机关功劳。自税收产生以来，这种以收入管理为中心的税收征管模式适应了社会经济发展水平低、税收征纳双方对立性强、纳税意识差、税收法制建设落后的社会经济条件。现代市场经济条件下，税务机关作为国家强制力化身，与纳税人的对立关系依然存在，仍然必须保证国家征税的权威性，保证税务机关有效行使征税权，只有树立法治意识，依靠法的强制力才能实现。

树立共治理念，征纳双方通过有效合作共同推动税收收入实现，是税收征纳统一性的必然要求。税收离不开征税主体的征税行为，也离不开纳税人的纳税行为和应税活动，纳税人创造的剩余产品是税收的物质基础，微观经济主体是推动经济发展和实现税收增长的最终动力，税收的实现要靠征纳双方有效合作。就整体而言，我们可以假定纳税人是遵从的，原因是：第一，可以假定税收制度和税收征管是公平合理的，税收取之有道，用之合理，符合纳税人的利益并为纳税人所认同；第二，征纳双方的博弈是无限次重复博弈，纳税人可能为了合作的长远利益，抵挡欺骗带来的一次性眼前好处的诱惑；第三，税务机关具有强大的征管能力，一方面能为纳税遵从提供必要的服务，另一方面能及时发现纳税人的欺骗行为，并有足够的积极性和可能性给予惩罚。税收的权威源自纳税人的内心拥护和真诚信仰，随着经济社会发展，税收征纳关系的统一性日益得到广泛认同。无论从理论发展还是发达国家税制改革的演变来看，任何税收制度的改革和完善，在很大程度都基于税收征纳双方权利义务的变迁发展，都体现在这种权利义务关系所反映的税收原则中。

① 党的十八届三中全会《关于全面深化改革若干重大问题的决定》。

征纳权利义务在动态中协调发展，同步增长与渐趋一致是发达国家二者关系演变的共同特征，体现了现代税收征管文明。① 坚持依法治税，要从坚持税收征纳双方主体地位平等的角度，切实维护好纳税人权利。要增强全社会的依法纳税意识，形成依法纳税光荣的社会氛围，帮助纳税人自我管理，自觉修正不遵从行为，使纳税人成为社会主义法治的自觉遵守者。

善治是国家治理现代化追求的理想状态，是党的领导、人民当家做主、依法治国有机统一的最佳体现，是提高税收效率、降低税收成本的必然要求。从征纳双方的动态博弈来看，单纯依靠提高检查面和处罚率，并不能使理性的纳税人选择纳税遵从。② 现代税收征管制度的价值取向，是追求良好的治理，更多地体现在通过制定好的税法和对纳税人提供优质服务，培育纳税信用、促进社会信用机制的建立，促进税收制度的完善和税收成本降低，促进纳税人源自理解和认同税法的自觉遵从，促进社会公平正义。

（二）新型税收征纳关系的构建

从税收征纳两个角度对税收征管改革目标进行总体设计，为完善税收管理提供了新思路。传统税收管理强调对纳税人施以全面管理，设置各种前置审批，造成纳税人办税效率不高，税务机关管理资源浪费的被动局面。在新公共管理理论和税收遵从理论的推动下，税收管理理念和运作方式正在发生重大转变，从注重实施强制性监管向服务导向转变，纳税人定位从监管对象向服务对象转变，内部管理从行政管理向企业化经营管理转变，纳税服务从行政服务向社会服务转变，以提高管理效率和服务水平，适应全球化和信息技术革命对税收管理提出的新要求③。核心是以促进纳税人自愿遵从为目标，将“申报纳税”作为纳税人的义务和责任，还权还责于纳税人。税务机关通过加强政策宣传辅导、优化便捷办税渠道、提高办税效率等措施帮助纳税人正确履行这一义务，重点管理大企业和主观不遵从行为，对绝大多数纳税人采取无事不打扰的管

① 邓力平，邓永勤．对税收征纳权利义务变迁的再思考［J］．山东经济，2010（6）．

② 邓永勤．税收征纳模式的博弈分析［J］．涉外税务，2003（5）．

③ 国家税务总局纳税服务司．国外纳税服务概览［M］．北京：人民出版社，2010.

理方式，即“不该管的事主动放权，该管的事积极作为”。管理方式由重事前审批向事前服务、事中监控和事后控管的全程管理转变，构建征纳双方各负其责又相互合作的新型征纳关系。

三、创新征管制度

征收、管理、稽查属于税收管理的不同环节，是税务机关内部既相对独立的业务分工，又相互依存、相互制约、相互促进的有机整体。要正确理解征、管、查之间的辩证关系，本着便于税务机关履行税收征管职责和纳税人履行纳税义务的原则，创新税收征管体制机制，建立规范高效的征管流程，实现“两提高、两降低”的目标。

（一）从现实优化到理想优化

从税收经济学的角度看，税制改革就是一个在理论和实践的结合上寻求“优化税制”的过程。我们可以将不存在任何市场或非市场约束而按“理想税制原则”建立起来的税制称为“理想优化税制”，而将在一定市场和非市场约束下建立的税制称为“现实优化税制”。税收征管同样存在“理想优化”与“现实优化”的选择，分析理想优化与现实优化，有助于避免征管改革中某些不切实际、片面强调理想最优的倾向。只有一切从中国实际出发，才能为税收征管改革制定可行的目标，探索出从现实优化到理想优化的发展道路。

所谓市场无约束，是指一种完全竞争的市场理想状态，这种形态需要众多严格的前提条件，最突出的一条就是能够在充分、完全、对称的条件下获取所需要的各种信息，政府对有关经济信息无所不知。而在现实市场经济中，信息获取往往不充分、不完全和不对称，存在众多的市场约束。除了上述市场约束外，还存在大量非市场约束或限制。这些约束是多方面的，包括一国具体国情约束、一定经济发展阶段与水平的约束、政府多重社会经济目标冲突与协调的约束、技术条件的约束，等等。①

创新征管制度是以理想优化状态作为参照系，以市场约束和非市场

① 邓力平．经济全球化、WTO与现代税收发展［M］．北京：中国税务出版社，2000.

约束下的现实优化为目标，不断从现实优化向理想优化迫近，即“优化、现实、迫近”的过程。“优化”是我们进行征管改革的目标，无论是理想优化还是现实优化，都立足于优化，按照经济税源的发展变化和市场经济要求不断完善税收征管制度。“现实”强调的是应充分认识存在的种种市场与非市场性约束，正是由于这些约束，理想优化往往为现实优化所替代，使后者成为税收征管改革的现实目标与可操作方案。“迫近”强调的是应加强对各类约束条件的分析研究与区别对待，创造条件使现实优化不断迈向理想优化。

（二）优化征管机构设置

税收现代化理念创新、税务机关职能转变、税收征管效率提高，最终都落脚于组织机构创新、岗位职责优化和征管组织体系的有效运行。因此，优化征管机构设置对于建立科学严密的税收征管体系具有重要的基础作用。

1. 自上而下一体推进

税收征管机构的优化设置，应在借鉴全国各地税务机关局部改革成功经验基础上，进行总体设计和自上而下一体推进。

省局及以上层级，应统一设置行政管理部门，基层层级不再单独设置相应机构。国家税务总局层面设置覆盖全国的信息服务、法制建设、国际税收合作和跨国税源管理等职能部门。省局层面设置覆盖全省的督察内审、巡视、监察、数据情报管理、大企业管理与服务、税务稽查等职能部门，其中督察内审、巡视、监察可以进行职能整合。通过统一设置行政管理部门，发挥省局及以上层级的资源优势，有效避免基层一线税务机关人力资源的重复浪费，减少上下层级间行政管理性事务，促进工作效率提升。

2. 适度压缩中间层级

要大胆压缩管理层级，打破管理层级多、中间层占比过大的组织结构。在现有财政体制下，将原有5个层级压缩为4个层级。直辖市的县局层级取消税务所，内部简并整合为纳税服务中心、风险管理中心和行政服务中心三大部门（如图2－1所示）。稽查局属于风险管理序列中的风险应对部门，但鉴于稽查的独立性和权威性，可以作为上一级税务机关的直属单位，跨区域单独设置稽查局。行政服务中心为支持保障部门，其职能设置和人员配备应尽可能从简。其余地区可参照直辖市机构设置，地市局以下直接设置纳税服务局和风险管理局，稽查局作为省局直属单位，行政服务部门转化为纳税服务局和风险管理局内设部门（如图2－2所示）。未来可进一步将机构设置压缩为3个层级，省局以下跨区域设置纳税服务局、风险管理局和稽查局，进一步增加横向管理幅度。

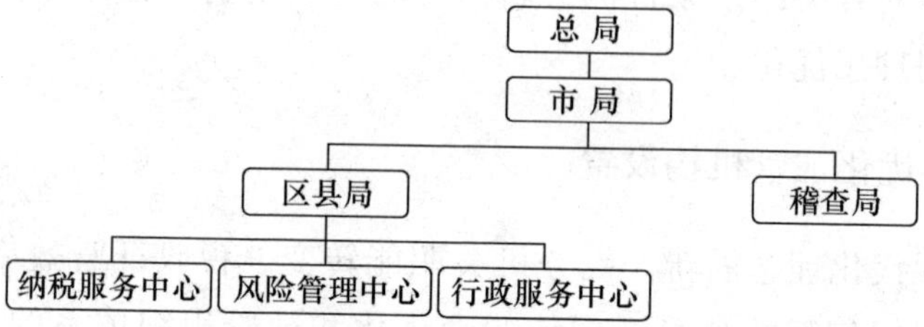

图2－1　基于现有财政体制，直辖市地区改革后组织层级

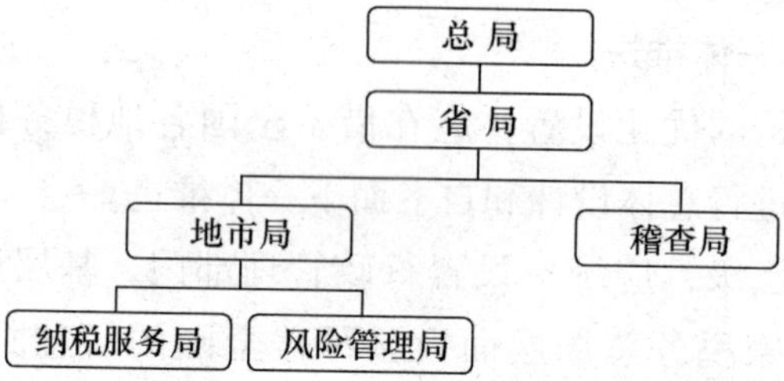

图2－2　基于现有财政体制，其他地区改革后组织层级

3. 深化各层级实体化运作

发挥各层级特点、权限范围和资源优势，赋予不同层级的实体化管理服务职能。国家税务总局层面可以直接开展跨国税源管理和国际税收合作，对全国范围信息化建设、流程设计、税收法制化，以及全社会护税协税体系的构建进行统一规划管理，为全国各地税收管理提供坚强保障。省局层面可以直接开展大企业及跨区域税源管理与服务，对全省范围数据情报采集管理、多元化办税渠道的建立和维护、税收政策的普及型宣传等进行统一规划管理，为全省税收管理提供坚强保障。基层税务机关取消税务所，机关基层一体化运作。对于偏远地区可以通过设置自助申报室，解决纳税人申报困难问题。改革后，国家税务总局和省局转换为半扁平化机构，基层税务机关转换为完全扁平化机构，形成各层级间专业化分工与集约化运作格局。

（三）完善管理基础

1. 建立简便快捷的税务登记制度

税务登记是一种行政确认行为。行政确认的内容并不直接为相对人设定权利义务，行政机关几乎没有自由裁量的余地，相对行政许可而言，它的办理手续和环节具有更大的优化空间。应大力简化税务登记，探索建立“号码统一、普遍使用、简便快捷、集中管理”的登记管理制度。

主动确认纳税义务。税务机关根据工商、质监等部门提供的企业信息，自动赋予税务登记号码；对负有纳税义务的自然人，主动收集工商注册登记信息，行政机关、企事业单位雇用的从业人员信息和房产登记信息，直接将其确认为纳税人，然后以函件或短信等方式告知当事人。

全面登记应税标的物。对财产税等特殊税种，在建立纳税号码的同时，建立应税标的物档案资料。

规范代码命名规则。单位纳税人以组织机构代码作为税务登记代码，个体工商户和自然人的税务登记代码为其居民身份证号码，同一个自然人办理多个经营实体的，不再后缀流水号码，便于与第三方数据进行对接。

普遍使用登记代码。提升税务登记号码的法律地位，要求相关部门在电力、自来水、天然气、社会保障、银行、保险等户籍信息中完整登录税务登记号码，便于与第三方信息建立关联关系。

集中管理登记信息。在税收征管数据尚未实现全国数据大集中之前，首先将税务登记信息进行集中处理，税务登记数据库存放于国家税务总局数据中心，办理登记事宜时，各省市分步运行的征管系统向国家税务总局数据中心验证法定代表人及股东的税收信用记录，凡是相关人员存在欠税、走逃等税收违法记录的，必须要求其结清税务事项，接受行政处罚之后，才能办理新的税务登记，以促进纳税人珍惜税收诚信记录，提高税法遵从度。

2. 建立云端支撑的账簿管理制度

账簿凭证管理是税收管理的一个重要环节，账簿凭证记载了纳税人的生产经营情况，是进行纳税遵从管理的重要依据。在长期的税收征管实践中，与税务登记等环节相比，账簿凭证管理一直处于次要位置；在税收执法责任制中，对账簿凭证管理的内容和相应程序，如何进行账簿凭证管理，管理到何种程度，一直没有明确的规定；在税务机关对账簿凭证的信息获取方面，仅仅规定了财务会计制度、财务会计处理办法和会计软件的备案制度，随着税收管理形势的变化，征纳双方信息不对称的现象日益突出，已经不能适应税收征管的需要。

云计算技术突破了计算机硬件瓶颈，随着云计算时代的来临，大数据越来越引人关注，它将成为宏观调控、国家治理、社会管理的信息基础，许多发达国家纷纷将大数据利用提升到了国家战略层面。税务机关与纳税人之间的关系十分密切，肩负着账簿凭证管理的职责，理应适应形势需要，主动拥抱大数据时代，从对账簿凭证单纯的备案制管理，向逐渐掌握账簿凭证数据资源、开展深层次分析利用进行转变，有效解决征纳双方信息不对称问题，实现账簿凭证数据的定期收集、云端存储、分布处理、精细管理。

为了加强对会计核算单位的监督管理，及时掌握纳税人涉税信息，应充分借鉴国内外的实践经验，运用云计算和大数据技术，建设账簿凭证信息平台。在此基础上，修改会计法规相关规定，要求所有会计核算单位必须实行会计电算化，按月通过互联网报送会计核算明细信息，作为政府部门唯一的会计信息来源，纳税人不再向税务、银行、审计、统计等部门分别报送财务会计报告，以减少重复劳动，统一报表口径。

税务机关建立的账簿凭证信息平台，是连接电子发票和纳税申报系统之间的纽带，主要具有 4 个方面的功能：一是自动评估账务核算健全程度。运用信息技术对电子账簿进行分析扫描，如发现银行存款、存货等关键会计科目无账务核算记录，或记录的业务数量明显异常，直接生成风险预警任务，经管理人员调查核实后，对未设置账簿或账簿凭证残缺不全的纳税人，按规定采取核定征收方式征收税款。二是自动核查原始凭证准确性。运用与增值税专用发票相似的清分比对机制，定期将账簿中的记账凭证信息与电子发票平台中相应的发票信息进行审核比对，杜绝阴阳发票、账证不符等问题。三是自动核查纳税申报准确性。将账簿中的主营业务收入、应交税费等科目发生额与纳税申报表中的相关指标进行比对，及时发现账表不符的问题。四是自动核查会计分录的准确性。运用会计模型分析法对记账凭证进行分析扫描，对符合异常会计分录模型特征的疑点信息，视其情况向税收评定处理或税务稽查环节移交案源。

3. 建立环环相扣的电子发票制度

近年来，税务机关对发票管理采取了很多举措，将发票由手工填写逐步改为计算机打印，及时收集完整的发票信息，将纳税申报金额与发票填写金额定期进行比对等，对加强税源监控起到了很大的作用。但是，发票管理仍然依靠税务机关“就票管票”的现象未能得到根本改变，发票信息的真实性和准确性仍然存在较多问题，需要进一步强化发票的功能和作用。

（1）改变发票存在形态。电子发票是完全以电子信息形式储存，可以离开纸质形态存在的发票，在信息化时代下，是发票存在的最佳形态。因此，在满足网络发票电子信息正确生成、可靠存储、便于验证和安全唯一等条件的情况下，应加快推行电子发票的步伐，降低发票使用成本，提高发票填开效率。

（2）扩大发票使用范围。可以将账务核算原始凭证管理的适用范围由从事生产经营的纳税人扩大到自然人，个人所得税在实行扣除标准限额制度的同时，要求自然人提供电子发票才允许实际扣除，通过税收利益机制来推动自然人在消费环节积极主动索取发票，逐步建立完整的发票管理链条。

（3）校验发票票面信息。发票是记录交易行为的载体，当其由纸质凭证转为电子形态以后，为验证其资金和物流信息的真实性奠定了良好的基础。通过各地的探索表明，以部门之间进行数据交换的方式批量验证票面经济行为的真实性，存在数据安全、商业秘密等方面的诸多争议，推进起来较为困难。因此，可采取“事前验证、单笔核对”的思路来寻求突破。事前验证，就是指在填开发票时，由纳税人同步录入物流和资金流等相关信息，分别向银行和物流平台发送验证信息，如不能校验通过，则不允许开具发票。单笔核对，就是指税务机关每次只发送一张发票的资金流或物流校验信息，接收方只负责反馈信息校验是否通过，而不向税务机关主动发送任何物流和资金流的信息实体，这样既能降低技术实现的难度，又最大限度地保证了数据安全和商业秘密。按照以上思路，对TIPS系统（国库信息处理系统）稍作改造，就可以完成发票资金流信息校验。TIPS系统是人民银行推出的通用信息处理平台，主要以报文方式与财政、税务、海关、商业银行等部门的系统之间进行信息交换和业务处理，税务机关通过它已经实现了实时扣缴税款等操作，现只需增加一种报文类型，由电子发票系统向TIPS系统发送资金流信息校验的请求报文，商业银行收到TIPS系统转发的请求后，在其业务处理系统中验证资金流向的正确性，并及时反馈给电子发票系统。

（4）改变发票入账方式。2013年，国家已经启动电子发票及电子会计档案综合试点工作，要求试点企业依托已有的会计核算系统，完整地接收电子发票数据，建设完善电子会计档案管理系统，实现电子发票的高效便捷归档及查询①。但总的来讲，试点面较窄，创新力度不大，应该加快步伐，抓紧修改财政部发布的《会计核算软件基本功能规范》，将电子发票入账作为商品化财务会计软件的基本功能，会计核算软件在记账凭证模块录入收款或付款凭证时，必须以电子发票数据作为原始凭证，否则无法录入收付款凭证，无法进行后续的财务核算。电子发票以加密认证方式，从税务机关进行下载，确保收付双方和税务机关掌握的发票信息一致。

（四）建立分类分级税源管理格局

在减少管理层级的基础上，优化征管资源配置，按纳税人类型设置管理机构，按行业、类别和规模对纳税人进行分类分级管理。

1. 强化重点税源管理

充实省级大企业管理局和地市级重点税源管理局。对资产、经营收入、纳税额达到一定规模的大企业和重点税源，分别由省、地市两级大企业和重点税源管理机构进行管理，探索符合大企业内在遵从特点的管

① 国家发展和改革委员会办公厅、财政部办公厅、国家国家税务国家税务总局办公厅、国家档案局办公室．关于组织开展电子发票及电子会计档案综合试点工作的通知．发改办高技〔2013〕3044号．

理方式，提高对高风险的应对能力。

2. **完善一般税源管理**

对未纳入上述大企业和重点税源管理的中型企业、小微企业及个体工商户，按属地管理为主、兼顾行业管理的原则设立管理局（所）。必要时可打破属地管理，因地制宜按照纳税人类别进行分类管理。在管理局（所）内按照行业、风险类型实施团队管理，发挥能力互补、相互促进、共同提高的团队优势，改变一个管理员包办管户涉税事项的模式。对从事网络交易或某些特殊行业的纳税人，根据实际情况设立专业管理局（所）进行集中管理。

3. **健全税源管理体系**

由地方税务局组建自然人纳税人管理机构，对自然人纳税人进行专业化的税收管理。修订中的《税收征管法》强化了对自然人纳税人的税收征管措施，包括要求税务机关登录自然人纳税人识别号，将以前仅针对从事生产经营纳税人的税收保全和强制措施适用于自然人，这些规定为规范自然人纳税人管理，进而完善社会信用体系提供了法律支持。由于自然人具有流动性强、收入来源地不唯一的特点，建议结合《个人所得税法》修订，明确由自然人纳税人主要居住地税收管理机构负责该纳税人全部收入和所得的税收征管，避免因多头管理造成个人所得税重征、漏征。自然人纳税人识别号应与居民身份证、社会保障号同一，在依法保护公民隐私的前提下，保证纳税人涉税信息收集全面真实并得到广泛应用。

组建针对事业单位和社会组织的专业税收管理机构。修订中的《税收征管法》明确了事业单位和社会组织自依法设立之日起30日内向税务机关申报办理税务登记的义务，应设立专门机构进行日常税收征管，避免事业单位和社会组织在发生应税业务时出现税收流失。

组建跨境纳税人管理机构。应对跨国公司的避税问题，税务机关应充分认识经济全球化下国际税收协作的重要性，将反避税纳入日常的税收征管，组建跨境纳税人管理局，加强国际税收征管合作，建立畅通有效的税收情报交换渠道，建立了解纳税人境内、境外信息的渠道，及时掌握跨国公司的关联交易行为，有效地开展反避税工作。积极应对以美国为首的发达国家日益强化的属人征税原则，组建跨境纳税人管理局，充实反避税机构和人员，开展国际税收情报交换与合作，提高跨境纳税人管理水平，提高反避税能力，维护国家税收主权和利益。

（五）建立监控严密的风险管理格局

税收风险管理是税务机关运用风险管理理论和方法，在全面分析纳税人税法遵从风险的基础上，对不同风险等级纳税人采用不同应对手段进行监控，从而提高纳税人的税法遵从度、防止税收流失、提升税务机关管理质效的制度设计和执法活动。

1. 完善风险管理制度体系

（1）建立国家税务总局、省、地（市）三级税收风险管理机构。由于税收风险管理是一项基于全面掌握纳税人生产经营等相关信息的系统管理，牵涉面广，专业性强，建议由国家税务总局主导统筹，省级税务局归口管理，发挥数据集中的优势，自上而下有序推进。各级税收风险管理机构可设在负责税收征管的职能部门。

（2）建立风险管理工作流程和工作机制。将实地核查、纳税评估、监控管理等执法事项归为税收管理类，实施风险管理，以制度的形式加以明确并相对稳定，促进风险管理由分散走向有序。按照信息采集、分析识别、等级排序、应对处理和绩效评价 5 个步骤，对涉税信息进行筛选、鉴别和归集，提高风险管理的针对性和有效性。明确风险应对岗位职责，对不同税收风险纳税人实施差异化、递进式管理策略：对税务登记、发票领用、资格认定等低级别涉税风险，应对以提示提醒、纳税辅导；对风险模型扫描出的中级别涉税风险，应对以纳税评估；对涉嫌逃避缴纳税款、逃避追缴欠税、骗税、抗税等高级别涉税风险，应对以移交稽查部门立案查处。

（3）强化风险管理流程控制。将风险管理流程分为事前、事中、事后三部分，分别设置运行节点，形成有效的控制机制。事前控制包括风险管理目标规划、风险分析识别、风险排序、拟定计划和分配任务；事中控制包括纳税服务和纳税评估的风险应对；事后控制为效果评价、复核和反馈。各运行节点分别由不同的部门实施处理、跟踪、反馈和复核，形成有效的内部监控机制。

2. **完善风险指标体系建设**

大数据作为一项庞大的战略资产，正在开始创造出真实的价值。修订中的《税收征管法》进一步明确了各行政事业单位及其他组织与税务机关信息共享制度，税务机关应从国家税务总局层面统一信息数据口径，依托“金税三期”工程建设，在风险管理模块中增加外部信息导入功能，将纳税人涉税信息从不同角度、不同维度与各种第三方数据加以分析比对，汇聚成数据集群，构建数据仓库，进行风险识别。通过夯实风险管理的数据基础，构建监控严密的风险防控体系，对处于体系中不同税法遵从度等级的纳税人，采取不同的应对措施，以较低的税收成本实施税收风险防控。

在税收大数据建设的基础上，完善风险指标体系建设。根据各行业不同特征设置和定期发布行业税负预警指标，分税种建立风险指标模型，统一筛选并确定评估对象和方法，逐步提高专业化数据分析、运用水平。国家税务总局或省局建立指标模型，供地市局在风险识别时采用。考虑到区域差异、经济发展不平衡、企业规模大小等因素，各地市局可在国家税务总局、省局模型基础上修改相关指标参数，因地制宜建立本局的风险指标体系。

3. **发挥纳税评估的重要作用**

纳税评估作为税收风险管理的重要手段，实践证明成效显著，修订中的《税收征管法》已经用“税额确认”的提法对“纳税评估”的法律地位予以明确。完善税收风险管理，必须运用好、发挥好纳税评估的重要作用。

将纳税人自我评定和税务机关进行评估相结合，鼓励纳税人依据自我对税收法律的理解，自行确定纳税义务和进行修正申报。在纳税人自我评估的基础上，税务机关对纳税人履行纳税义务状况进行审核、确认、调整。纳税人履行了申报纳税等程序性义务，并不意味着具有确定性的效力，必须由税务机关对其履行纳税义务的情况做出有拘束力的评估，但是这种评估并不具有终结性，税务机关依然保留其对纳税申报情况进行税务稽查的权力。因此，纳税评估是税务机关的一项必经管理程序，应充分运用信息化手段，根据自身掌握的纳税申报、电子账簿、电子发票和第三方数据资源，按照确定规则，在一定时限之内做出纳税评估的决定。通过纳税评估发现纳税人存在未申报、申报不实以及虚假申报行为的，采取提醒或约谈等方式确定应纳税款。纳税评估作为一项国际通行的税收管理制度，融管理与服务为一体，既是管理手段，也是服务方式，对纳税评估的定位，应适应建设服务型、法制型政府的要求，侧重于赋予其服务职能，主要目的是税务机关在对纳税申报情况的真实性和准确性做出定性和定量的判断的基础上，对纳税人遵从风险及时进行提醒，通过信函或约谈这两种手段，积极引导纳税人自查自纠。约谈后仍未消除涉税疑点的，移送稽查部门进行查处。由于征管资源有限，在不能实现纳税评估全覆盖的情况下，评估工作对象应优先考虑重点税源和高风险等级纳税人。对重点税源企业，每年至少进行一次税收评定；对高风险等级纳税人，按照风险金额进行排序选定。

（六）建立严格规范的税务稽查制度

税务稽查是指稽查局依法对有税收违法嫌疑的纳税人、扣缴义务人所进行的税务检查和处理工作的总称。各级稽查局的工作内容和职责边界是明确的，就是查处税收违法行为，稽查局以外的税务机关其他部门所进行的日常检查不是税务稽查，也无权对应由稽查查处的税收违法行为进行处理，这就决定了稽查局的工作具有很强的专业性，必须有法定工作程序，在机构设置上与征收、管理部门适当分离，相对独立。通过税务稽查的约束作用，要有利于促进纳税信用的培育，鼓励纳税人在无限次征纳博弈中，克服侥幸心理，抵御偷税可能带来的短期利益诱惑，自觉通过纳税信用的累积，寻求可预期的长期收益最大化，从而以最少的干预实现最大的税收利益。

1. 实现省级一级稽查全覆盖。将稽查职能从全职能征管机构中剥离出来，成立跨行政区域的税务稽查局，有利于减少地方政府对税务稽查工作不当干预，强化征管查各环节分权制约，增强稽查执法刚性，提高稽查质效，其改革效果已经实践证明。按照“积极稳妥，布局合理，管控有力”的原则，全面深化“涉税举报统一管理，稽查案件集中选取，定性处理统一尺度”的省级一级稽查体制改革，完善跨区稽查机构设置，建立扁平高效垂直管理体系，加强管查互动，规范稽查执法。整合偏远地区的县一级稽查机构，按中心城市组建跨地区稽查局。充实稽查机构和人员，不断提升稽查专业化水平。

2. 科学选择稽查案源。充分收集银行资金、能源耗用等第三方信息，结合税务系统集中掌握的海量税收数据，人工筛选不同税收遵从等级的纳税人作为样本，运用数理统计分析技术，挖掘税收遵从模型，为高风险纳税人准确画像，自动筛选稽查对象。在分行业下达税收专项检查任务的同时，还要以管户检查率、稽查对象上年纳税贡献率等量化指标下达税收检查工作计划。建立覆盖全国的稽查信息平台和自动选案系统。信息劣势已成为制约税务稽查现代化建设的技术"瓶颈"。因此，该平台是改变稽查机构信息劣势、实现涉税信息共享、提高信息获取效率的关键。一是依托"金税三期"工程，广泛采集纳税人涉税信息（主要涉及重点税源、跨国企业、重点行业）和案源信息；二是对纳税人随机抽样的考评信息，可依托于目前征管部门的"税收风险管理信息系统"加以改进；三是从工商、统计、银行、公安、技术监督、海关、社会保障、土地房屋、法院、检察院、外汇等第三方（包括举报人）转来的涉税信息，充分获取有关国际、国内大宗商品市场价格、分行业利润率、资本报酬率、企业经营状态等信息，要重点研究解决数据接口的兼容通畅和完善社会协作机制的法律规定。依托税务稽查信息平台，开发自动选案系统，实现税务稽查选案刚性，消除手动选案低效和"寻租"弊端。

3. 规范稽查执法行为。细化税务稽查各环节工作要求和完成时限，强化稽查按期结案率考核。建议根据案件的复杂程度，规定结案期限，除特殊情况外不得超过90日，用严格的制度规范执法，提高效率，保护纳税人合法权利。

4. 完善稽查法律保障。以《税收征管法》修订为契机，呼吁赋予跨区稽查局局长税收保全、强制执行、存款查询冻结、调取账簿的批准权限，确保跨区稽查局的独立执法能力，以法律形式肯定省级一级稽查改革的积极成果，避免因为法律授权不足导致稽查执法程序风险。按违法行为地而不是纳税人注册登记地确定税收违法案件的管辖机关，在执行环节可依据入库级次考虑税款缴纳地点。

5. 完善国税、地税稽查联合检查机制。面对"营改增"及新一轮税制改革对税收征管的新挑战，国税、地税稽查局之间的信息共享和协调配合将更加紧密，也更加重要，必须进一步规范和完善国税、地税稽查局联合检查机制。同时，要培养一批覆盖国税、地税各税种检查的高素质、复合型稽查人才，避免在检查中囿于国税、地税征管范围之分，对不属于自己征管范围的税收违法问题不予关注。

四、优化税收环境

实现税收现代化，服务科学发展，共建和谐税收，需要税务机关、纳税人、政府各部门、社会各方面有效合作，共同努力，形成综合治税体系，营造税务机关依法征税、纳税人依法纳税、全社会协税护税的公平税收环境，实现税收领域的法治、共治和善治。

（一）构建治税体系，形成治税合力

税务机关必须始终坚持依法治税，这是构建全社会协税护税体系的前提，也是优化税收环境的基础。同时，支持税务机关依法征税、依法打击涉税违法行为，是各级政府部门、社会各界的法定义务。税务机关要通过有效的税收宣传，主动争取各级政府和全社会对税收工作的理解和支持，在全社会形成依法纳税的良好风尚，构成完整的监管体系。

随着经济、社会发展，经济全球化程度不断深化，尤其是信息技术的飞速发展，税收征管对象日益纷繁复杂、数量庞大，且处于不断变化和发展中，税收征管始终在信息不对称及充满不确定性的环境中运行。受物质利益驱动，纳税不遵从行为日益隐秘化、智能化、多样化，进一步增强了这种不确定性。在依法打击税收违法行为的同时，提高纳税人自觉遵从纳税意识，是形成税收合力、优化税收环境、防范和降低税收风险的有效途径。

（二）培育纳税信用，引导纳税遵从

法律和信用是维持市场有序运行的两个基本机制。事实上，与法律相比，信用机制是一种成本更低的维持交易秩序的机制。如果信用机制建立不起来，不但加大法律的负荷，提高交易成本，而且法律本身也不可能得到有效执行。[①] 在现代世界市场经济条件下，建立和培养纳税信用

① 张维迎．法律制度的信誉基础［J］．经济研究，2002（1）．

具有重要意义，是降低税收成本、提高纳税遵从、优化税收环境的必由之路。应加快社会信用体系建设，逐步建立企业和个人信用信息征集体系，全面推广纳税信用评级，引导纳税遵从。

1. 纳税信用的量化分析

纳税信用并不是虚无缥缈的东西，可以用纳税信用带来的收益进行量化分析，用公式可表达为：纳税信用带来的收益 = 由于纳税检查减少而降低的纳税成本 + 由于纳税信用增加的盈利机会和盈利能力而带来的潜在收益。这种收益可以累积，全社会越讲信用，纳税信用累积时间越长，收益值越大。相应地，如果发生纳税不遵从，损失也就越大。事实上，不同规模企业对纳税信用的选择是不同的，规模越大、历史越悠久的企业对纳税信用越重视，正是因为纳税信用的累积能为其带来收益，而且累积越久收益越大的缘故，没有固定经营场所的商贩无法实现这种累积，显然不会重视纳税信用。

2. 信用缺失与纳税不遵从

强调征纳关系的对立性，从总体上将纳税人视为不遵从的传统观念无助于建立纳税信用，而纳税信用的缺失与纳税不遵从具有内在的相关性。从纳税人方面来看，如果无论是否遵从，都不能得到税务机关的信任，建立能带来收益的纳税信用，那么从整个社会来说，不遵从是普遍现象，甚至成为一种社会规范。对个体而言，不遵从也就算不上是一件很不光彩的事，信用成本也就微乎其微，纳税人是否选择遵从完全取决于对一次博弈所得与所失的权衡，不遵从就是纳税人最合理的选择，纳税人更容易为了眼前的利益铤而走险。

3. 从纳税信用到纳税遵从的路径

从税收征纳关系的统一性出发，税务机关应针对征纳双方无限次重复博弈的特点，采用符合征纳双方利益的策略：即首先选择信任，通过优化服务与规范执法促进纳税遵从，如果未发现纳税人不遵从，将继续信任；如果发现不遵从，将取消对不遵从者的信任并实施惩罚。良好的纳税服务，则有利于增强纳税遵从意识的社会累积，鼓励纳税人建立纳税信用，促进社会信用机制的建立和提高纳税遵从，相比单纯依靠提高检查率和处罚率，更有利于降低全社会的税收成本，培养以信用为本、适应现代市场经济的世界性企业，促进经济发展和税源增长，有利于税务机关公平、公正地执法。

由于纳税信用能为纳税人带来收益，而且累积时间越长，收益越大，纳税人追求的不是一次博弈中税收负担的最小化，而是长期收益最大化，征纳双方的博弈是无限重复博弈，纳税人可能为了长远利益抵御偷税的一次性好处。

五、完善指标设计

税收征管的目标只有通过规范、有效的服务与执法行为才可能实现。完善征管指标设计，将抽象的征管目标具体化，有利于克服实际工作中存在的认识偏差，发挥其在征管工作实践中的规范和引导作用，减少实际工作的随意性，增强稳定性和可预测性，保证行为与目标始终保持一致。

对纳税人而言，现代市场经济本质上是法治经济，税收执法行为的透明度和具备一定的可预测性，使纳税人对不确定的未来保持合理的预期，有利于发挥市场在资源配置中的基础作用，减少充满不确定的市场风险对微观经济主体的不利影响，保护纳税人合法权利，鼓励微观经济主体积极妥善的创新与冒险行为，促进经济和社会发展。

考核评价要在分析或调查取得真凭实据的基础上，全面客观地做出结论，总结原因和趋势，并针对征管薄弱环节，夯实征管基础，提高征管质量，切实创新完善体制机制。可设计以下三大类指标对税收征管体系是否科学严密进行衡量。

（一）主体地位明确

衡量纳税人主体地位是否明确的主要指标，旨在强化纳税人的主体地位，引导企业和个人纳税信用的建立。这些指标值越高，表明纳税人能够主动登记纳税和按期履行纳税义务，依法纳税意识越高，纳税人的主体地位得到了体现。具体而言，有以下指标可以选用。

1. 税务登记办理率：从事生产经营的纳税人，在办理工商注册登记之后，在规定的期限之内，主动到税务机关办理税务登记的比率。该指标值越高，说明纳税人主动登记纳税的意识越强。

2. 账簿凭证报送率：纳税人将其账务核算电子信息，按月报送税务机关的比率。该指标可按照纳税人户次和应纳税款金额分别考核，指标值越高，说明纳税人向税务机关报送财务核算信息的自觉性越高。

3. 发票填开率：纳税人填开的发票金额与申报纳税的营业收入之间的比率。该指标值越高，表明纳税人依法纳税意识越高。

4. 税款准期入库率：当期按期征收入库的税款与当期申报应缴纳税款之间的比率。该指标值越高，说明纳税人按期履行纳税义务的程度越高。

（二）税源监控完善

税源监控完善，是指税务机关征管体系科学、运行高效、质量优良，能够有效防止税收流失。这些指标值越高，表明税收征管工作覆盖面越广，对税源的洞察力越强，税收执法越规范高效，对纳税不遵从行为能够形成有力的制约。具体而言，有以下指标可以选用。

1. 纳税申报评估率：实施纳税评估的纳税人户数（或应纳税款金额）与所有纳税人户数（或税款征收总额）之间的比率。该指标考核纳税评估工作的覆盖面，可按照纳税人户数和应纳税款金额两种口径分别计算。

2. 评估选案准确率：被启动纳税评估处理工作程序的纳税人，在税务机关下发提醒通知或约谈后，能够自觉调整纳税申报的占比。该指标值越高，说明税务机关选择纳税评估对象的准确率越高，纳税评估工作越有成效。

3. 评估对象移交稽查率：由纳税评估处理环节转入稽查环节的纳税人户数与纳税评估户数之间的比率。该指标值越高，表明纳税评估与税务稽查之间的互动程度越强。

4. 稽查人员比率：稽查人员占税务人员的比率。该指标值越高，说明税务机关从事基础管理、处理日常事务工作的人员越少，投入税务稽查的人力资源越多，监控管理纳税人和打击涉税违法行为的能力越强。

5. 跨区稽查机构设置率：实行跨区稽查的区县级税务机关占比。该指标值越高，说明稽查专业化程度越高，税收征管分权制约机制越完善。

6. 稽查率：实施税务稽查的纳税人数量与所有纳税人数量之间的比率。该指标考核稽查工作的广度，什么比例合适应根据稽查局所辖业户数量和稽查人员配备情况而定。

7. 稽查选案准确率：经过税务稽查发现存在涉税问题纳税人户数与稽查选案总户数之间的比率，是考核稽查选案水平和稽查工作综合质量的重要指标。

8. 稽查案件处罚率：已处罚案件数量（处罚金额）与应处罚案件数量（问题金额）之间的比率。该指标分别按照纳税人户数和涉案金额进行计算，指标值越高，说明税务机关打击涉税犯罪行为的力度越大。

（三）税收环境优化

税收环境优化是指通过全社会的共同努力，营造了税务机关依法征税、纳税人依法纳税、全社会协税护税的公平税收环境，实现了税收领域的法治、共治和善治。具体而言，有以下指标可以选用。

1. 网络办税率：纳税人利用互联网办理涉税事务的业务数量（涉税金额）与所有税收业务量（涉税金额）之间的比率。该指标可按照户次和金额分别计算，指标值越高，说明办税环境越好，税务机关占用的办税服务人员越少，税收信息化程度越高。

2. 电子发票推广率：推行电子发票的纳税人户数与领用发票的纳税人数量之间的比率。该指标值越高，说明发票使用和管理的信息化程度越高。

3. 税收成本指标：税收成本包括征收成本和纳税成本，税收成本最小是税收征管的理想优化，应在进行广泛调查研究的基础上合理设置量化标准，作为衡量服务体系是否优质便捷、征管体系是否科学严密的重要标志。

第五节　着力构建稳固强大的信息体系

一、税收信息体系概述

（一）概念

稳固强大的信息体系，是实现税收现代化的重要基础，也是推进税收现代化的强大动力。自从20世纪80年代以来，我国税务部门就开始了打造信息体系的摸索。事实上，税收信息体系的从无到有、不断完善，就是税收信息化不断演进的过程。通过对已有税收信息化的定义和内涵进行对比分析，可以看到我国对信息化认识不断深化的过程，从而更全面深刻地把握税收信息体系的内涵与实质。下文总结出了税收信息化的几种定义。①

1. 税收信息化是信息技术在税务管理方面的应用

谭荣华在其主编的《税收信息化教程》中指出，信息化是指在农业、工业、科学技术、国防及社会生活各个方面应用现代信息技术，深入开发、广泛利用信息资源，加速现代化的进程。沿用信息化的一般概念，税务信息化可以定义为，是指税务工作各个方面应用现代信息技术，深入开发、广泛利用税收与经济信息资源，加速税务现代化的过程。

曾国祥在其主编的《税收管理学》中认为，税收信息化是指通过互联网、内联网和外联网技术，实现税收管理职能的电子化处理，为各级税务机关和纳税人提供税源管理、征收管理和稽查管理服务，为有关部门和社会各界提供税收信息服务、税收信息咨询和涉税指南服务。

曾飞、葛开珍更强调税务信息化中的信息化特征，他们认为税务信息化最重要的内涵或精髓在于，构建一个“虚拟机关”，即跨越时间、地点和部门的全方位的税务综合信息集合体。这个集合体至少要达到两个目标：使税务机关能够有效地运用现代化信息技术，并将其整合到税收管理中去，实现税收管理的目标；税收信息的公开和可获得性，使全体税务人员能够更容易地获得各个方面的信息，提高税收管理的效率和质量。

李晶同样从信息化的角度对税收信息化进行定义，并对税收信息化特征进行了具体的描述。她认为税收信息化是信息技术在税收领域的应用。真正完善的税收信息化，具有纳税申报、税款缴纳、文书传递、信息反馈、入库催缴、税务稽查、会计统计等税收服务功能，以及意见征询、广告宣传等其他功能，多种信息通过计算机网络最终实现共享和传输汇总。

税务机构是信息化各领域中信息技术的最大应用者之一，税收信息化也是信息化的重要前沿领域。上述定义的共同点在于都是通过信息化这一更广泛的概念范畴，对税收信息化下定义，强调信息技术在税收工

① 李思佳. 税收信息化定义与内涵的文献综述［J］. 商业时代，2010（6）.

作中的应用，一定程度上忽略了信息技术条件下，信息化所带来的税收管理体制的改革和创新。

2. **信息化是一场税收征管革命**

税收信息化不单单是简单地把手工操作移植到计算机上，而是在信息技术支持下的一场税收管理革命，涉及业务重组、机构重组、不同层次机构事权的重新调整。税收信息化 = 业务重组 + 机构重组 + 信息化。许善达强调税收信息化首先带来的是税收征管的变革。税收信息化从技术上保证了上级部门能及时获得真实完整的基层征管信息，为分解和上收税收执法权提供技术依托。圩岸认为，税收信息化作为一场税收征管革命，其内涵可概括为“人—机器—人”，主要由两个有机部分组成，先是机器管人，获取详尽、准确、全面的税收信息，不受纳税人、执法者主观意志的影响；其次是人管机器，培养合格的执法者，建立良好的管理制度，最终实现税收管理的信息化。

胡小宁、钟玲认为，税收信息化是利用信息技术对税务机关的内部组织结构和业务运行方式的重组和改造。通过重组和改造，使税收征管体制更加科学、合理、高效，使税收管理从金字塔式的管理向扁平化的结构转变。

上述定义的共同点在于，相比信息技术在税收领域的应用，更加重视信息技术应用所带来的税收机构重组、业务重组，更注重信息化所依靠的税收征管制度的创新。然而这种定义强调税收征管革命的同时，在某种程度上忽略了税收行政管理、纳税服务、税收决策等方面。

3. **税收信息化是信息技术支持下税收管理制度的创新**

江苏南京市地方税务局课题组认为，税收信息化应定义为，是将信息技术广泛应用于税务管理，深度开发和利用信息资源，提高管理、监控、服务水平，并由此推动税务部门业务重组、流程再造、文化重塑，进而推进税务管理现代化建设的综合过程。这一定义至少应包含以下内涵：税收信息化是税务管理改革与信息技术运用相互结合和互相促进的过程，以技术创新为驱动，在税务管理中广泛地采用现代信息技术手段；税收信息化是技术创新的过程，同时也是管理创新的过程，将引发管理变革，推动建立与之相适应的人文观念、组织模式、管理方式和业务流程；税收信息化的核心在于有效利用信息资源，只有广泛采集和积累信息，迅速流通和加工信息，有效利用和繁衍信息，才能通过信息资源开发提高管理、监控、服务效能；税收信息化以实现税收现代化为目标，它既是实现税收现代化的强大推动力，又是管理现代化的有机组成部分，因而税收信息化不仅包括税收征管业务的信息化，还应包括税务行政管理的信息化。

李伟认为，税收信息化的主要内涵在于，建立新形势下的现代化税收管理体系和税收管理制度，完成信息技术和管理科学支持下的征管制度创新、管理模式创新、为纳税人服务创新和经济调控手段创新。税收信息化涵盖的内容包括：税收信息一体化；重大信息化工程项目运行管理和维护；新增项目和升级项目的总体设计、开发管理、技术维护；数据管理和信息资源开发利用，为科学决策服务；信息化基础设施的管理、维护、升级；制定整合策略，不断整合出现的新应用系统；建立日常工作制度、管理技术队伍和社会技术资源利用的渠道和机制；技术创新和基于信息化的制度创新的理论探讨和实践。

罗伟平认为，税收信息化是指利用现代信息和网络技术，优化税务管理业务流程，整合、深度开发利用涉税信息资源，以提高税收决策质量、税务工作效率，为纳税人提供优质、高效、不受时间和地域限制的服务。它主要包括税务机关内部行政管理和征收管理手段电子化、税务机关同外部协作单位之间信息共享、税务机关同纳税人之间双向信息互动三个主要组成部分。这种定义不但包含了信息技术在税收领域的应用，也包含了在信息技术支持下的税收管理制度创新，属于一种广义上的税收信息化定义。它的内涵在某种程度上与税收管理制度现代化相近。税收现代化是一项复杂的社会经济管理过程，是税收信息化的总目标。税收信息化是税收现代化的强大推动力。

综上所述，税收体系建设，即税收信息化建设，是指将信息技术广泛应用于税务管理，深度开发和利用信息资源，提高管理、监控、服务水平，并由此推动税务部门业务重组、流程再造、文化重塑，进而推进税收现代化建设的综合过程。

（二）发展历程[①]

我国税收信息化的历程，可以大致划分为两个阶段。第一阶段是税收管理电子化阶段。起步于1983年的个人计算机应用，以税收管理信息系统在各地的税务部门普遍应用为标志，实现了税收日常工作与税收征管操作、管理环节的电子化。这一阶段，针对征管软件、出口退税、办公自动化等各类业务建立了计算机应用管理系统，完成了税收业务管理从手工向计算机的过渡，为税收管理效率的提高奠定了基础。第二阶段是目前正在经历的税收管理与政府行政管理的信息化阶段。这个阶段是要在税务管理信息系统一体化建设的总体目标指导下，建立高度集成的各类业务系统的一体化应用，以及基于网络技术的网络税收管理系统。这一阶段也包括金税工程的实施、中国税收管理信息系统（CTAIS）的推广应用，行政管理环节的信息化。这一阶段，我国税收信息化建设产生了质的飞跃。

从时间上划分，我国税收信息化建设大致经历了应用起步期、初步应用期和应用发展期三个阶段，目前正进入应用整合期。

1. 应用起步期（1983—1989年）

此阶段信息化建设的基本思路是：以计算机作为应用平台，以计划、会计、统计等内部信息处理业务作为应用切入点，应用的重点是基层，建设目的是使广大税务人员从繁杂的手工劳动中解脱出来，并培养计算机应用的意识。

当时的税收征管模式是一员到户、各税统管、征管查一人负责、上门收税，与此相适应，计算机应用主要集中在会计、统计报表、税收电月报等报表的输入、产生和上报处理等方面，很少涉及征管及其他业务。各单位应用水平及程度普遍不高，设备数量也十分有限，至1989年年底，整个税务系统计算机实际装备数量仅有5300多台。

2. 初步应用期（1990—1993年）

1990年国家税务总局决定全面进行征管改革，推广“征收、管理、检查三分离”或“征管、检查两分离”和纳税人主动申报纳税的征管模

① 邓欣．税务信息化建设研究［EB/OL］．中国知网，2008.

式。国家税务总局提出要将征管改革、会计改革与应用计算机结合起来，这标志着我国税收信息化工作进入了一个新的发展时期。

这一时期计算机的应用进一步深化，建立了简单的纳税人档案和纳税申报资料。为了引导各地广泛使用计算机，国家税务总局制定了《税收业务分类代码》《税收征管软件业务规范》《税务系统计算机应用软件评测标准》等一系列规范。通过试点工作，取得了一定成果：一是业务人员对计算机的认识得到较大程度的提高，应用水平有了长足进步；二是计算机应用从省市一级逐步推广到征管一线，对基层的税收征管工作起到了重要的促进作用；三是应用进一步深入，征管软件中征管数据和会统账目建立起了有机联系。

3. 应用发展期（1994—2000 年）

1994 年，我国又进行了较大规模的财税体制改革，建立了以增值税为主体的流转税体系，实行了分税制，税收征管业务发生了较大变化。1995 年年底，国家税务总局提出了“以纳税申报和优化服务为基础，以计算机网络为依托，集中征收，重点稽查”新征管模式。这一征管模式的显著特点是，各环节都离不开计算机及网络等信息化技术的运用，我国税务信息化建设工作由此进入了快速发展阶段。这一阶段开发推广了多个信息系统，如 CTAIS 税收征管信息系统；以管理增值税发票信息为主的金税工程相关系统；金关工程 4 个子系统之一的出口退税信息管理系统；另外还针对税收稽查、避税与反避税、个人所得税、税法查询以及办公自动化等业务开发应用了一些独立的应用系统。

4. 应用整合集成期（2001 年至今）

当前，我国税务信息化建设已经进入了应用整合集成期。虽然之前我国的税务信息化建设在前三个阶段取得了巨大的成就，但同时也积累了很多问题，主要是重复开发、功能交叉、信息共享困难等。针对这些状况，2001 年国家税务总局提出了统一建设“一个网络、一个平台、四个系统”的《税务管理信息系统一体化建设总体方案》和《税务管理信息系统一体化建设总体设计》，又相继发出了《关于加速税收征管信息化建设推进征管改革的试点工作方案》的通知。这些文件的出台标志着我国税务信息化建设正式进入了应用整合集成时期。这一阶段的总体目标是“用十年时间，建立一个基于统一规范的应用系统平台，依托税务系统计算机广域网，以国家税务总局为主、省局为辅高度集中处理信息，功能覆盖各级税务机关行政管理、税收业务、决策支持、外部信息应用等所有职能的功能齐全、协调高效、信息共享、监控严密、安全稳定的税务管理信息系统”。这一时期的工作重点是一体化原则下的整合工作。一体化包括管理一体化、业务一体化、技术一体化和应用一体化。整合包括业务整合、技术体系整合和数据整合。首先进行的是在业务系统省级集中基础上的数据整合，主要是增值税管理系统、综合征管软件和出口退税软件的数据整合，满足当前税收工作的迫切需要。在“金税三期”工程的实施过程中进行业务整合、技术体系整合，促进我国信息化建设实现大幅度跨越发展。

二、我国税收信息体系现状

我国税收信息化建设取得了突飞猛进的发展，有力促进了税收工作水平的提高，主要表现在以下 3 个方面。

1. 应用系统建设进一步推进。成功建设了增值税管理信息系统、防伪税控开票系统，覆盖了所有增值税一般纳税人；推进国家税务总局统一开发推行的综合征管信息系统定版、试点、推广工作，并不断进行优化升级；进一步完善了出口退税管理信息系统，初步实现了综合征管信息系统、增值税管理信息系统、出口退税管理信息系统之间的信息整合；积极推行税控装置，实行了个体工商户税收计算机定额管理；推广了税收执法管理信息系统、财务管理信息系统、税收统计与分析软件、政府采购管理信息系统；正在进一步开发综合办公信息系统等行政管理软件。

2. 信息应用水平不断提高。实行了纳税人信息资料“一户式”储存管理；部分数据实行国家税务总局和省级集中后，加强了数据综合分析和挖掘利用；积极推行电话申报、网上申报等多种申报方式，探索税库银联网、同步申报缴款的税收征纳模式；推进与银行、国库、工商等有关部门的信息互联互通，探索与这些部门进行企业基础信息的交换与共享；加强了税务服务网站、12366 纳税服务热线建设，提高了纳税咨询辅导水平。

3. 信息化基础建设快速发展。税务系统四级广域网运行顺畅，各省税务局全部与国家税务总局联网，开通运行了广域网和局域网。目前，硬件配备基本满足工作要求。大量使用防火墙、数据备份等措施，加强了信息系统安全管理。经过多年建设，信息化人才队伍规模逐步扩大。税务干部计算机应用技能不断提高，全国有数十万税务干部通过了国家计算机应用技术认证考试。一批税务干部在实践中得到锻炼提高，增长了应用和管理信息的才干。

我国税收信息化建设虽然取得了突飞猛进的发展，但也还存在一些不足之处①：

1. 信息化的纳税服务流程与征管体制不匹配降低了征管效率。从现行的纳税服务业务流程来看，虽然已经实现了纳税人网上申报纳税、税款缴纳、发票开具管理的计算机化等信息化流程，但目前大力推进的税收信息化只是做到了将传统的手工操作流程的电子化，并未从根本上促进税收征管流程的变革。这是由于许多办事程序、业务环节、审批制度等，还都必须按照传统的行政模式进行管理和审批。同时，在现有的审批管理体制下，现行的征管信息化流程并未取代传统的纸质材料的准备、审批和归档，不仅未能适应税务行政效率提升的要求，反而增加了税收管理的成本。而且，按照现行职能分工要求，一个审批事项可能涉及多个职能环节或几个部门，这种不以纳税服务流程为出发点的业务程序，更容易导致协调成本的增加。

此外，目前的信息化体系偏重于管理，而轻视了纳税服务的观念，因此，现行的信息化征管流程也不可能满足为纳税人服务的需求，实现税收遵从度的提升。例如，尽管信息化的实施可使纳税户利用电子化手段申报纳税，但其设计重点是对税源的监管在先，纳税服务在后；同时，相对比较成熟的信息化税收管理体系（如CTAIS、金税工程以及各地开发的管理信息平台），信息化税收服务的体系十分薄弱（仅有12366平台是直接面对纳税人服务）。这就使得纳税服务偏重形式，而忽略了管理模式和体制深层次对直接行政效率的制约和影响，也就无法真正触及税收管理的核心理念与方式的转变上来。

2. 税收信息化建设缺乏集中统一的组织规划和整体部署，也降低了

① 张新，安体富．对我国税收信息化现状的反思与国际借鉴［J］．税收经济研究，2012（5）．

信息化资金的使用效率。这主要表现为各地各自为政，重复建设、重复开发的现象较多。现在税务系统虽然有 CTAIS 及“金税三期”工程这一统一税收信息平台，但却难以满足各地的数据利用需要。这就使得各地方不得不开发自己的信息处理系统，甚至在有的地区，几乎一个地级市就有一套自己的征管软件，而且某些征管软件的操作界面和使用口令等各不相同，这种信息化建设的相互分割的局面不仅浪费了大量资金；还使得这些系统自身的数据库之间缺乏沟通，形成许多“信息孤岛”，造成资金、信息和人力资源的浪费，人为降低了税收信息化开发的效率。

3. 税务信息化系统与其他部门的数据系统之间无法实现共享，阻碍了政府部门行政效率的提升。税收信息化建设中信息不共享主要表现在：一是国税、地税税务部门信息的不共享。我国 1994 年的税制改革，成立了国税、地税两套税务机构，但由于两套税务机构在税款的征收管理上基本是各自为政，未能构建起有效的信息沟通机制，无法对纳税人起到应有的国税、地税相互的监督作用，因而造成国家的税款流失。二是税务系统与其他相关部门的信息不共享。如税务系统与工商部门的信息不共享，可能产生税收征管漏洞。现行各地工商部门登记的工商户数普遍高于当地税务部门登记的纳税人数，就是税收征管漏洞的表现之一。税务系统与银行系统的信息未联网，纳税人的税务登记证号和银行账号难以相应登录掌握；税务机关查询涉税案件企业的银行存款的权利，难以通过税务系统与银行系统的信息共享得到实现。

4. 当前的信息化建设重技术开发和应用、轻管理和分析，使得税收数据信息的利用效率较低。在多年的税收信息化建设中，税务部门投入了大量的人力、物力和财力，尤其是硬件的配置日益现代化，但是信息技术的应用程度却相对较低，各地的应用程度参差不齐，税收信息化建设的效果还远远没有体现出来。例如，税务部门的纳税人数据信息化管理还停留在税务登记、纳税申报、税款征收、发票管理等初级阶段，仅限于计算机录入、输出、开票等浅表层次，缺乏对税务数据资料的整理和分析。对数据向有用信息转变进行分析、整理和加工能力差，极大限制了我国税收信息化对提高部门科学决策水平，以及提升纳税稽查、税务审计和纳税服务质量的作用。这一方面是由于技术人员和职能部门工作人员在信息化建设与应用过程中无法有效沟通，例如，目前大多数税务系统中信息技术的实施由信息中心负责，对于数据信息的业务需求由各业务处（室）负责提出，但这种职能化需求往往使得技术人员无法利用现有税务数据实现从采集、处理到应用加工，而只能根据现有的条件进行粗略式处理，这无疑极大地限制了数据信息库的利用。另一方面则是目前对于税收数据信息的科学运用手段不足，例如，现在对于税收的统计分析应用还比较基础，缺乏利用“大集中”的税收资料，选取既定分析主题相关的税收数据、信息和知识，屏蔽与分析主题无关数据的工具方法和实践经验。例如，对于纳税评估而言，最有效的评估是通过科学的选择纳税对象来实现税收行政资源的节约和征管效率的最大化。常见的选择纳税评估对象的方法包括申报资料钩稽法、逻辑错误检索法、综合评分法、判别分析法、Tobit 模型估测法、神经网络预测法，等等。但是在现实的征管过程中，很难有税务部门能够做到科学的分析和判断，这正是对信息化资源的一种重大浪费。

三、税收信息体系建设的国际借鉴①

受信息技术的迅速发展和互联网浪潮的影响，世界各国和地区都越来越重视通过推行信息化建设，即电子政务（E-governance），重构新型公共管理模式下的政府管理方式与服务形式，以便更有效地满足社会和公众的需求。因此，西方发达国家的税收信息化建设起步较早，经验也比较成熟。例如美国在 20 世纪六七十年代就开始计算机化管理，伴随着税收管理模式的转变和信息技术的日益更新，从 20 世纪 90 年代开始不断提出了一系列的信息“现代化（modernization）”项目，对审视我国信息化的发展沿革和改进方向有着重要的借鉴意义；而意大利作为欧盟成员国中税收信息化程度较高的国家，其相对较为复杂的税收信息系统的成功运作经验，无疑也能够为我国当前税收体制下的信息化建设提供有益的参考；此外，近年来许多发展中国家的信息化建设在短时期内产生了相对于发达国家的技术后发优势，例如巴西（Pinhanez，2007）和智利（Toro，2005）等国，同时这些国家从税制结构（流转税为主）到税收征

① 张新，安体富．对我国税收信息化现状的反思与国际借鉴［J］．税收经济研究，2012（5）．

管程序都与我国具有一定的相同之处，本书通过选取这些发展中国家的经验进行归纳并分析得出比较重要的经验作为参考。

（一）美国的税务信息化建设的沿革与主要内容

1. 美国税务信息化建设的背景与基本过程

美国是税收电子化进程推行较早的国家，从20世纪60年代起就开始在全国建立税收征管的计算机网络和主数据存储库，同时全国设有4个征收中心可以处理数以亿计的纳税申报表，可见最初的信息化方向就是集中式管理的模式。其模式具体流程是：各服务中心接受纳税人的申报和纳税支票，把申报数据录入计算机并进行校验，分类处理后再发往总部计算机中心，总部计算机中心处理后将资料返还给服务中心，各服务中心再发往各地区税务局。这种基本的信息构架至今一直还发挥着作用；进入90年代后，在互联网的技术应用广泛推行的浪潮下，美国国内收入局（IRS）于1997年提出信息化的进一步规划（见IRS Blueprint 1997）——建立税收征管系统的现代化方案（Modernized Tax Administration System），基本上确立了近10年来美国信息化建设的指导思路。

由于，一方面这些使用长达35年之久的信息系统在运行效率上存在根本的缺陷，甚至在新千年的时刻存在巨大的运行的风险；另一方面，随着美国国会敦促政府机构推行职能转变的要求，1998年美国国内收入局（IRS）按照《IRS重建和改革法案》的要求（IRS Restructuring and Reform Act of 1998，RRA' 98），对以前的三级组织结构（国家税务总署IRS、大区税务局和地方税务局）按照纳税人服务类型进行了改建，并且基于运用市场机制和借鉴私营部门的商业化理念以及管理运作模式的构想和要求，于1998年年底启动了IRS的信息现代化建设项目“企业系统现代化”（Business Systems Modernization Program，BSM），希望从根本上改进信息系统，进一步提高行政效率，为公众和纳税人提供高质量的税收服务。这个项目由经国会审议批准的特别投资账户Information Technology Investment Account（ITIA）提供资金支持，并在每个财年由1998年新设立IRS监管董事会Oversight Board就BSM项目的进程和资金使用和拨款情况向国会报告（见IRS Blueprint 2000）。BSM项目由1999年6月28日正式启动运行并至今。

2. 当前 IRS 税收信息化建设项目 BSM 的基本情况

BSM 是在国会以及总会计署（General Accounting Office，GAO）和公众对 IRS 原有信息系统缺陷的诟病中提出的，其目的在于提高税收信息系统的现代化程度、提升行政效率、降低风险并满足公众对纳税服务水平的期望。其基本运作包括合作企业（partner）、方法论（methodology）、监督和管理（oversight and management）和子项目（projects）4 方面。

（1）合作企业：由于 BSM 进行系统改造所涉及的范围十分巨大，因此这项系统性项目的开发建设预期即为 10 ~ 15 年，并且由 IRS 与各大私人企业合作开发。

（2）方法论：同时由政府的非营利机构 MITRE 为 IRS 负责提供独立、客观的第三方技术和专业支持以及决策帮助。整个 BSM 项目的开发方法论是建立在企业生命周期理论（Enterprise Life Cycle，ELC）上，是以系统论的方法分阶段（milestone）实施，每个阶段的成果必须被审查、接受和批准方能够进入下一阶段，从而极大地减少了系统开发过程中产生的风险与问题。这个开发过程包括 5 个不同的阶段，见表 2 - 6。

表 2 - 6　BSM 开发规划

ELC 开发阶段	具体任务
阶段 1 企业规划（Business Vision）	确定开发方向及步骤，明确系统开发具体领域的战略规划
阶段 2 企业信息体系构建（Business Systems Concept）	提出具体领域或系统开发的解决环节
阶段 3 企业信息体系设计（Business Systems Design）	分析和设计系统解决方案的主要构成要素
阶段 4 企业信息体系开发（Business Systems Design）	建立能满足具体需要的现代化系统解决方案，并能够与其他系统融合
阶段 5 企业信息体系应用（Business Systems Design）	将该系统完全应用于实际，并做好必要的使用和维护培训

（3）监督与管理：BSM 项目的监督责任由国会、会计总署 GAO 以及财政预算管理局（Office of Management and Budget，OMB）共同承担。实施 BSM 管理职能的部门由核心执行指导委员会（Core Business Executive Steering Committee，ESC）和 BSM 办公室（Business Systems Modernization

Office，BSMO）组成。ESC 主要的责任是批准资金的使用以及行使关键决策权，例如表 2－6 中的开发阶段的决定，而 BSMO 具体负责管理 BSM 项目的实施。

（4）子项目。按照 BSM 的开发规划，IRS 所实施的子项目包括：

①顾客通信系统（Customer Communications Project，CC）。是一项面对全美 1.5 亿纳税人的电话服务系统，这是一项相对独立但又具有基础性作用的子系统，同时被证明是有效提高纳税人满意程度的重要手段。

②顾客关系征管项目（Customer Relations Management-Examination，CRM-Exam），主要是为税务机关的工作人员提供税收计算软件，减少纳税人和税务部门的工作负担和申报差错。

③电子政务项目（e-services），主要是使得纳税人能够通过互联网实现电子报税等一系列税收征管的业务，同时便于第三方机构掌握纳税人的信息，更准确地为纳税人申报纳税。

④客户账户数据引擎（Customer Account Data Engine，CADE），这是整个 BSM 系统构架中最为基础也是最难开发的一个内容。其任务在于为整个 BSM 系统提供纳税人数据的存储、管理和查询功能，同时逐步替代原有的陈旧系统（Individual Master File）。

⑤基础技术建设项目（Infrastructure Projects），为整个信息系统的构架提供技术支持，为了使这种基础建设的效率最大化，保证技术标准的一致性和通用性，这一项目通常是由中央机构统一设计、开发与应用的，并需要结合实际的应用需要做出调整。

3. 美国税务信息化建设的主要经验

（1）信息系统建设强调系统规划，制定统一标准。美国税收信息化体系建立的过程中，给人印象深刻的是这一项目的建设中始终强调其企业化的开发构架和视角。这一点对于使用通用数据（common data）的系统至关重要，特别是信息化开发的项目周期长，还会随着外部环境与条件的变化而产生变化，因而增加的子系统会使其更加复杂，如果没有统一的开发架构和标准，必然导致信息体系的混乱。例如，征管工作往往需要随时调取某个纳税人的信息，而不论是从那个征管子系统进入都应该能获得及时、准确的数据，如果在开发和完善系统的过程中，不从一开始就建立统一的规范和视角，难免导致系统开发的混乱和资源的浪费，反而随着信息化进一步降低税收征管的效率。

（2）系统的建设是一个开放平台，既重视与经济发展情况和税收政策的发展变化相适应，又注重自身学习修正的过程。IRS 提出，信息系统的建立是一个极其庞大的工程，出现问题是难免的，但信息系统运行的最大风险并不是瘫痪或者部分失效，而是“无法及时地发现问题并采取适当的措施”。因此，系统的建立过程“实质上是一个学习的过程”，同时又是将问题及时传递的过程。信息化“不是线性的过程，而应该是不断反馈和修正的过程”。例如，BSM 的计划是保留原有主数据库，与新系统同时运行，而随着技术的进步和现实条件的变化，IRS 发现这种成本和风险不断扩大，因而新的计划调整为转移原有数据，废止落后的数据库档案；再如，IRS Oversight Board 向国会提出调整 2009 财年资金预算的方案，是针对美国大量刺激性减免税政策的推定和房产税收政策调整，所带来的纳税服务重点与方式的变化，也需要调整原有 BSM 推行计划中的资源配置方案。

（二）意大利税务信息化建设的实践

1. 意大利税务信息化系统的现状

意大利的税务信息化建设是欧洲国家中比较晚的一个，但却拥有欧洲国家最成功和最为复杂的税收管理系统 ITIS（Italy Tax Information System）。ITIS 的数据处理中心设在罗马，财政部（Italy Ministry of Finance）通过 ITIS 对整个国内税收的数据进行收集、存储和处理，并通过意大利公用数据网和欧洲公用数据网，实现了税收数据的共享，与纳税人、政府和其他部门以及欧洲其他国家的相关部门实现了数据的联网。ITIS 拥有 16 个子系统，意大利的 ITIS 以纳税人的税务登记码作为系统的输入点和连接点（PIN），进行税务信息系统各个子系统之间、税务信息系统和其他系统之间的信息交换和共享。这一信息系统为纳税人信息的集中存放，以及地区之间、部门之间和系统之间的信息交换提供了强大的支持。例如，意大利内务部（Ministry of the Interior）和司法部（Ministry of Justice）已经和 ITIS 实现互联，以便于进行司法调查等；国家社会保险和养老机构也可以通过这个系统查询纳税人的缴费情况；而且 ITIS 已经建立了与其他欧盟国家交换信息的互联网络（VIES）。

目前，这一最初设计为了满足财政部信息需求的信息系统建设，已经成为沟通纳税人与税收征收机关的最佳桥梁；同时也为众多国内公共或私营机构提供了十分完善和标准统一的信息服务平台。

2. 意大利税务信息化系统的经验

在意大利税务信息化建设的过程中，有一些方面是特别值得注意的，包括以下 3 方面：

（1）重视数据的利用效率，数据库之间的共享性很高。通常存储在税收信息系统主档案库（Taxpayer Master File）中的纳税人信息可以和社会保险信息库、能源消费和电话使用数据库之间实现交互查询（cross-checking），从而有助于对纳税人避税行为的控制。同时，这个主档案库中的信息还可以供政府其他公共部门履行特定职能时进行查询和使用。此外，通过与欧盟其他国家信息网络的联通，意大利的海关信息系统已经成为监控货物流通情况和增值税征管的重要手段。

（2）信息化过程中强调实际职能部门与信息技术部门的协作效应。意大利税收信息系统的模式包含两大相互有机联系的部门：负责税收征管的职能组织和专门负责信息化工作的技术部门。这两层组织需要经常定期交流，解决信息系统建设和运行中出现的问题，并能根据职能部门的实际需要提供相应的技术方案和数据处理资料。这种协同效应成为意大利信息化成功的一个重要因素。例如，通常由意大利财政部下属的委员会提出明确的中短期政策计划，由技术部门负责设计、开发管理有效和实际的技术方案，使政策项目得以顺利的实施。

（3）强调信息技术的应用与对使用人员能力的匹配。在意大利税收信息化的建设中，一项被十分强调的经验就是信息技术的开发与应用程度离不开对使用者（纳税人和工作人员）知识能力的认识与分析。在信息化的过程中，没有对技术使用者适当的培训，是无法达到预期效果的。因此，财政部的信息开发计划中还包括了许多针对不同知识与年龄结构的使用者所使用的培训模块（training modules），通过多媒体技术与远程教学方式以满足不同使用者的需要。

（三）发展中国家税收信息化的实践

近年来，除了发达国家积极推行税收信息化，很多发展中国家也利用技术上的后发优势，在很短的时期内取得了显著的成效。其中，巴西在推行税收信息化的过程中，建立了比较完整的系统开发模式，为很多国家的税收信息化建设提供了典型的架构，这一模式比较清楚地勾勒了税收信息化中的模块、层次和控制管理等方面内容，可以看成是大多数国家信息化构架的一个缩影。

1. 巴西的税收信息化框架概述

巴西的税收信息化模式的目标和重点集中于通过各种新技术手段提高征管绩效：一是提高征管效率；二是通过提升纳税服务质量来提高纳税人的纳税遵从度。在这一指导思想下，巴西提倡建立信息的综合管理模式（Integral Management Model）来保证税务机关征管目标的实现，这些目标的达成又有利于促进税收战略和规划的实现。而相反，缺乏这种综合管理模式 IMM 无法实现税收的有效管理和纳税服务。同时，技术应用所带来的关键影响，也体现在对税收的整体管理过程、纳税人管理和提高纳税服务质量上。

IMM 的实施对税收管理所起到的促进作用是通过明确、有步骤和具体行动的规划来实现的，这些措施在于控制纳税人的税收遵从度，以及为实现这一目标为纳税人所提供的服务规划。

首先，信息化的建设需要进行充分的外部环境和内部能力分析（Analysis of the Outside Environment and Real Internal Capabilities），这建立在对纳税人分类征管的基础上。通过划分纳税人的种类，即在分析什么部门的纳税人和可能采取哪些避税行为的基础上，制定出能够更有效地减少纳税人的非遵从行为的税收管理或税收服务措施，从而能够更有效地提升税收机构的控制能力，以及应为纳税人提供更符合其需要的纳税服务与关注。

其次，IMM 必须确保这些措施和策略可以转化为可度量和可实现的目标，以及具体的行动计划。同时，这些行动计划需要通过一系列可控和可评估的管理程序来实施。IMM 中的这些管理程序（Administrative Process）建立在任务和信息流的基础上，具体包括计划、组织、指导、实施和控制等程序，这些程序以对纳税人的各种具体服务和管理措施为终点。在这种模式下的任务流的安排是为了确保管理体制的整体性和战略目标的一致性，从而有利于确保对纳税人的有效管理和对纳税人的需要提供充分的纳税服务。

最后，这种管理控制系统能够持续循环地为征管程序提供反馈，同时通过这种管理控制系统能够持续地将征管活动的结果同 IMM 所设定的服务目标和规划进行度量和比对，因而，这个管理控制系统成为整个征管系统成功运行的关键因素（如图 2 – 3 所示）。

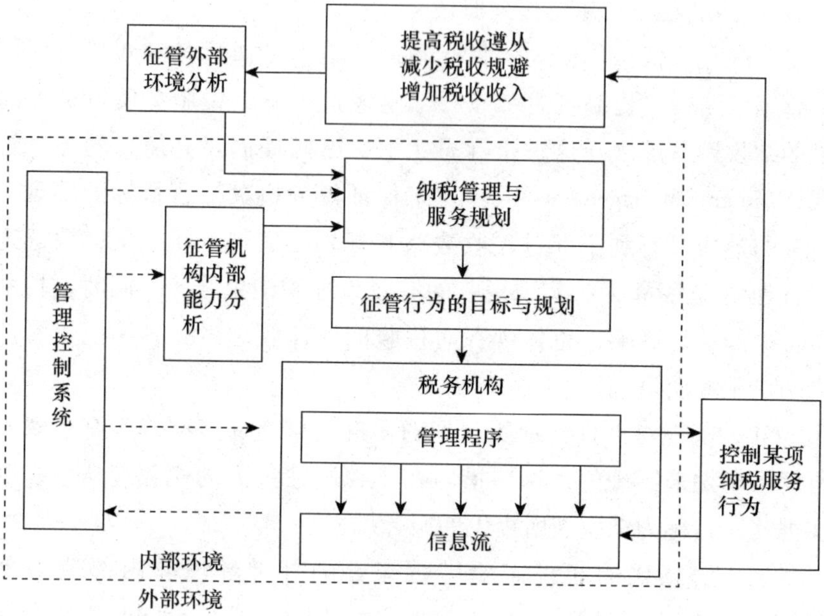

图 2 – 3　巴西的管理控制系统

2. **发展中国家信息技术对税收征管和纳税服务的支持经验**

目前，发展中国家对于税收化进程中的可借鉴经验，主要集中在以下 5 方面：

（1）税务机关的组织结构、人员能力和信息化的意愿程度对推行信息化有着重要的影响。近些年来，大多数发展中国家都把税收征管改革中的努力集中于信息技术的使用上，然而实践表明这却往往很难达到预期的目标。Engelschalk（2000）的研究发现，在发展中国家，提高税收征管效率的关键在于对于税收征收机关内部组织结构的改革，而技术的应用只能居于从属地位。一项对于印度所得税部门税收征管效率的研究表明，尽管已经越来越多的政府职能部门采用了适当的信息技术（例如，2004 年起已使用在线税收会计系统），但是数据信息利用率低下，对企业税收稽查的低效率，缺乏统一的纳税人识别号码以及数据储存系统的缺陷等问题，使得征管效率很难得到显著提高，信息技术的成功应用还取决于税收管理体制的改革。

另一方面，要认识到税收信息化是一把双刃剑，虽然有可能提高税务部门对税收信息的获取能力，但如果忽略了使用者的自身知识和能力水平，缺乏有效地针对软硬件和信息网络的技能培训，很可能无法充分实现信息化的征管优势；同样地，这也要求信息化建设尽可能采取标准化的规范、界面和相同的使用、维护方法。因此大多数情况下，不是一味地淘汰原有系统，而是通过培训提高工作人员的能力更有利于实现信息化的效果。技术不是万能的，过度升级会很有可能产生工作人员的抵抗情绪，反而不利于发挥新技术的作用。

（2）当前，政府在税收信息化中所起的主导作用不能够忽视，大多数情况下提高税收征管效率的重要因素在于政府是否能够有充分的认识和采取及时的行动。这能够使很多国家迅速地跨越与发达国家在信息基础建设上的差异，实现后发优势，甚至还能够在一定程度上弥补人力资源的缺陷。自然，这也不能忽略对发展中国家阻碍税收征管绩效的体制和组织结构上的变革。

（3）利用其他更便利的信息系统外包处理纳税申报和缴纳等征管业务。在一些发展中国家，由于银行系统有着相对比较先进的个人信息和数据库，税务征管的基本业务，如纳税申报和缴纳都可以直接通过银行完成，这同样减少了征税成本、提高了征管效率。例如，自2001年起，被认为是拉美国家中税收征管最先进的智利，以及南非和中美洲的一些国家都通过银行系统为纳税人提供预生成的个人收入纳税申报表，包含个人收入情况、税收扣缴明细、税收返还等详细的内容。这更有利于尊重和保障纳税人的权利。

（4）重视信息技术在税收审计中的作用。虽然现在的税收征管活动侧重于纳税人的服务，但是这并不是忽略信息技术在税收稽查和税收审计中的应用及起到的对税收征管绩效的提高作用，这一点对发展中国家尤其明显。税收审计是指税收机关依据对纳税人申报表正确性的确定和评估，所进行的稽查行为。而成功的税收审计和税收稽查就依赖于税收机关能够掌握的税收信息的质量了，这包括税收机关从纳税人或第三方取得的信息质量、纳税人信息的处理程度和税收机关的稽查规划。这些，都可以通过税收信息化实现。例如在很多国家，通过将纳税人按某些特定指标进行区分，而这些指标都与特定的收入水平相联系，征税机关因此就可以利用这种经过加工处理过的信息完善税收审计的方案，提高审计质量。

此外，为了节省有限的税务行政资源，哥伦比亚采取了“先通知，再审计”的办法，利用信息技术筛选出可疑的纳税申报表，对于少申报收入在一定设定比例之内的纳税人允许其收回并自行重新修改和填写，这不仅降低了税收稽查成本，也通过免除纳税人的潜在罚金，提高了其遵从程度。

（5）采取多种技术手段降低纳税人的税收成本，提高纳税服务水平。例如，智利通过利用电子资金转账（Electronic Funds Transfer，EFT）代替现金和支票纳税缴纳税额，显著地降低了纳税人的成本。新加坡则利用银行系统直接帮助纳税人划拨纳税金额，其他发展中国家也纷纷采用各种方式使纳税人的缴纳税款更加便捷。例如，通过网络由纳税人在家中或者移动通信方式就可以实现税款的电子申报、缴纳等业务在多数国家已较为常见了（即使在印度这样的国家）。

同时新加坡、智利和南非等国家也通过完善税收部门的网页实现为纳税人更及时全面地提供税收政策信息、纳税注册、纳税申报等服务，巴西也通过网站为90%左右的纳税人实现了发送电子申报表等服务。

四、我国税收信息体系建设的目标

（一）目标体系的具体内容

1. 健全信息获取机制①

立足税收现代化的视角，为了破解征纳双方信息不对称这一征管难题，首先应在《税收征管法》中明确各有关方面提供涉税信息、配合协税护税的责任与义务，建立起由政府主导、相关部门协作配合的涉税信息共享机制，来拓展信息来源渠道；其次，应提请政府从网络互联、信

① 叶宏．“信息管税”面对问题分析及建议［EB/OL］．（2011－11－25）．中国税务网．http：//www.ctax.org.cn/swhy/jcyj/ywyj/201111/t20111125_648901.shtml.

息共享及节约社会资源的角度出发，充分利用现代信息技术手段，建立一个广泛、全面采集有关信息的大的系统平台，实行信息交换、资源共享，以便于税务机关及时掌握所有涉税信息，切实解决征纳双方信息不对称的问题。在税务系统内部也应理顺、落实“信息管税”相关职能，完善税收信息管理机制。建立以数据质量管理为基础，以信息技术为依托，以信息采集、分析、利用为主线，以专业人才队伍为保障的信息管税工作机制，实现日常监控、纳税评估、税务稽查、纳税服务等各类信息的综合增值利用，全面提升数据质量和利用水平。在现有征管组织体系基本框架下，调整优化机构、岗位的税源管理职责，依托信息化，实行按业务事项分岗管理，按事设岗、分岗管事，使税收管理员真正由“管户”变为“管事”；按照调整后的专业化职能分工，明确岗位职责，不断提高、扩展、深化信息分析利用水平；通过信息化条件下的分工协作与精细化管理，从机制上保证信息的完整性、准确性和真实性，实现信息采集、分析、利用的良性互动，提高信息资源的共享程度和利用效益。

2. 完善数据处理机制

一是规范信息采集。建立健全信息采集加工处理和维护机制，明确涉税信息的采集重点、采集时限、采集范围和采集标准。在保证基础涉税信息采集的基础上，借助外部信息交换系统，加强与工商、质检、统计、电力、金融等社会经济管理部门的沟通联系，积极参与地方政府牵头的公共信息共享平台，定期交换共享第三方信息，构建纳税人、税务部门和社会经济管理部门“三方采集”模式，不断拓宽信息采集渠道，切实解决征纳双方信息不对称问题。二是严格信息审核。建立“三级审核”机制，加大信息审核力度，办税服务大厅对纳税人报送的各类申报资料和信息采集表进行逻辑性初审；税源管理部门结合日常管理情况对纳税人各类申报信息和财务信息进行复审；业务部门参照第三方信息与纳税人相关信息进行终审比对。三级审核层层相扣，确保通过每一个岗位，每一笔数据录入，每一天的数据零差错，实现每个基层单位录入数据的零差错目标。三是严控信息录入。从源头上加大对信息采集违规操作的监管力度，强化信息采集责任，确保数据信息真实、准确、全面、及时、可用。要统一录入标准，统筹信息录入，对于同类涉税信息做到一次性采集，各系统共享，多层次应用。四是强化信息整合。要建立覆盖所有税种、所有业务流程、所有内外部涉税信息的税收数据信息整合平台，将综合征管信息系统等主体系统、税收管理员系统等辅助系统以及数据质量管理监控分析系统等运维系统全部纳入其中。进一步整合信息资源，统筹应用宏观经济信息、征管基础信息、行业税收信息以及第三方信息等涉税信息，为税收分析和税收征管提供丰富有效的信息资源。

3. 扩大数据应用机制①

信息分析应用是建设强大稳固的税收信息体系的重点与难点。要在提高对信息分析应用的重视程度的同时，着力提升信息应用深度，拓展应用广度，提高应用效率，注重应用实效。一是建立信息分析应用机制。建立健全涉税信息分析应用和定期通报制度，定期展开综合分析，定期发布分析指标，全面掌握税源真实情况，及时发现征管薄弱环节，堵塞征管漏洞。二是创新信息分析应用方法。在分析内容方面，要通过开展税收宏观分析、区域分析和税收征管状况分析，及时了解本地税源分布情况、税源质量状况和税收征管现状，掌握税收和经济的运行规律。通过开展重点税源分析、行业分析和具体纳税人的分析，建立重点税源行业征管信息数据库，抓住重点税源和行业管理关键指标，建立预警评估体系，提升重点税源和行业管理水平。三是加强对信息分析结果的运用。按照“人机结合”的要求，充分利用信息分析成果，设定科学合理预警指标，实行风险等级管理。对低风险信息纳入正常管理，做好税收政策的宣传和辅导及有针对性的约谈，让纳税人就信息分析中发现的疑点问题做出说明解释；中级风险信息采用实地核查或评估，对风险分析发现的较大疑点问题进行现场核实；对高风险信息进行全面评估，对纳税人生产经营和财务核算进行深入检查，发现有偷税嫌疑和其他违法行为的，移交稽查部门查处。切实提高数据信息分析应用水平。

4. 统一数据信息口径②

统一和规范的数据信息口径标准，是建立稳固强大的信息体系的根本保障。因此，我们应在统一数据结构和标准的基础上，强化信息交流和共享，实现数据管理效率和质量的全面提升。一是建立统一的数据信

① 陈轮飞．关于利用信息管税解决税收征管问题的思考［EB/OL］．(2010-12-31)．中国税务网．http://www.ctax.org.cn/news/rdzt/bjdl/yxzp/ywgl/yxj/t20101231_624776.shtml.

② 郑东霞．关于税收数据信息分析与应用的几点建议［J］．税务研究，2010（10）．

息标准。在信息的采集、识别、编码、分类、存储、传递、分析等环节建立数据标准，从而促进涉税数据的标准化，加强内外部涉税数据的交流和共享。同时，在标准化的基础上建立税收分析与应用制度，对内外部数据来源、采集方式、数据分析适用范围等提出明确要求，对日常税收数据分析工作按照不同类别和主题制定相应的具体指标、统一标准和操作流程，从制度层面上增强数据分析与应用的刚性，盘活税务部门的数据资源。二是利用数据信息标准推动税收各应用系统协同工作。在CTAIS系统的基础上进行系统整合、数据兼容和程序研发工作，建立统一的税收数据来源、查询、分析、决策平台，实现税收分析、监控预警和纳税评估等功能，而不需要手工逐项计算，使一线税收征管人员从繁重的统计工作中解放出来。逐步实现业务规程、硬件配置、软件开发、网络建设的一体化，在税收信息化建设整体推进上求得新突破。三是以数据信息标准最大限度实现业务和技术的高度融合。税收信息化不仅是技术创新的过程，更是管理创新的过程。要将税收管理改革与信息技术运用紧密结合起来，改变以前简单的模仿手工、被动支撑的局面，切实转变税收工作方式，建立与之相适应的人文观念、组织模式、管理方式和业务流程，使信息化工作成为税收收入增长的“倍增器”、税收征管方式的“转换器”、纳税服务优化的“助推器”。有效解决因业务标准不统一导致接口标准多样、系统功能独立、信息存储分散等当前税收信息化建设面临的瓶颈问题。

5. 搭建社会化信息平台[①]

加强业务与技术融合，搭建社会化信息平台是建设税收信息体系的关键。要发挥好信息化的支持保障作用，就有必要结合实际，开发设计新的或者推广应用较为成熟的能够有效采集财务报表、能源消耗以及会计核算等信息的征管软件系统，以便通过计算机去采集纳税人更多的信息，为科学化、精细化征管方式的确立提供坚实的技术支持，促进税收征管质量和效率的提高。改造升级或整合重建现有税收征管综合信息应用平台，集成应用所有任务推送和文书流转功能模块，将岗责、权限、

① 张平. 对“信息管税”现状的分析及建议［EB/OL］.（2013－12－19）. 白银市白银区地方税务局. http：//by. gs－l－tax. gov. cn/art/2013/12/19/art_4106_43013. html.

流程等设置到统一的工作平台中，实现工作的自动推送、网上流转和流水作业，形成更加科学、完备、实用的新的系统程序，实现信息化支撑下的信息收集、传输、存储、加工、维护和应用，力求更好地利用与发挥软件系统采集信息、分析数据的巨大优势，满足不同层面、部门、人员的税源信息需求与监督管理职能，多快好省地实现涉税信息数据采集的电子化与税收征管事项的流程化。同时，要着力于信息化配套建设，继续大力推行网上申报、电子申报等多元化申报方式，全面组织实施财税库银联网，积极促进相关数据由手工录入向电子化采集的转变，努力实现信息的实时采集、传递与应用。

（二）目标体系评价标准

主要包括四类评价指标（见表2-7）：①信息化建设水平。包括是否有税收信息化的长远的科学规划，“金税三期”工程的落地与拓展情况、税收信息系统的可操作性与可维护性，以及税收信息化建设经费保障等若干细化指标。②信息管税应用水平。主要考核评价信息管税系统的是否智能、便捷、高效、安全。从纳税人层面来讲，具体包括信息管税系统各个功能软件（模块），比如，申报、征收、管理、决策、分析、统计、查询等应用性功能的推广率、便捷度和应用效能（包括效率和成本）的高低。从税务机关层面来讲，具体包括管税系统的应用普及水平和办公自动化水平两大指标，比如，税务干部登录管理系统的次数和频度、征管资料电子化水平、对管税软件和办公软件的操作熟练程度。③信息技术装备水平。主要指信息化基础建设，包括信息网络性能和安全水平、网络带宽、人均接入网络信息点数、人均计算机数量、信息化建设经费指标、信息系统运维保障体系，等等。④信息技术人力资源指标。具体包括专业人才所占比重、人均信息技术操作培训时间、通过信息技术等级考试人数所占比重等指标。通过对上述指标进行考核评价，持续改进不足，加强建设开发，促进现代信息技术和互联网络在税务机关充分应用，覆盖税款征收、征收管理、行政管理、绩效考评、风险监控、外部信息、决策支持等各个环节，为税收工作提供稳固强大信息技术支撑。

表 2-7 目标体系评价标准

信息化建设水平	中短期目标	"金税三期"工程顺利落地，并与本地化软件无缝对接
		各功能模块互联互通，信息系统高度集成
		具备与银行、工商等第三方部门的数据对接标准，并落实数据引用机制
		统一的运维平台、明确的运维流程，系统故障做到 7×24 小时响应维护
	中长期目标	与实体税务局无缝对接的电子税务局
信息管税水平	中短期目标	信息系统对税务局内外部工作事项覆盖率超过 80%
		建立统一规范的数据标准和指标口径
		税收分析数据完全来源于统一的信息系统，无体外循环现象
		业务网、办公网、保密网三网隔离运行，建设常规化、例行化的信息安全评估与改进机制
	中长期目标	全面实现无纸化办公
信息装备水平	中短期目标	建设容灾备份中心，保证数据资产安全
		按照 10 年规划配置数据中心的硬件，数据架构要具有开放性和可扩容性
		信息化建设经费纳入年度预算进行管理，提前预算、提前评估，确保资金到位
		季度例行进行系统峰值压力测试并及时化解潜在风险
	中长期目标	信息系统硬件建设满足纳税人及税务局内部管理需要
信息人力资源	中短期目标	信息技术专业人才占比不低于 7%
		建立信息人才到业务岗位轮训制度，理解业务需求和实际痛点
		普通干部办公自动化考核通过率达到 95% 以上
	中长期目标	建立以业务需求为导向的信息中心考核制度

第六节　着力构建高效廉洁的组织体系

组织体系作为建设税收现代化"六大体系"之一，是税收现代化的重要内容，关系着系统上下工作运转效率能否适应日益变化的社会发展改革需要。

一、税收现代化组织体系建设综述

（一）税收现代化组织体系的内涵及特征

从广义上讲，税收组织体系是指一个国家整体的税收治理结构。一个国家税收法令政策的制定和贯彻执行，以及税收管理的实现和税款的征解入库等，都必须依靠各级政府的协同活动才能顺利完成。同时，各级政府在执行各自的国家职能任务中，也需要一定的收入供其安排使用。为此有必要在中央和地方政府之间，建立起一套税收立法、执法以及税收管理权限划分的行政规范，以调动各方面共同搞好征收管理，完成税收任务的积极性，并使各级政府都有一部分可供支配的财力，保证其职能任务的实现。这种划分税收管理权限的行政规范，就是税收组织体系。

从狭义上讲，税收组织体系指运用现代化税收管理理念，结合税务部门自身发展战略需要，优化税务系统内部机构职能，科学划分岗责并对权力有效监督制约，以共同的组织文化愿景，对人力资源进行科学有效管理，从而最终实现发展目标的一种管理模式。税收现代化组织体系应具备以下三大特征：

1. 管理理念现代化。现代化的税收组织管理，基础是转变思想，更新观念，树立以人为本、人才资源是第一资源的可持续发展观。重视人力资源战略规划和调整，积极构建人才锻炼成长、干事创业的平台，营造尊重知识、尊重人才的良好氛围，不断激发干部活力和潜能，实现组织整体与干部个体的和谐发展和良性循环。

2. 制度机制现代化。构建税收现代化组织体系是一项长期的渐进过程，而制度机制带有长期性和相对稳定性，只有将组织管理中一些分散的思路、手段、措施，提炼上升为制度，构建起长效机制，才可能称为现代化管理。建立科学高效、制约有力的内控机制，可进可出、能上能下、合理流动的人力资源机制，科学考核、客观评价的绩效机制，积极向上、富于凝聚力的文化愿景，是当前组织体系现代化需要重点解决的问题。

3. 管理方式现代化。搭建起现代化管理平台，对人才队伍实行专业化管理、信息化管理的方式，如领军人才、骨干人才的培养管理，以及人才库的建设，积极与社会其他行业接轨，逐步建立社会化人才积累和使用的广阔平台。

探讨税务系统内部的组织体系建设问题，也就是通过优化系统内部的组织机构设置，强化对权力的监督制约，大力构建并弘扬税务文化，以现代化的人力资源管理手段，更好地为税收工作服务。

（二）税收现代化组织体系建设的内容

1. 建立科学的税务管理组织机构

任何一个国家的税务管理都建立在一定的组织机构之上。建立科学的税务管理组织机构，就是要通过在各个职能部门之间明确合理地划分职责与权限，形成互相协调、互相制约的组织关系，最终确保纳税人以最小的遵从成本依法纳税，税务机关以最低的成本取得应征税款的目的。我国自 1994 年实行分税制以来，税务系统的内部机构设置经历了两次大的变革，形成了目前职责、权限相对较为完善的组织结构模式。但随着经济社会发展，现在的组织结构也暴露出一些问题，不能完全适应税收现代化的目标要求，亟待进一步变革。

2. 形成合理的税务人力资源结构

税务系统的人力资源结构是人力资源在税务组织机构之间的分布或构成。形成合理的人力资源结构是现代化组织体系建设的核心内容。目前，我国税务系统的人力资源结构配置不尽合理，不同程度上存在着机关人员比例偏高，一线人员偏少的比例失衡问题；另外，自 2002 年税务系统实行公务员录用考试以来，录取门槛高、考入人员少，导致现阶段多数税务部门年龄结构不合理，年龄老化现象普遍存在，人力资源结构需要进一步完善。

3. 构建惩防并举的税收廉政风险内控机制

构建惩防并举的税收廉政风险内控机制，是贯彻新时期反腐倡廉建设方针的基本要求。党的十八大进一步完善了“标本兼治、综合治理、惩防并举、注重预防”的方针，在坚决惩治腐败的同时，更加注重治本，更加注重预防，更加注重制度建设。由于市场经济体制还不完善，税收法制还不健全，税收执法还不够规范，纳税人的纳税意识、纳税遵从度还不够高，导致税务部门的执法风险越来越高。因此，构建惩防并举的税收廉政风险内控机制是税务机关的一项长期性任务，是建立健全反腐倡廉制度体系建设的必然要求。

4. **打造与时俱进的现代化税收文化目标愿景**

税收文化能够以更有效的方式把人们的思想观念统一到税收工作所确立的总体目标上来①，创新文化是税收改革发展的灵魂，税收现代化离不开税收文化的现代化，税收文化作为组织文化的具体类型，由税务组织的各种制度、价值观、理想信念、环境符号、行为方式、文化仪式等构成，是税务组织的核心价值观、业务流程、管理体系、创新与变革能力等的象征，如果税收文化没有跟上现代化的步伐，税务干部的思想和行为就失去了灵魂，税收现代化缺乏最直接、最根本的精神动力和智力支持，甚至会形成巨大阻碍而影响税收现代化的进程。打造与时俱进的现代化税收文化目标愿景是推进税收现代化的思想保障。

5. **制定激励有效的税收绩效管理机制**

当前税务系统推行绩效管理是管理创新的有益尝试。税收的全过程就是一个完整的管理过程，管理创新是提高基层税务工作质量和效率的关键。在税收管理模式不断完善和税收管理信息化逐步推进的情况下，不断实现管理理念、管理方式的突破，才能真正做到“人机”结合，从而充分挖掘管理的潜能，释放科技管理的效能，充分激发税务干部的活力，推动税收现代化目标的实现。

（三）税收现代化组织体系建设的目标方向

税收现代化组织体系的目标是指税收组织体系需要完成的职责和需要达到的绩效，通过建立规范的工作流程和明确的工作职责，以及提升团队的整体素质，达到高效清廉的组织体系建设目标，实现组织与个人的共同发展。具体包括以下 5 方面。

1. **机构设置规范完备、运转高效**

根据不同地区的具体实际情况，坚持“精简效能”的原则，科学合理地调整税务部门内设机构设置。根据经济社会发展的需要和纳税人需求，进一步明确征收、管理、稽查各部门的职能，既合理分权，又相互制约，提高办税效率，降低征纳成本。进一步理顺工作流程，强化各岗

---

① 杨峰，赵波．浅谈我国现代税收文化的构建［J］．现代情报，2005（6）．

位人员的责任意识，切实做到“该管的要管好，不该管的坚决不管”。

2. 制度落实不打折扣、权威规范

没有了规章制度的约束，组织结构再健全也是一盘散沙。制度的制定要科学权威，制度的落实要规范到位。要以不折不扣的落实确保制度的刚性，努力形成以制度管人、管事，以制度规范行为、推动工作。通过规章制度的建立和执行，进一步规范工作、约束干部，坚决维护制度的严肃性和权威性，确保干部科学用权、清廉守纪。

3. 考核评价公正透明、激励有力

构建起有利于激发干部队伍干事创业的考核机制。要有科学的评价机制，对每位干部的工作做出客观准确的评价，不能有失偏颇；要有健全的管理机制，通过有效的激励手段，激发干部的工作积极性；要有完善的考核机制，理顺全员岗位责任体系，使每个人都知道自己应该做什么、应该怎样做，以及做好、做坏有什么样的结果，对每名干部的工作情况要制定量化考核标准，按时进行考核，奖惩兑现，使奖罚成为有力的激励和抑制手段。

4. 队伍素质持续提高、活力迸发

维护好人力资源队伍，使人力资本得到应有的提升与扩充。一方面给现有人员以广阔的提升空间，使现有人力资源的素质能够依靠内部教育培训体制得以不断提升；另一方面是有畅通的人才流动机制，使需要的人才进得来、留得住，淘汰的人员能够退下来、出得去，形成健康的新陈代谢体制。

5. 个人与事业协同发展、和谐共赢

人力资源管理既要考虑组织目标的实现，又要考虑个人的成长，强调在实现组织目标的同时实现个人的充分发展，为干部提供广泛的干事创业平台，使人尽其才，才尽其用。当每个人的能量都得到充分发挥时，为组织做出贡献的合力也最大限度的发挥，从而达到个人与事业的共同和谐发展。

二、当前税务系统组织体系建设存在的问题

（一）税收人力资源管理机制落后

一是缺乏长远的人力资源规划。税务部门人力资源管理还没有确立

现代化管理理念和框架，管理的层次较低，还停留在人事管理、事务性管理的层面。税务系统进人渠道单一、狭窄，专业人才、特殊人才、优秀人才的选聘机制尚未建立；从用人来看，目前在干部的录用和任免、工资福利等方面受到体制和政策的限制较多。从退出机制看，还没有考核完善、评价规范的退出机制。二是人力资源结构失衡导致能级管理不匹配。多年来，税务部门因进人渠道狭窄，导致系统人员普遍年龄老化，一定程度潜伏着人力资源断层危机，特别是在基层税务部门，因职数限制，职务晋升较为困难，造成税务干部知识结构、职务结构出现较大差异。同时，单位上下级之间、部门之间、岗位之间的交流机制运行不畅，既不利于个人的全面成长进步，也容易产生工作惰性、疲态，滋生执法风险。三是教育培训机制亟须完善。当前教育培训体制缺乏创新，没有针对不同干部层次开展差别化的培训，短期培训多，缺乏与人才、事业发展战略相匹配的培训规划。同时，培训内容缺乏前瞻性，随着经济社会发展、网络时代的到来和电子商务的普及，大数据、物联网等新型经营方式为税收征管带来新的挑战，而相关培训内容的缺乏使基层税务干部手足无措。干部个人的培训效果无法科学有效衡量，导致培训的针对性和成效大打折扣。同时，干部培训效果缺乏与干部个人奖励、职务晋升等激励机制有效挂钩。四是对人才开发的手段和措施较少。一些单位对人才的招录、培养和使用思想上不重视、措施上不落实、使用上不得当，致使人才匮乏和浪费的现象并存，尤其在基层税务部门人才流失现象较为普遍。目前，税务系统主要的人才开发手段是培训和岗位轮换，手段较为单一。对人才的业务操作能力开发较多，创新能力开发措施较少；实用性人才普遍，而高级管理人才、特殊技能人才以及专项业务人才较少。人力资源开发的信息化应用程度也较低，没有建立专门的管理和应用系统，还缺少高层次、形式多样的人才开发平台，主要依托各级人才库实现。受地域差别、重视程度和开发经验等条件的限制，各地的人才库建设水平参差不齐，而且多数地区在管理和使用方面存在很大不足，没有发挥出人才库开发的最大效能。五是激励机制不健全。激励理念落后、激励手段单一，当前各种法规文件和管理制度中的激励措施，不能因时、因人、因地能动地区别对待激励对象。对人员的考评标准过于笼统，定性的考核过多，定量的基础内容较少，忽略层次区别和个性差异。同时，职务激励空间受限。现阶段公务员晋升制度设计缺陷，导致基层公务员晋升渠道较窄，而且学位、相关会计师、税务师执业资格等不作为职务晋升依据，削弱了职务激励应有的积极效应。收入分配没有拉开档次，系统普遍实行工资、津贴、福利待遇按工龄、职务等不同档次下发，工资制度缺乏弹性。工作考核中，奖金发放存在平均主义，对干部积极性存在抑制作用。

（二）没有建立标准统一的税收文化体系

系统内缺乏对于税收文化体系统一的、准确的定位，不利于用统一的文化理念来凝聚人心，主要表现在以下 5 个方面。

1. 对文化体系建设的重要性认识不足。一些税务部门对税收文化建设的重要性认识不足，定位不准，缺乏认知，理解片面、僵化。甚至一些税务部门领导干部认为税务文化建设属于务虚的工作，没有实际用处，忽视了文化建设产生凝聚力、向心力和创造力的巨大作用，直接造成了在文化建设中工作方法不明确，工作重点不突出，工作体系不完善等问题，影响了税收文化建设的深入开展。在税收文化建设中，方案往往制定的较为完善，但容易忽视对工作执行的督导落实，仅满足于走形式、喊口号、搞活动，文化建设浅尝辄止。认识不足也造成了对税收文化建设的宣传流于形式，无法使税务干部真正从思想上重视税收文化建设。

2. 群众参与度不够高。税收文化不仅仅是税务机关的文化，更是每一位税务干部的文化，其建设需要人人参与、人人互动。税务干部思想上重视程度不够，加之忙于日常事务性工作，对参与文化建设热情不高。一旦考核指标有所侧重，为了被动地完成考核任务，往往会积极地参与税收文化建设；而一旦考核指标弱化或没有了上级税务部门的督导落实，往往文化建设工作就被束之高阁、告一段落，造成了不能持之以恒、贯彻始终，造成长效、规范的税收文化建设机制无法形成。

3. 结合实际的研究与创新不足。当前税收文化建设实践中，不同程度存在着偏重形式、偏向同质、偏向单一等问题，未能明晰区分文化形式与内容的关系，同时，文化建设速成现象严重，没有经过长期的挖掘与积累，导致内容浮于浅层、流于表面、缺乏特色，税收文化的内涵没有被深层次挖掘与展示出来。税收文化建设还没有建立起完善的发展更新机制，内容往往不能与时俱进，及时回应形势的变化，响应社会的关切，一定程度存在内容陈旧的现象。

4. 发展程度不平衡。由于重视程度、投入力度、采取措施等不同，各地的税收文化建设成效差距很大。有的地区形成了统一的税收文化核心理念，建立了完善的税务文化展厅，并形成了卓有成效的制度机制；但有的地区在税收文化建设上还是一片空白。这种差异对税务干部的思想也形成了不同程度的影响，甚至直接影响工作质效。

5. 文化建设人才短缺。从税务部门总体来看，受人事制度的影响，能够胜任税收文化建设岗位的人才还较少，有突出创新力的文化建设人才就更少，大量专业的文化人才无法进入到税务部门工作。税务部门在文化建设中对文化创意公司等社会化专业单位的依赖度还较高。

（三）税收廉政风险内控机制不健全

目前税务系统内部廉政风险内控机制还不健全，一些部门内部岗位责任不明确、制度不完备、工作规程不完善、分权制约不到位，对风险缺乏防范意识，存在风险隐患。

1. 思想认识不够到位。个别领导干部对内控预防工作认识不透，对“控什么、谁来控、怎么控”缺乏思考研究，不知如何开展工作。有的认为内控预防工作是搞花架子、走形式、一阵风，工作中存在应付了事思想；有的干部把内控预防工作归结于纪检监察部门的事，等靠思想比较严重，主动参与意识不强。有的基层执法人员存在侥幸心理，认为自己从事的常规性工作没有风险，职务犯罪离自己还很远，或者法治观念和风险意识不够强，认为内控预防限制了自由裁量权，影响了自己的既得利益，工作中存在抵触情绪，想方设法规避风险防控。

2. 风险排查和防控措施重点不突出，针对性不强。有的单位认为风险点排查的越多越好，面面俱到。有的单位风险点排查存在避重就轻问题，没有真正排查出高危风险点，共性问题多、表面问题多，真正反映岗位风险特征的个性问题少，排查出的风险点针对性不强，制定的防控措施缺乏可操作性。有的单位对因管理制度相对繁杂、管理标准过高过细而给基层带来的执法风险，缺乏有效的防控措施。

3. 内控措施与“两权”运行结合不够紧密。近年来，各地出台了很多内控预防制度办法，但能够转化为行之有效的工作措施还较少，没有实现与“两权”运行的有机融合，特别是对行政管理权比较集中的各级领导干部尤其是“一把手”，以及税收执法权过于集中的基层一线执法人员，相应的内部监督制约机制运行不畅，内控措施没有真正落实到位，导致个别人权力滥用现象不同程度的存在。

4. 行政管理权防控还有待进一步深入。部分单位在内控预防工作中存在重执法、轻行政问题，防控重点大多放在税收执法权防控上，对行政管理权的防控还存在薄弱环节，相关防控措施和内控制度还不够完善。

5. 动态改进不够及时。随着税源专业化管理的逐步深入，新征管模式的逐步到位，税务部门的机构、岗位、人员都进行了一些调整，工作流程也进行了相应的变化，加之新的税收政策不断出台，风险内容、风险等级和防控措施也应随之进行相应充实和改进，但是有些单位动态改进工作不够及时。

6. 责任追究不够到位。有的内控机制考核指标设置不够科学完善，没有与日常工作结合起来，针对性和可操作性不强，导致考核评价流于形式。在考核结果运用方面，多数单位没有真正将考核结果与绩效考核挂钩，对内控预防工作督导力度不够，责任追究不到位，导致有些内控工作部署和制度落实缺位，影响了工作成效。

（四）组织机构职能亟待优化

一是组织制度机制不完善。部分制度制定不规范，不能随着形势的发展及时进行调整，继续执行对工作形成严重制约。二是组织效率不高。管理层级较多，部分业务涉税审批事项权限在上级，造成管理效率低下，一些部门机构设置还有待优化。三是组织部门之间制衡不力。当前，对税务机构内部部门权力行使还未形成有效的内外监督机制，内部纪检监察部门独立性不强，缺少独立的工作监管部门。四是组织机构人员配备缺乏科学性。机构设立过多，重复性、交叉性现象严重；机构、人员职责不清或职责交叉，同一样工作分几个部门管，容易导致相互推诿，工作拖沓。五是组织机构名称不统一。由于目前机构改革还没有统一性，尤其是“征管、检查”两分离，或“征、管、查”三分离，各地做法不尽相同，导致各地税务部门内部组织机构名称不统一。

（五）绩效管理亟待完善

1. 考核指标量化不够细。在工作目标的数量、质量、标准的要求上，有些环节不够明确、不够统一，工作目标没有分解到岗、细化到人，有苦乐不均现象。对一些工作只能用“完成好的”“完成不好的”等标准来衡量，实际操作起来主观因素大。有些考核结果不能准确反映个体成绩，还存在一些岗位工作难以量化的现象。如一些行政部门、服务性岗位的工作没有明确的标准与要求，严格意义上的量化考核难以执行。

2. 理论应用欠缺，缺乏专业深入的筹划整合。目前，引进的绩效管理方法大多是从对企业的管理中提炼出来的，这些理论建立在对企业的管理之上，管理的内容、方法、手段、指标的取舍，与税务系统的绩效管理有一定差距。

3. 思想认识不足，绩效管理混同于绩效考核。绩效管理是持续的双向沟通的一个过程，在这个过程中，全体员工就绩效目标达成协议，并以此为导向，进行持续的双向沟通，不断提高工作绩效，完成工作目标。在开展绩效管理的活动中，不少税务人员没有真正理解绩效管理的真实含义，而是简单地认为绩效考核就是绩效管理的全部，或者虽然知道绩效管理不单纯是绩效考评，但实际工作中却只注重了绩效考评，而放松了绩效管理，因而忽略了绩效沟通、过程控制，阻碍了绩效管理的良性循环。

4. 沟通渠道不畅，缺乏信息反馈和有效沟通。绩效管理工作必须有良好的沟通与反馈机制，让税收管理人员充分了解单位绩效管理的目标、作用、成果。绩效管理的最终目的在于确保单位战略目标的实现、对干部的指导与开发，最后才是将考评结果运用于工资和奖惩等方面。目前，在绩效管理过程中尽管制定了绩效考评的反馈、申诉制度，但由于缺乏信息反馈和有效沟通，许多干部不知道自己工作中的缺点和今后努力的方向，绩效考评工作无法达到改进管理绩效的目的，进而妨碍绩效考评对干部的教育指导作用。

三、税收现代化组织体系建设策略探讨

建立税收现代化组织体系，应按照“高效清廉”的标准，从加强现

代化人力资源管理、构建完整的现代税收文化体系、完善税收廉政风险内控机制、科学优化税务部门机构职能、建设激励健全的绩效管理系统5个方面，改进对策措施，使税收事业发展与个人成长实现双赢。

（一）坚持以人为本，建立现代化人力资源管理机制

深化税收人事制度改革，要坚持“以人为本”的管理理念，以绩效管理为总抓手，以人力资源信息化建设为保障，从人力资源的规划、配置、培训、开发、考评5个方面着手，完善税收人力资源管理制度机制，使税收事业发展与个人成长实现双赢。力争到2020年，税务系统初步构建起科学合理的人力资源配置模型、人员素质参数数据库和岗位需求模型，最大限度地实行人力资源优化配置；搭建起以功能完备、资源共享、规范高效的“金税三期”工程为依托的远程网络教育培训体系，实现国家税务总局师资队伍人才库入库人员不少于2000人，各省（区、市）局入库师资不少于400人；基本形成覆盖主要税收工作领域、总量为1000名左右的税务领军人才队伍，实现“四级三类”（即国家税务总局、省局、市局、县级局四级，行政执法、综合管理和专业技术三类）人才库人员数量与全系统在岗干部总数之比分别为5‰、5%、15%、20%的目标。

1. 科学长远做好人力资源规划

结合人力资源的差异化特点，开展人力资源的战略性规划分析，建立结构合理的税务人才队伍。一是提升战略规划层次。建立岗位分类规划，对税收执法、行政后勤和专业技术三大类岗位，开展差异化人力资源规划；按照人才素质不同，将人才分为领军人才、核心人才、一般人才和辅助人才四类，完善人才分类规划。二是分步制定干部职业规划。在税务干部入职伊始，结合干部个人的学历、兴趣、能力等特点，对职业兴趣和岗位偏好综合分析，制定个人的短期和中长期发展规划。同时，利用信息化手段和科学的程序、方法，建立职业规划发展分析平台，引导个人科学评估、动态调整。三是构建人才需求模型。根据系统5年内的人员录取、离退休、辞职、调入等基本数据变化情况，编制人力资源变化情况图表，结合不同地区特点，测算出省局、市局、区（县）局等部门的人员配备参考基准，确定不同层次人才的录取和使用比例，增强

公务员年度招录针对性。四是加强规划的评估与反馈。定期对规划实施效果进行分析，通过岗位人才适应性测评、第三方机构评估等手段，对实施效果动态评估，找出存在的薄弱环节并加以完善。

2. 完善人力资源配置体系

秉承“以人为本”的管理理念，依据不同人才的能力所长和动态发展变化，合理调整人才结构和布局。一是健全配置制度体系。按照前瞻性与科学化并存的原则，健全人力资源配置相关制度体系，依托具体税务标准建立因事设岗、因事设人、人事结合的新人力资源配置体系，将能级应对原则、动态调整原则、优势定位原则、系统规划原则贯彻于日常的人力资源配置中。二是合理优化人才结构和布局。从优化人才布局和结构出发，大力开展工作岗位与人才素质对应性分析，合理确定机关和基层、行政部门、业务部门和管理人员的比例，实现人才的最优配置①。三是建立运转流畅的人力资源调配机制。在各类人才之间建立“绿色通道”，适时调整人才在层次之间、岗位之间、地区之间的不平衡。可以每年在不同地区选取一定比例人才，进行跨地域岗位交流，促进整体工作水平的提升。四是推进人才聘任制改革。积极探索公务员聘任制改革，对一些专业技术性较强的岗位试行公务员聘任制度，不拘一格聘用注册会计师、注册税务师、信息技术工程师等专业技术人才，真正把高端人才纳入税务机关使用和管理。同时，要逐步解决公务员聘任制中岗位选择随意性、考核标准模糊化、管理缺乏针对性等问题。

3. 健全人力资源教育培训体制

结合人才的职业发展规划设计，多管齐下、科学施教，使人才成长适应经济社会和税收事业发展需要。一是加强教育培训需求分析②。科学确定年度及长期培训计划，结合岗位人才需求因人施教、有的放矢。定期开展干部培训前需求统计，适时调整培训的内容和形式。二是健全施教机构网络体系。优化现有培训基地，加强教育培训的信息化建设，构建现代化的施教机构网络体系。既利用好税务干部学校、税务专职教育机构集中施教，又要利用好网络视频管理系统，扩大教育培训覆盖面。

① 张绍华．国税系统人力资源开发与管理的实证研究［D］．南昌：南昌大学公共管理学院，2011.

② 帅惠中．江西地税人力资源精细化管理研究［D］．南昌：南昌大学 MPA 教育中心，2007.

同时，加强培训的软、硬件研发，运用多媒体和网络技术手段开发、设计和实施专业化培训项目，大力发展远程教育网络。三是完善师资人才队伍建设。按照“专兼结合，逐步以兼为主”的原则，选聘专职教师和兼职教师，通过教改、教研、培训、实践、进修、实习等多种方式，不断提高教学水平。同时，积极引进市场化运作方式，疏通施教机构与税务系统公务员之间的双向交流渠道，借助社会、院校、企业等载体的力量，推进系统教育培训的社会化发展。四是开展培训效果评估。将培训效果评估作为人才培训信息反馈的一条重要途径，科学全面地设计评估标准，从教学项目、培训师资、后勤服务等方面综合评估施教机构的培训质量，实现培训项目的“优留劣汰”。

4. 实施人力资源管理开发机制

充分依托信息化建设，通过对人力资源的挖掘、培育和强化，增强税务人才的创新能力和价值。一是构建现代化人才开发战略。国家税务总局制定全面统一的战略目标和总体规划，保证人才开发的统一性；各级税务机关注重人才开发的多样性，因地制宜地调整人才开发战略。二是加强各级人才库建设。从入库、管理、培养、使用、更新等方面着手，全面提高入库人才的综合能力和水平，引进科学规范的人才库管理标准，实现严格选拔、定期更新、科学评价、良性循环。三是优化税务人才梯队建设。定期制定后备人才培养规划，根据一些重点部门及岗位，综合采取多种手段和方式，对后备人才实施渐进式全面培养。四是注重人才资源待遇改善。结合税务干部的工作贡献大小，利用通报、表彰、任用、提拔等不同形式的精神激励方式，激发税务人才工作奉献热情。逐步建立差别化的物质激励机制，打破奖励分配的平均主义①。同时，要完善负激励手段，合理利用批评、降级、罚款、辞退等惩罚性措施，为税务干部戴上“紧箍咒”，切实解决干部“在岗不为”的现象。

（二）基于共同愿景，构建完整的现代税收文化体系

打造与时俱进的现代化税收文化，实现以文化人、文化兴税，对推

① 何刚，朱珂．以现代人力资源管理理念指导完善我国税务人力资源体系［J］．时代经贸，2007（4）．

动税收事业持续稳定发展至关重要。构建现代税收文化体系要基于税务干部共同价值愿景，深入挖掘行业、民族、地域等文化特色，充分继承和创新，发挥税收文化引领税收现代化事业的辐射作用。

1. 提升税收文化体系战略定位

强化对文化建设的重要性认识，确立文化体系构建的重要地位，切实将其上升到“以文化人”的战略高度。一是强化学习宣传，提高思想认识。要加强对构建税收文化知识层面的学习，疏通思想障碍，增强税务干部对文化建设净化人、教育人、鼓舞人的认同感。要广泛搭建税收文化建设平台，大力宣传税收文化建设的重要意义，创造一个成熟的文化建设氛围，吸引税务干部积极主动地参与到文化创建之中来。二是制定目标规划，确保明确长远。税收文化建设不能一蹴而就、一劳永逸，而是不断更新发展的。文化体系建设要在明确宗旨、理清思路、确定目标和方针的基础上，充分调查论证、多方听取意见，广泛吸取经验，制定出集科学性、超前性、可行性于一体的建设规划，严格按照规划分步骤、分阶段的向前推进。三是科学评估成效，促进定位提升。要建立科学、完善、规范的文化建设效果评估体系，在项目设计、标准和要求的制定上要具有可操作性，定期依靠上级部门或第三方机构对文化建设成效进行权威评估，客观全面地反映文化建设成效，对其中的不足提出改进意见和建议，促进文化体系建设的目标定位不断提升。

2. 强化税收文化体系手段创新

开拓新形势下税务文化建设视野，以文化创新推动工作持续创新。一是思想与时俱进，实现观念创新。不断借鉴中国传统文化、企业文化、地域文化及西方文化的成功经验和文化资源，赋予税收文化建设新的内涵，保持文化建设的活力。二是突出信息化引领，加大载体创新。在做好税收文化展厅建设、走廊文化、桌面文化等传统固态文化载体建设的同时，充分利用新媒体覆盖广泛性的优势，开辟手机、网络等新媒体渠道，以微信、微博、动漫、微电影等新型信息化传播方式，提升文化建设的实时及长效影响力，扩大文化建设的辐射作用。三是打造特色品牌，提升文化影响力。优秀的税收文化品牌是税收文化体系的重要标志和表现形式，对推动文化建设具有导向作用和强烈的感染力。要提炼本地和本单位特色，强化品牌建设和推广，建立文化品牌发展和更新机制，使之迈入可持续发展的道路。

3. **突出税收文化体系特色引领**

结合税收工作特点和发展实际，打造税务文化精品，形成富有鲜明特色的税收文化体系。一是突出行业特征，倡导“专”。要立足税收执法部门的行业特色，挖掘法治、公正、廉洁等部门特点，深入开展税收文化创建，凝聚税务干部的思想共识。二是突出时代特征，倡导“新”。要紧跟时代发展步伐，不断丰富税收文化建设的内涵。在文化建设中融入新知识、新思想、新内容，特别是要及时传导上级的工作要求和精神，起到提振士气、推动工作的效果。三是突出社会特征，倡导“广”。要深刻把握税务部门在税收执法、优化服务中的社会化特征，突出部门的社会职能作用，提炼平等、服务等征纳共同认可的价值理念并将其融入文化体系建设之中，使文化建设充分体现“聚财为国、执法为民”的宗旨，起到良好的社会宣传效果，提高纳税人的税法遵从度。

4. **完善税收文化体系建设机制**

健全文化体系建设机制保障，保持税收文化建设的连续性和稳定性。一是健全人才培养机制。要从以人为本的管理理念出发，加大文化体系创建人才的培养。建立文化建设人才库，公开选拔一批文化建设人才，逐步培养成文化创建“领军人物”，形成人才带动作用。适当加大文化创建人才的公务员招录比例，使更多的人才能够进入到税务部门参与文化体系建设工作。二是落实激励机制。通过目标激励、情感激励、奖励激励、民主激励、领导行为激励等方式，给税务干部以无形的驱动力①，激发税务干部积极主动参与税收文化建设的热情。适当加大对文化创建工作的绩效考评力度，将文化创建与工作业绩有效挂钩，对税务干部的参与形成制度上的约束力。三是完善创建制度措施。进一步充实完善税收文化创建的相关制度，确保文化建设有组织、有步骤、有目标、有督导、有改进、有提升，推动文化创建工作能够得到不折不扣的落实。

（三）强化监督制约，完善税收廉政风险内控机制

从保护干部、爱护人才的角度出发，按照标本兼治、惩防并举的方

① 万得利．税收文化的要素与作用［J］．税务研究，2001（3）．

针，运用“制度+科技”的手段，不断完善以领导干部为重点，以监督和制约税收执法权、行政管理权为核心，以廉政文化建设、内控机制建设、党风廉政责任制为抓手，构建适应税收现代化要求的廉政风险内控机制。

1. **营造内控体系建设大环境**

加强学习教育，统一思想认识，凝聚内控动力，形成内控活力。一要深入开展警示教育。以系统内反面案例为教材，用身边人、身边事警示干部职工，触动干部心灵。充分借助纪委、检察院、监狱等单位的教育资源，通过观看警示教育片、到监狱参观、听取服刑人员现身说法等形式多样的活动，增强教育效果。突出廉政教育时机，在春节和中秋节等重大节日前后及干部调整、婚丧嫁娶、基建工程招投标、大宗物资采购等时机，增强教育的针对性。二要广泛开展谈心交流活动。各单位主要领导与班子成员和部门主要负责人、分管领导与分管部门人员，每年至少进行一次“一对一”谈心交流活动，重点岗位人员谈心交流每年应不少于两次。谈心交流要贴近每名干部职工的工作生活实际，及时把握干部职工思想动态，分析干部岗位执法和廉政风险，帮助干部职工算好“政治账、经济账、家庭账、人身账”，增强风险防范意识，自觉远离职务犯罪。三要大力开展对比教育。组织干部职工到农村、厂矿等工作条件比较艰苦的地方，开展对比体验教育，通过换位思考，引导广大干部职工调整心态，爱岗敬业，增强干部参与内控机制建设的积极性和主动性，形成人人参与、长期开展、日常防控的良好局面。

2. **完善两权监督制约全流程**

坚持嵌入管理的内控工作理念，通过科学分权、过程制权和公开亮权，提高过程控制力和制度执行力。一是进一步优化权力运行流程。认真分析权力事项的分布和运行规律，找准需要强化控制的关键节点，对权力流程进行改造和优化，不断规范权力运行链条。健全内控制度体系，重点围绕人、财、物、权、钱、事等关键环节，堵塞制度漏洞和薄弱环节[①]。二是实施模板化操作。深入剖析“两权”运行中风险高、容易出问题的关键环节，针对其风险特征和防范要求，将相关政策标准、工作流

① 李岩．关于“制度+科技”内控机制建设理论实践与探索［J］．税务研究，2011（6）．

程、办理权限和时限、所需文书等内容，集成为统一规范的内控管理模板，嵌入信息系统或手工操作流程中，把风险防范措施固化到权力运行过程，有效防范执法风险。三是要实行痕迹化管理。按照“权责明晰、过程监控、全程留痕、严格问责”的原则，依托“金税三期”工程税收管理系统等信息平台或通过文书人工流转等方式，完整保存文书、签字、数据、档案等关键用权痕迹，使整个用权过程有据可查、有信息可控、有责任可落实。

3. 创新动态科技防控广覆盖

加快内控预防平台信息化建设，切实把“软要求”变成“硬约束”。一是搭建“两权”运行信息化防控平台。依托“金税三期”工程税收管理系统等税收执法管理软件，以及财务管理、固定资产管理、纪检监察信息管理系统等行政管理软件，坚持“人机结合”，积极主动采集系统自动生成的数据、信息，搭建起“两权”运行防控平台，实现对税收执法权和行政管理权运行的实时监督和控制。二是完善网上政务平台。按照“公开是原则、保密是例外”的要求，进一步规范“阳光政务”标准，将“两权”运行的过程和结果网上公开，避免出现暗箱操作和腐败现象。建立涉税审批电子服务平台，推行网上审批，对保留的涉税行政许可、行政审批、行政处罚等事项进行流程优化，实行网上办理，做到流程固化、责任到人、明确时限、全程留痕。三是畅通网上举报渠道。在内外部网站设立税收人员违法违纪举报信箱，并限时通过该信箱向举报人反馈调查处理情况，做出解释说明，以拓宽社会监督渠道，广泛接受纳税人和社会各界监督。

4. 推进责任考核追究促落实

认真落实党风廉政建设责任制，加大考核力度，严格责任追究，确保内控预防体系建设各项任务落到实处。一要严格内部考核。每年结合执法督察、执法监察、内部审计、巡视检查、惩防体系检查等，对所属单位内控工作开展情况进行专项考核，重点考核高危风险点是否有效防控、重要权力事项是否按照流程运行、廉政风险信息是否有效落实等内容，促进内控预防工作贯彻落实到位。二要抓好外部考评。通过网上评议、向纳税人述职述廉、发放廉政监督卡，对基层执法人员执法、服务和廉政情况进行评价；加大走访纳税人工作力度，上级税务机关领导班子成员及部门负责人对下级税务机关所辖重点纳税人定期开展走访，深入征求纳税人意见和建议；通过税检联席会议、明察暗访、行风热线、行风评议等活动，发现苗头性问题及时预警处置。三要加强对考核结果的应用。内外考评结果要与绩效管理考评、公务员考核挂钩，并作为干部晋升、评先树优、交流轮岗、责任追究的重要依据，形成有效的激励制约机制，提高制度执行力。

（四）突出明晰岗责，大力优化税务机构及职能

在国家税务总局的统一领导下，引入先进组织管理理论和经验，深入调研分析、创新思路，通过对组织结构、岗责体系以及重点职能部门的改革，构建起符合我国国情、高效严密的组织机构和职能体系。

1. 构建科学高效的组织体系

按照扁平化、集约化、专业化、国际化等趋势，推进省、市、县局三级机构改革，构建权责一致、分工合理、执行顺畅、监督有力的符合风险管理要求的组织体系。要创新思路，按照税收法制管理、税收遵从管理和税收支持保障三大序列对现有三级机构进行整合，构建现代化组织框架体系和职能分配机制。

2. 建立配套衔接制度

应以征管、服务岗位为重点，科学、及时推进岗责体系调整。首先，应健全完善征管服务岗责体系。当前，应以深化征管改革和落实服务规范为契机，将行政审批制度改革涉及的调整因素，如部门、岗位、人员职能、权限的调整充分考虑在内，厘清、理顺基层前台服务部门与管理部门的职责、权限和衔接程序、时限等。其次，健全完善相关制度。根据国家税务总局要求，全面清理税务行政审批事项涉及的税务部门规章和规范性文件。例如，对《税收管理员制度》进行修订完善，对绩效考核办法包括考核指标进行优化，对不属于税收管理员职责，税收管理员无法完成、难以落实的职责，做出取消和调整。同时尽快分类制定管理办法和业务指南，明确工作内容、法律依据、业务流程以及衔接程序及手续。今后再出台税务行政审批改革措施，要同时出台配套岗责衔接办法，并调整充实业务指南。最后，根据税务行政审批改革涉及的事项，及时优化升级“金税三期”工程系统，优化业务流程和表证单书，实现

职责、权限、流程、时限等配套跟进。

3. 强化四大重点职能部门建设

在征管方面，坚持以明晰征纳双方权利和义务为前提，以风险管理为导向、专业化管理为基础、重点税源管理为着力点、信息化为支撑、稽查为保障，加快征管方式转变；在纳税服务方面，以纳税人需求为导向，深入实施纳税服务标准化模式下的细分策略，转变职能，创新办税服务方式手段，让纳税人便捷缴税；在税务稽查方面，尽快建立独立稽查体系，实行上级稽查局与同级税务局双重领导体制，以上级稽查局领导为主，减少同级税务局对稽查的干预；在廉政建设方面，推行独立的监察工作制度，将纪检监察部门作为独立的组织机构，人员从上级委派，工作直接对上级负责。

（五）注重激发活力，建设激励健全的绩效管理系统

1. 处理好三种关系，更加科学地改进考核模式

一是处理好当前工作与长远规划的关系。绩效考核是对综合工作的考核。开展绩效考核，以目标导向来设计考核模式，既要避免为实现短期目标急功近利，也要克服因片面追求长远发展华而不实。要在不断实现短期目标的基础上，最终实现工作的长远目标。同时要注意顶层设计和基层实际相结合，避免考核目标因脱离实际而成为空中楼阁。二是处理好定性考核与定量考核的关系。对可以量化的工作目标必须量化，权重系数的确定、数据的选取、计算与合成等都要力求客观公正、符合实际、简便科学。但有些指标不能用准确的数据来描述和表达，只能定性地加以阐述。在考核中必须将两者有机结合起来，保证考核结果的科学性，以达到绩效考核的效果。三是处理好相对稳定与适时调整的关系。根据阶段性工作目标和任务，考核指标应保持相对稳定，防止大起大落，保持工作连续性。同时要根据经济发展变化、税收政策调整等实际情况，与时俱进，适时调整工作目标，不断优化考核指标体系。

2. 凸显三个导向，更加合理地定位考核目标

一是坚持发展战略导向。税收工作必须服从服务于国家发展大局，税务部门绩效考核理念、制度规范、指标评估、结果运用等必须与国家大政方针和宏观政策相一致。当前，税务部门应围绕中共十八届四中全

会提出的政府职能转变和深化财税改革等方面要求下功夫，绩效考核要更加注重加强对纳税服务、税制改革、征管改革等方面的考核评价，更好发挥税收职能作用。二是坚持务实创新导向。把为民、务实、清廉的要求贯穿于绩效考核的全过程，摒弃功利主义和急功近利，把干实事、求实效作为考核评价税务部门、考察使用领导干部的工作导向。在崇尚务实的同时鼓励大胆创新，通过建立亮点工作奖励机制，以点带面，激发干部主观能动性和创造性。通过建立容错机制，允许改革探索过程中的小失误，鼓励尝试，促进创新，推动税收工作不断取得新突破。三是坚持价值效能导向。开展绩效考核，不仅要关注考核结果本身，更要审视该项工作是否达到了预期效果，是否提升了组织绩效，是否有利于提升税务形象，是否符合税收事业长远发展的价值取向。在设计考核模式和内容时必须摒弃不计成本、不问效益的做法，加强对各项税收工作成本和投入的考核评价，以最小的成本实现既定的工作目标。

3. 完善三个机制，更加全面地提升考核质效

一是完善绩效指标统筹机制，增强考核的科学性。按照国家税务总局关于绩效考核的思路，结合中长期绩效管理目标设置指标，以全面考核逐渐向重点考核推进。第一，考核指标宜精不宜多，抓关键，牵牛鼻子，以尽可能少的指标对重点工作、关键目标进行有效导向，避免眉毛胡子一把抓。第二，指标宜整合，避免分散交叉。实行重点工作重点考核，对各部门指标加强统筹整合，避免重复交叉。第三，指标设计应以定量指标为主，避免不公平操作。定性指标适宜反映综合工作状况，应少而精。第四，指标要有可比性，便于操作。加强对各部门考核指标的统筹，设立考核指标权重以区分重要程度，体现绩效考核对实际工作的导向性。二是完善考核评估机制，提高考核的公信力。考核能否有效推进，公信力是关键。要通过制定严密科学的考核程序，加强过程控制，保证考核客观公正，透明运作；利用专门开发的绩效考核系统软件，统筹各种业务系统、办公系统，实现平台化作业，有效利用信息化手段，对指标信息的形成、获取、监控和反馈进行有效反映和跟踪，降低人工考核的主观性并减轻统计的工作量，解决信息壁垒和数据孤岛的问题；建立完善沟通反馈长效机制，贯穿绩效考核的全过程，包括绩效目标制定、考核过程、结果反馈与申诉等，设立沟通申诉工作组，及时收集考核过程中遇到的情况和问题，并适时加以调整。三是完善激励约束机制，发挥考核的正效能。绩效考核具有弘扬先进、鞭策落后的双重作用，将考核结果与评优评先、奖惩机制、激励机制挂钩，探索建立奖优罚劣、奖勤罚懒的工作机制，优胜劣汰、任贤选能的用人机制。同时，针对考核中发现的行政不作为、乱作为、执法不力、影响全局工作整体推进等突出问题进行问责。

4. 促进三个融合，更加有效地培育绩效文化

一是促进绩效管理与组织文化的相辅相融。文化的力量在于潜移默化地影响人、感染人，健康的组织文化具有正能量，可以增强员工对组织的忠诚度和归属感。绩效考核也是行为规范和制度文化重要组成部分，在绩效考核工作中，要把税务绩效管理与组织文化有机结合起来，以税务绩效管理推进组织文化建设；以组织文化建设促进绩效考核的良性循环，通过文化浸润，实现行政效能持续提高。因此，税务部门在绩效管理的同时，要大力开展税务文化建设，形成以价值观念、职业道德、行为规范、管理制度为主要特色的税务绩效文化。二是促进目标导向与考核导向的趋同融合。目标是组织在一定时期内所要达到的预期成果。考核目标是上级组织关注的重点，而考核指标则是基层最关心的内容。考核目标既不能过低，也不能过高，必须符合客观实际，否则目标价值就不能向下传递并被广泛接受和认同，就会出现应付考核、行为短视的现象，预期成果就不可能实现。必须加强税务文化引导，促进目标导向与考核导向的融合，不断激发税务干部职工的使命感，使之成为组织目标的践行者和推动者。三是促进干部能力与心力的互动相融。税收工作绩效取决于干部职工具备的能力和投入的心力。能力是实现绩效的前提，而心力是实现绩效的保障，它包含着干部职工具备的专业态度、克服困难的意志力、信心力和心理状态。应以人为本，走出单纯注重行为约束的窠臼，注重内生动力的挖掘，通过绩效文化的培育和引导，增强干部职工工作责任感和使命感，促进干部个人能力的提高，从而进入“能力提高—绩效提高—得到激励—价值认同—心力提高—能力提高”螺旋上升的良性循环中，不断推动税收事业向更高层次发展。

第三章　税收现代化目标体系建设的国际借鉴

税收在国家的财政收入中的地位越来越重要，在西方社会尤其如此。自20世纪80年代后，世界各国都纷纷进行税制改革，其主要原因是20世纪后期西方发达国家的两次经济危机带来负面影响以及税制自身的弊端。发达国家税制改革后，呈现各自的优点和特点，但在税法、税制、服务、征管、信息、组织方面都有一些共同性，值得我国在建设税收现代化目标体系中借鉴。

本章主要以美国、德国、英国、法国、澳大利亚、瑞典等为参考对象，在论述发达国家在税收领域的经验和优势的基础上，指出了目前我国要实现税收现代化目标体系还存在的问题和不足，并提出了相应的对策。

第一节　税法：凸显权威性、刚性和操作性

按照新修订的《立法法》规定，“税种的设立、税率的确定和税收征收管理等税收基本制度”只能制定法律，税收立法权的最终“回归人大”，彰显税收法定原则的重要性，世界各国的税法建设也都体现这一原则，并有其突出的特点。

一、权威性

税法是税收现代化的基础，先进国家都有健全的税法体系。如美国实

行联邦、州和地方三级征税制度，纵向上三级政府各自行使属于本级政府的税收立法权和征收权，横向上税权在同级政府层面表现为税收立法权、税收执法权和税收司法权的制衡；税收法律对税收征管中征纳双方的权利和义务、征管程序、税务代理、违法处理和复议、起诉、仲裁等都有具体明确的规定，真正做到了有法可依。[①] 相对而言，中国税法体系还不够完善，一方面，单行税法多为行政法规或暂行条例，税收法律效力不高，现行 18 个税种中，只有企业所得税、个人所得税和车船税 3 个税种由全国人大立法；另一方面，一些单行税法与宪法等其他法律的衔接性较差，交叉重叠，互不配套，如宪法只笼统规定了公民有纳税义务，但对税收法律原则等重大问题没有表述，造成法律间的相互脱节。为此，要尽快完善税收法律，根据《贯彻落实税收法定原则的实施意见》，在 2020 年之前完成税收相关立法工作。研究制定税收基本法，既要明确中国税收立法总体精神、税收制度、税种设置、税收征纳关系、税收处罚、协税护税责任等内容，又要界定国家税收体系及中央与地方税收体系、中央与地方的税收管理权、税务机关与有关部门的职责关系、税务机构的设置与管理等，提高立法层次，增强税收法律的权威性和实用性。要在完善现有税法的基础上，将各单行税收法规上升为法律，并相应赋予省级人大必要的地方税收立法权，以协调中央与地方的利益，明确地方政府的主体税种。

二、刚性

税收作为政府筹集财政收入的一种规范形式，天然地具有强制性的特征。税收既不是由纳税主体按照个人意志自愿缴纳，也不是按照征税主体随意征收，而是依据法律进行征税。同时，各国为确保纳税遵从，严厉打击偷税行为，制定了一些配套制度和措施。在加拿大，如果税务通知得不到纳税人的回应，税务机关可通知银行冻结其账户，直至纳税人到税务机关回应；欠税未缴的情况下，税务机关可以查封个人动产、不动产，并直接拍卖抵缴税款，无须经过法院；对欠税人的债权，税务机关可以代位执行，直接从债务人的账户上划转入政府的金库；作为投资人的股东，对税收负有无限责任，无论注册的是有限公司还是无限公

① 克冰. 美国税收战略管理启示［D］. 西南财经大学，2013.

司，只要注册的公司欠税未缴，就可能追究到投资人股东身上。在英国，通过金融法案赋予税务机关几乎与警察一样的涉税刑事侦查权：搜查权，税务机关可向法院申请搜查令，收集相关涉税犯罪信息；拘捕权，当纳税人承认或有极大犯罪可能时，税务机关可行使此权力；监视管制权，经申请批准，税务机关有对嫌疑人的活动实施监视、观察和窃听等权力。

目前，我国税收执法权没有搜查权等权力，在办案过程中，纳税人往往以不配合、不提供涉税资料等“软对抗”的方式来阻碍稽查执法，使取证难成为困扰稽查办案工作的最大难题；同时，也由于稽查执法的刚性不足，税法对不法分子的震慑作用尚未得到充分的发挥，有必要借鉴英国的成功经验，赋予税务打击涉税违法行为必要的权力，提高案件的查处效率，提高税法在纳税人心目中的权威。

同样，税收收入是依税法规定经过科学预测的，不受财政收入增长比例排名影响。如澳大利亚根据经济税源测算当年税收收入，政府不下达收入任务。联邦税务局收入分析部负责对联邦税收收入进行分析预测；国库部负责对经济进行预测，同时对税收收入进行预测；国库部与联邦税务局建立联席会议制度，对税收预测结果进行讨论，如果双方出入较大，通过对各自的数据、预测、判断等进行讨论，消除彼此差异后，作为国库部编制、调整财政预算的依据；预测分析部门要将此数据告知税收征收机构，作为税款征收的参照依据，也为确定稽查选案标准提供重要参照。因此，我国在进一步深化税收征管改革过程中，应当坚持税收法定主义思想，尽快取消收入计划，用法制的思维看待税收征管中的“超收”和“欠收”现象。

三、可操作性

税收的法定性要强调课税要素的明确性，避免埋下执法风险隐患。如德国税收基本法详尽规定了税收行政执法的职权和程序，还移植了民法、民事诉讼、行政法、行政诉讼法、刑法等相关法律，是操作性极强的综合性税收法典，是德国税收法律体系得以健康运转的基本制度。[①] 基于我国税收立法现状，税收立法应强化规则，约束行政解释权和行政裁量权的行使。

---

① 高弘跃．德国税收法律制度的考察与借鉴［J］．现代交际，2014（8）．

对于征收对象、征收方式、税率、税负、征收程序和检查程序等课税要素，都应当有全面、具体、详尽和严格规定，使征纳双方在税款征收和申报缴纳税款过程中有关课税要素的问题都能够找到相对准确的答案，避免税务机关过度行使行政解释权和行政裁量权，减少征纳双方的纳税争议，使得征纳双方对税法都应有一致的理解和相同的适用。

第二节　税制：优化结构、导向公平

分税制的执行，能促进地方机构积极挖掘国有经济收益率的潜力，更灵活地执行税收政策；而倡导公平的纳税理念，才能让纳税人真正更加自觉地提高纳税遵从度。

一、清晰的分税制

中央（联邦）与地方的税种严格划分，分税制为保证地区发展的自筹资金创造了条件，在保持预算平衡的原则条件下，促进了地方机构积极挖掘、提高国有经济收益率的潜力以及更灵活地执行税收政策。西方不论是联邦制，还是单一制国家，大都实行分税制。比如，法国严格划分中央税和地方税，中央税列入中央预算，地方税则列入地方预算。列入中央预算的税收总额中，95%以上来自增值税、自然人所得税、公司税和消费税；在地方自治机构的各种资金来源中占主要地位的是地方税，占地方预算收入的40%左右，地方自治机构有权自行确定所有地方税的税率，以及决定对某些具体纳税人的税收减免。[①] 而且，税制发展逐步走向事权与税种收入相结合。如加拿大从法律上看，只有联邦政府有绝对的征税权，但为保证省级政府事权与财权的统一，逐步授权各省、市政府在各自区域内特定税种的征税权，但省市必须在联邦授权的范围及幅度内征税，法律上各省市都没有开征税收的立法权。除联邦税务外，各

① 国家税务总局税收科研所．国外税收考察报告集（2010—2011 年）［M］．北京：经济科学出版社，2013.

省市取得的地方税或共享税，都有既定的用途，有的税收甚至是量出为入，适时调整税率，如房地税及地方教育税收，不因土地与房产的评估增值而增加国民的税收，而是适当降低税率保持在前一期税负水平。

在我国，首先要尽快完善分税制财政管理体系，结合目前的“营改增”工作，合理确定不同的税种入库比例，逐步建立与经济发展相适应的中央与地方的税收分享比例，增强税收调节经济的透明度；其次，切实增强税收管理体制的刚性，要根据设置国税、地税两套税收征管部门的现状，合理划分征管范围，为充分发挥税收的职能作用铺好基石。考虑到地税部门税收问题，对主要的地方规费特别是具有税收性质的规费可以从法的角度上固定下来，由地税部门征收和管理，为下一步强化管理打好基础。

二、注重公平导向

国家税收与社会福利互为基础、相互保证，联系度越高，越能体现社会的公平与进步。瑞典充分发挥了税收在民生保障方面的作用，尽管它的高福利是通过高税收达到的，也带来一些社会经济问题，但人们普遍意识到，高税收总体上是“拿富人的钱补贴穷人”，反对党的竞选宣传口号也喊出“保证不减税”，因为减税主要是富人得好处。有了充足的税收收入，经济社会持续健康发展，国家可以提供优质的公共服务和社会福利，解决公民“从摇篮到坟墓”的一整套生活保障问题，所以大部分人并不认为高税收是一件痛苦的事。同样，加拿大政府的税收宣传比较到位，他让国民普遍认为：纳税是用金钱完成政府资助的项目与服务，给那些需要帮助的人。围绕着让国民能够具体感受的目的，他们也不断调整他们的税收收入政策与支出政策，如加入美国的北美防备协定，任美国军机本国领空任意飞行，以缩减军费用于民生。财政支出中政府行政经费仅占15%左右，其余基本用于教育、卫生、国民健康、市政建设等民生之上。税务机关还负责政府的民生支出，如：联邦失业保险（EI）、联邦社会福利金、联邦老人退休金、牛奶金、怀孕补助、托儿费等。个人缴交的社会保障税（费）也在申报缴税时缴交，并成为个人所得税的扣除项目，如联邦强制性退休储蓄金计划（CPP）、注册退休储蓄计划，非强制性（RRSP）或魁省退休储蓄金计划（QPP）。通过税收申报让广大民众感受到政府对个人的保障与保护。①

“取之于民，用之于民”，是税收发展的普遍特征，是政府与纳税人权利义务的平衡。只有让纳税人切身感受到缴税“花钱”真正购买到了优质的公共服务和社会保障，才能让纳税人更加自觉地提高纳税遵从度。我国的税制建设要更加注重公平导向，加强税收对收入分配的调节作用，保证纳税人能有效地监督政府使用税款，提供公共产品的效率与质量。

三、以直接税为主

自2008年国际金融危机以来，世界经济发展复杂多变，各国税收政策调整频繁，但从主体税种的收入结构看仍基本稳定。参与经济合作与发展组织（OECD）的国家，经济较发达的，所得税、社会保障税、财产税为代表的直接税比重高，平均在65%左右。拉美国家经济发展相对落后，直接税比重普遍偏低于50%。OECD成员内，各国经济发展水平不同，各国税制差异也比较明显。智利和墨西哥所得税类的比重在上升，货物和劳务税比重在下降；瑞典和墨西哥社会保障税在下降；美国所得税类和财产税类所占比重比较高。

相对而言，经济发展水平高的国家，直接税比重大。根据我国和其他国家社会、经济和税收发展的规律，随着我国社会管理水平、经济发展水平和税收管理水平的提高，应当继续合理调整直接税与间接税的比例，逐步加大前者在税收总额中所占的比重，降低后者比重。

第三节　服务：征纳平等、高效便捷

近年来，发达国家都在逐步摒弃传统的高压强制策略，从不同法律层面对纳税人权利进行规定，并通过实施一系列保障措施，使纳税服务落到实处。

---

① 国家税务总局税收科研所．国外税收考察报告集（2010—2011年）［M］．北京：经济科学出版社，2013.

一、建立相应的法律法规保障纳税人权益

OECD 调查的 52 个国家（地区）中，除阿根廷外，其他 51 个国家（地区）均已采取法律法规或管理性文件的形式正式明确了纳税人的权利。其中，37 个国家（地区）既有法律性规定又有管理性规定，9 个国家（地区）采取法律性规定，5 个国家（地区）采取管理性规定（见表 3-1）。如加拿大的《纳税人权利宣言》，确定了诚实推定权、自我披露制度等，给予纳税人更多信任和公平待遇；西班牙的《纳税人权利法》，以法律的形式对纳税人享有的权益、知情权、隐私权、复议和上诉权等进行了规定。①

表 3-1　　OECD 部分成员国的纳税人权利的法律形式

国家/地区	以法律法规明确	以管理性文件明确	国家/地区	以法律法规明确	以管理性文件明确
澳大利亚	√	√	美国	√	√
奥地利	√	√	日本	√	×
比利时	√	√	韩国	√	√
加拿大	√	√	卢森堡	√	√
智利	√	√	墨西哥	√	√
捷克	√	×	荷兰	√	√
丹麦	√	√	新西兰	√	√
爱沙尼亚	√	×	挪威	√	√
芬兰	√	√	波兰	√	×
法国	√	√	葡萄牙	√	√
德国	√	×	斯洛伐克	√	×
希腊	√	√	斯洛文尼亚	√	√
匈牙利	√	√	西班牙	√	√
冰岛	√	×	瑞典	√	√
爱尔兰	√	√	瑞士	√	×
以色列	√	√	土耳其	×	√
意大利	√	√	英国	√	√

① 国家税务总局税收科研所．国外税收考察报告集（2007—2009 年）［M］．北京：中国税务出版社，2011.

我国虽然参照国际上做法，于2009年向社会发布了《纳税人权利与义务公告》，第一次系统地公告了纳税人享有的权利和应履行的义务，在维护纳税人权益方面取得了进步；但与发达国家相比，内容比较简单，多为公示性的宣告，缺少纳税人权利的实现途径和侵害纳税人权利的法律责任，在操作性上还有欠缺。随着纳税人维权意识的不断增强，《纳税人权利与义务公告》也应相应进行更新，丰富其内容和可操作性，健全纳税人对税收政策异议的处理机制，主动防范税务机关对纳税人可能造成的风险，积极运用和解、调解手段，预防和化解税收争议。

二、纳税服务便捷高效

各国纳税服务方式丰富多样，其中两个特点较为突出。首先，信息化服务是潮流。电子化纳税服务几乎涵盖所有的税收业务，有效为纳税人提供快捷、方便、自助式服务。如丹麦纳税人无须填报“税单”，更不需要实地到税务局办理涉税事项，税款由雇主在支付收入时代缴，“税单”在税务机关自动生成并交给纳税人，80%以上的纳税人接到的“税单”客观准确，纳税人只需在网上或用手机短信确认即可，无须另做其他事情。[①] 其次，税务代理机制较成熟。社区服务机构、纳税人协会等组织比较发达，如英国城市的税收服务办公室遍布各大社区，除为大公司服务的各类律师事务所、会计师事务所外，还有其他丰富多样的各类税收服务组织，如专门为老年人服务的涉税服务机构，分工比较明细。加拿大也推行税务代理制和提供税务援助，将学生、原税务职员、金融人士、退休会计师等志愿者组织起来进行正式培训后，在税务申报高峰期到各个社区，为需要税务帮助的纳税人提供免费的税务援助。

目前，我国税务机关在纳税服务理念上也有较大的提升，打造了网上申报系统、12366纳税服务热线、短信服务系统等。但相对于先进国家，我国的纳税服务现代化发展的较晚，要加快实现网络申报和缴税的全覆盖，使纳税人能更加全面有效地享受税收优惠政策；要培育成熟的税务代理机制，消除鉴证混乱且信用度较差的现象，促进税务代理服务业的健康发展。

---

① 张爱球，杨安静. 澳大利亚税收管理及其比较研究 [J]. 金陵法律评论，2010 (1).

三、专职或相对独立的纳税服务机构

一部分国家（地区）在税务部门内部设有较为专职的纳税服务机构。芬兰在税务局中设立联合服务部（Joint Service Unit），负责税务局业务渠道及其服务、语言服务、税收风险管理流程、发展计划协调、质量控制和国际合作。荷兰税务局设有税收热线（Tax Line），个人和企业可以通过它向税务局咨询纳税申报、国民保险缴款和收款、关税、机动车税的问题。新加坡税务局在个人税务部下设纳税人服务处（Taxpayer Services Division）。

另一部分国家（地区）设立了相对独立的纳税服务机构。这些机构有的主要负责处理纳税人对税务局的投诉，如加拿大的税务巡视专员（Taxpayers Ombudsman），基本职责是确保加拿大税务局遵守纳税人权利法案规定的纳税人服务权利，并特别关注：对关于加拿大税务局纳税服务方面的投诉进行公正、独立的检查；协助纳税人获得税务局的帮助；识别和审查税务局内部存在的不利于纳税人的系统性纳税服务问题；向税务局长提供服务改进建议。英国在 1993 年建立裁判办公室（Adjudicator's Office），负责调查和协助处理纳税人的投诉。

建立提供广泛纳税服务的独立机构是另一些国家（地区）的做法，典型的是美国。美国的纳税人权益保护委员会（Taxpayer Advocate Service，TAS）建立于 1996 年，取代之前的纳税人巡查官制度。TAS 是美国国内收入局内部的独立机构，帮助经济上有困难的纳税人，协助解决通过正常渠道没有得到解决的税收问题以及改进国内收入局的纳税服务。

第四节　征管：重点监控、资金流管税

当代，先进的税收征管能力，一般集中体现在对重点税源的有效监控，对新兴电子商务的税收管理，以及“以资金流管税”的管征模式。

一、有效监控重点税源

在控制纳税基本面的基础上，发达国家一般对重点税源都会进行强有力的监控，根据帕累托最优原则，充分利用有限的人力、物力、财力，优化资源配置，对产生大部分税收的企业进行重点分析和管理。比如，澳大利亚联邦税务局（ATO）是最早实施大企业专业化管理的国家，税源按照大小分三类，实行不同的监控办法。第一类是对大企业的监控。税务局对重点税源企业成立专门的机构进行管理，不但监控其国内收入部分，还监控其海外收入部分；不但重视每一笔的交易情况，更重视其在全球的资金和贸易安排情况，一旦发现有偷逃税或避税现象，就会采取严厉的措施。第二类是对中小企业的监控，主要方法有走访企业、查访账务账册等。第三类是基本监控。[①]

因此，要加强大企业管理，完善机构人员设置，成立大企业税务分局，突破行政层级和属地化管理的局限，有效配置征管资源，做到机构、职责明确，人员数量、结构合理，能够真正与所承担的工作任务相适应；在大企业管理局中建立专家小组会审制度，聘请各方面专业人员组成专家顾问组，研究各个领域的专业问题，提供专业的咨询和指导，加强风险管理；加大自查与针对性检查强度，要定期对风险管理进行考核，关注企业战略规划、重大经营决策、重大经营活动等重大事项调整，定期对风险管理进行考核，全程跟踪监控税务风险，建立健全防范税务风险控制机制。

二、妥善解决电子商务税收征管

据商务部统计，2014 年我国电子商务交易额达到约 13 万亿元，同比增长 25%，占全国 GDP 总量的 21%，占社会消费品零售总额约 50%。但电子商务的迅猛发展，对税收征管提出了挑战，主要表现在：电子商务的无纸化、虚拟化交易使收入来源地的确认标准不再适用；使得商品、劳务和特许权难以区分；电子货币支付增加了税务稽查的难度；等等。西方各国除美国主张电子商务免税外，其余基本都研究制定了具体的监

① 张爱球，杨安静．澳大利亚税收管理及其比较研究［J］．金陵法律评论，2010（1）．

控措施和管理措施，部分国家提出了建立以监管支付体系为主的电子商务税收管征模式，如德国联邦财政部设计了通过金融部门资金流动来征收商品税的方案，在信用卡支付体系中，由颁发信用卡的银行负责从所收佣金中扣缴税收；在客户账户支付体系中，由客户在直接划款给售货方的同时扣缴税款；在电子货币支付体系中，由银行负责转账，并在发行或兑现电子货币时扣缴税款。① 同时，为了应对电子商务的超国界性，法、德等欧盟国家都在积极合作，共同谋求全球电子商务管理机制的建立。

我国应在借鉴国外先进经验的基础上，结合我国的实际情况，加强网上贸易的税收对策，尽早立法规范电子商务交易规则，使税收征管有法可依；加强对网络服务商的管理，研究利用电子商务支持体系和缴税款的办法；根据电子商务特点，实现增值税的转型，扩大增值税税目，简化税率和调整课征环节，加强对所得税的税收征管，扩大所得税收入比重；加强国际的合作与交流，防止企业利用国际互联网贸易进行避税。

三、建立从“以票管税”转变为“以资金流管税”的模式

我国试行的是发票管税，虽发票防伪不断完善，国家税务总局进行了联网“金税三期”工程建设，采取了制币厂制作发票，计算机防伪税控开具发票，但针对增值税发票与普通发票的犯罪依然严重，部分地方还比较猖獗，包括手机短信、传真、小广告名片，等等，到处有提供假发票的服务，严重侵蚀了我国的税基。而先进国家都以“资金流管税”，如加拿大就公司与个人的银行账户来说，只要是钱转入，除非申报时说明是借款或往来等原因，否则税务机关就当成纳税人的收入课以税收，若要申辩，纳税人必须负举证责任。美国税收监控的重点也是资金流向，刷卡消费已成为习惯，规定在银行存入一定数额以上的现金必须提供现金来源合法证明，国内收入局装有“货币—银行—企业”的检查系统，它的数据库里储存着来自银行、企业和货币使用者的流动信息，每当有

① 张慰．公平视野下的德国简化税法改革方案——基于保罗·基尔希霍夫教授税法正义理论的公法学思考［J］．西南政法大学学报，2014（1）．

数额 1 万美元以上的现金交易时，税务局就能及时发现[①]。

“以票管税”的弊端已经相当凸显，如有票没有付款、有票没有货物与劳务、有票没有对应的物流与出口，这些问题的调查造成了中国税务机关大量人员资源的浪费。而“以资金流管税”后，这类问题显得如此简单，只有资金入账，就是收入，就要缴纳税款；大额现金交易视为违法，大额消费必须登记个人或单位信息入税务机关。因此，我国必须由“以票管税”逐步走向“以资金流管税”，从源头上杜绝偷逃税可能。

第五节　信息：综合治税，形成内促耦合机制

实现税收现代化、信息化，需要各级政府的大力重视，要形成全社会的监督力量，促进纳税遵从行为，形成一个良性的内促耦合机制。

一、社会各部门通力协作

我国税务人员的绝对数远远超过许多国家，但税收工作力度和深度却相差较大，主要是我国的综合治税体系没形成。在发达国家，税收是政府、税务主管、司法及社会各部门参与的综合治税体系。美国的税法明确规定，各社会职能部门必须与税务部门采取一致行动，以确保税收征收管理更加有力有效，如负有纳税义务的公民离开关境前必须缴清税款，否则海关不许放其离境；金融机构每年 3 月底、4 月初都要为客户开列清单，按纳税人的报税序列号列出年收入明细表，分别邮递和网络传递给纳税人、税务部门，以便监控等。[②] 德国的信用体系设计，其信用来源于多个社会部类，如纳税记录、犯罪记录等，信用记录的好坏直接影响法人或个人的社会经济活动。国外经验告诉我们，现代化的管理是与集中统一的资源配置紧密相连的，政府要在社会各部门之间逐步建立税

① 隋焕新．澳大利亚税收征管制度及信息化建设的启示与借鉴［J］．税收经济研究，2014（1）．

② 李云．美国税收信用分析和借鉴［J］．宏观经济管理，2009（11）．

务工作协作机制，让人力资源、信息资源和经济资源根据需要合理有序流动。

二、健全的信息获取机制

涉税信息是法律规定的由纳税人和其他社会主体保存、报送、提供，或由税务机关依法采集的应用于税收管理的各种数据、资料、文件等。OECD 国家建立了比较系统的关于第三方信息收集的法律体系、技术处理手段和基础设施。

1. 涉税信息管理法律规则完善。美国、澳大利亚、法国、德国、日本、韩国等国税收管理法律除了对纳税人信息报送义务有详细规定外，对其他主体也制定了严格的涉税信息报送义务规则。韩国的《课税资料的提交及管理法》用附表的形式规定 68 个机关、部门、团体等机构分别应向税务机关提交第三方信息的资料名称、受理资料的机关和固定的提交时间。① 美国《国内收入法》“信息与纳税申报”章节中，共用 65 个条款6.2 万字详细规定了包括任何政府单位及其机构或部门在内的几乎所有主体应向财政部（税务部门）报送“关于遵守特殊规定的主体的信息”“与其他人交易信息”“获薪雇员的相关信息”等五大类源头信息的申报程序和内容。同时，各国都有规定不申报这些信息将承担的民事责任和刑事责任。②

2. 具有涉税信息访问权。大多数先进国家的税务部门本着获得确认或建立纳税义务信息的目的，有进入纳税人营业场所和住宅的权力。一些国家甚至不需要有搜查令，在英国，无须搜查令就可以检查所得税和公司税；在德国也不需要搜查令；在荷兰只要在正常工作时间，就会被允许在没有搜查令情况下进行检查。当然，超过一半 OECD 的税务部门需要搜查令以取得纳税人材料，但这些国家税务部门自身可以提供搜查令而无须其他政府机构的帮助。

3. 强大的信息技术支持。建立了覆盖全国的、完善的情报管理信息系统，对来自社会各界涉税情报集中归集，运用数据模型高效分析，对

① 解学智，张志勇．世界税制现状与趋势（2014）［M］．北京：中国税务出版社，2014.
② 陈日生．美国税务管理特点及启示［J］．涉外税务，2012（10）．

纳税人风险等级进行排序等。如美国税务管理信息系统与银行、海关等部门实行联网，可以随时调阅所需资料，利用庞大的信息系统，对公司、个人等纳税情况进行评估和审计。

三、拓展税号使用范围

税务登记号码的使用可以提高广大纳税人对税收的重视，也有利于税收管理的效率。大部分先进国家，每人都有唯一的纳税号，一旦某个人有了违法或者不守信用的记录，将对今后的社会活动和行为产生严重的影响。如丹麦，每个婴儿出生 10 分钟之内即被分配到税号，并由医院传送到税务机关进行信息登记；税号是个人纳税、享受社会保障和公共福利的基础，几乎所有公共部门包括医院、学校、金融、保险部门甚至图书馆都使用此号。但在我国绝大部分纳税人的识别号与公民个人身份无直接的关联关系，甚至一些缴纳了个人所得税的纳税人都没有获取属于自己的税务号码，成为被动的纳税者，与社会福利的直接联系更无从谈起，这种情况不利于推动全民依法纳税意识的进一步提高。要借鉴先进国家做法，结合本国实际，赋予每一个纳税人属于自己的税号，并将纳税人税号应用拓展到银行信用、社保缴发、医疗补助等相关领域。

第六节　组织：扁平化、专业化

扁平化的机构设置，廉洁高效的运作机制，专业化的人才队伍，是先进国家在税收组织体系方面的共性。

一、扁平化的机构设置

目前，我国税务系统的机构设置为国家税务总局、省局、市局、县局和分局（所）5 个层级。其中，4 个层级以行政管理和业务管理职能为主，除稽查局外，很少直接从事税源管理，税收征管重任压在了最基层的分局。国家税务总局、省局、市局三级管理层在机构职能配置上，以多种标准划分，既有按税种设置的，也有按功能设置的，还有按行业规模设置的，造成职能界定不清、横向部门间职能交叉、纵向层级间工作重复、管理效率较低。而美国国内收入局实行扁平化的税收管理模式，主要业务司局与特定的纳税人直接对应，工作职责与纳税服务、税收检查直接相关，现有雇员10余万人；韩国国税系统由国税厅、6个地方国税厅（首尔、中部、大田、光州、大邱、釜山）和107个税务署共3个层级组成。因此，有必要对现行的机构职责进行适当整合和调整，精简机构，集约化配备人力，各层级主要职责实现实体化运作，特别是市、县两级要围绕税源管理提高实体化程度，上一层级开展的工作事项，下一级不再重复，从行政管理为主的职能体制，向直接承担税收风险分析和应对工作转变。

二、“培训+考核”促进税务专业化队伍形成

税收工作的专业化管理必须依靠专业化人才，许多国家都注重专业培养，保持税收人员队伍的专业化水平。如法国13万税务公务员的培训分基础教育培训和继续教育培训两大类，由国家公共财政学院等学校组成的公共财政教育集团完成，这个教育集团由财政部直接领导，由16所财政税务培训院校组成；除国家公共财政学院外，其余15所院校师资来自税务部门，为公务员身份，必须具有A级公务员资格，与税务机关是开放流动的，教师干满6年后可以选择回到税务实际工作岗位。培训、考试与晋级挂钩，相互作用，促进税务人员素质的提高，通过考试发现知识和技能缺陷，进行有针对性的培训，培训结束时，再以考试来检验培训结果；培训结果和考试成绩成为个人晋升标准之一。英国税务局的组织愿景之一是“被认为是一个专业和高效的组织”，大企业服务局现有的员工，集中了会计师、审计师、贸易顾问、反避税顾问、IT技术专家等一批专业人才，对各类人员的最低培训时间也有明确规定。目前，我国应当根据税源分类管理、机构职能重组、管理层级提升等税源专业化管理的实际，大规模开展分类培训，在实践中培养和提高税务人员的岗位技能。

三、加强税务队伍廉洁自律建设

先进国家的税务部门一般机构构成简便，廉政建设方面，也较少有

专职的工作部门，反腐倡廉工作很多由兼职人员来完成，平时各自有自己的其他专业工作，但对廉政、审计、内部控制工作有认真负责的态度、有强烈的责任心，精通相关的工作和业务，取得的效果都不错。如荷兰税务机关没有专门负责廉政建设的部门，在税务海关管理总署，在管理团队（类似于领导班子）中设立了首席人力资源管理及廉洁遵从官，协助署长负责人力资源管理和廉政建设；在各个基层税务团队中有人兼职协助署长负责廉政建设；在基层税务局内部，安排道德品行优秀、工作经验丰富、熟悉法律事务的资深税务官员兼职担任廉洁诚信顾问（又译成廉洁诚信辅导员）负责廉政教育培训、内部违纪调查、相关事项咨询等方面的工作。荷兰税务海关税务管理总署下设专门从事涉税违反犯罪的调查机构“财政信息调查局”，负责涉及国家财政、税收、海关有关业务的违法犯罪调查，以及税务局、海关一般公务员犯罪案件调查。

借鉴先进国家的做法，我国税务队伍的廉政建设要加强审计检查，要通过应用信息管理系统，按照工作流程操作，每一项工作的各个环节间实现内部控制，安排审计人员定期开展内部控制检查，通过检查分析和评估整个组织内部各项工作、各个环节的内部控制工作是否顺利运行，管理风险是否得到有效防范。同时，要保证内审机构的独立性，使内审机构不受任何组织或个人的影响和干扰，从而保证审计结果的客观、公正以及受到足够的重视，让廉洁勤政的干部得到组织的认可和应得的激励，让不廉洁的干部受到惩戒、查处。

第四章 税收现代化目标体系建设的路径选择

第一节 税收现代化目标体系建设的内外环境分析

想要深入推进税收现代化建设，如期实现各阶段现代化目标任务，必须加强调研分析，认清面临的形势与挑战，坚持以问题为导向，以实施战略体系化为方向，明确实施方法路径，统筹兼顾，稳步推进，在税收现代化实践中不断取得进步。

一、税收现代化目标体系建设的现实意义

党的十八届三中全会首次将财税改革与国际治理紧密相连，从提高国家治理体系和治理能力现代化水平的高度部署税制改革任务，凸显了税收在国家治理体系和治理能力现代化中的重要地位。在这一背景下，开展税收现代化目标体系建设，具有特殊重要的意义。

1. 推进国家治理现代化的客观要求

税收是治国理政的重要手段，发展经济、改善民生、履行政府公共管理职能、推进全面深化改革，都对充分发挥税收职能作用提出了更高要求。税收现代化的水平，直接反映并影响国家治理体系和治理能力现代化。开展税收现代化目标体系建设，扎实推进税收现代化进程，才能更好地发挥税收筹集财政收入、调节分配、促进结构优化的职能作用，促进实现国家治理体系与治理能力的现代化。

2. 促进税收事业科学发展的现实要求

当前税收工作对象、手段、主体深刻变化，纳税人呈现组织结构国际化、经营管理跨区域化、核算方式信息化的特点，对税收征管专业化要求和纳税服务多元化的需求不断加大，税务干部思想活动的独立性、差异性明显增强，税务机关的工作理念、管理与服务的方式手段、机构设置和人力资源配置面临新的挑战，税收改革发展的任务愈益繁重。以目标体系建设为抓手，开展税收现代化建设，有助于进一步增强税收事业科学发展的使命感、责任感，增强工作的主动性、自觉性，激发各级税务机关超越现状、创新发展，全面、有效应对新形势、解决新问题、满足新需求。

3. 保障税收管理有序开展的理性要求

目标体系的建设过程，就是确立发展方向、明确发展举措的过程，就是细化责任分解、落实发展任务的过程。运用目标管理管理模式，分层级、分阶段、分项目明确税收现代化发展任务，是实现现代化建设总体目标的保障，更是有序开展税收管理，稳步、扎实推进税收工作的保障。

二、税收现代化目标体系建设的现实困境

因为税收现代化目标体系建设才刚刚开始研究，须从正视问题切入，明确目标和路径，以问题倒逼为导向，以体系建构为方向，从而构成税收现代化的实践转向。

（一）中外税收现代化的环境条件差异

在总结各国经验的基础上，国际货币基金组织（IMF）提出现代化税收的7个特征[①]：一是实施恰当、简单、透明的法律法规；二是实施简单即时的程序；三是组织结构的合理化；四是促进对规则的自愿遵从；五是全面满足纳税人需求；六是有效利用自动化；七是激励高素质的员工。这些特征是对西方国家前一段时期实践的概括，尽管可能并不准确、完整，还需丰富、充实，但代表了税收现代化的发展趋势，是税收现代化

① 湖北省荆州市税务学会课题组．国外税收征管模式比较与借鉴［J］．税收研究资料，2012（7）．

的衡量标准，也是包括中国在内的各国税收征管改革的方向、税收现代化建设的主体内容。西方发达国家的税收管理，代表了税收现代化的发展趋势，值得我国学习借鉴，但要考虑我国的国情、税情，包括政治、经济、文化、公民素质等方面存在的差异，有所选择地借鉴或分步实施西方的先进经验。

1. 外部要素存在的差异

（1）税收立法方面：大多发达国家实行严格的分税制，税收立法体系严密、结构完整。如美国、加拿大税收管理体制都分为联邦、州及地方政府三级，各自行使属于本级政府的税收立法权和征收权。德国宪法对税收的立法、征管等权限在联邦和地方之间的划分作了明确规定。德国税收基本法详尽规定了税收行政执法的职权和程序，还移植了民法、民事诉讼、行政法、行政诉讼法、刑法等相关法律，是操作性极强的综合性税收法典。而我国尚未建成完备的税收法律体系，缺少一部税收基本法，税收立法层级也不高。

（2）税收司法方面：很多发达国家都设立了独立的税收司法组织，如荷兰、加拿大、德国等国都设立了税务警察机构，专门负责税务案件的侦查；德国、美国、日本等国也都设立了独立的税务法院，专门负责税务案件的审判。综合国外的独立税收司法组织制度的经验，其不仅加强了税务部门的专业性复杂性工作的指导，还为税收司法独立、中立、公正、效率提供了必要性保障。目前，我国还没有设立独立的税收司法组织，税法解释权基本被税务机关垄断，使税务机关在行政诉讼中处于有利地位，纳税人的权利维护难有保障。

（3）机构设置方面：发达国家围绕纳税人类型和遵从风险下设执行部门，机构扁平化特征明显。多数发达国家基本以经济区域或者专业分工而非行政区域来设置税务部门的组织机构，这种没有层级关系的机构设置体现出明显的扁平化、专业化特点，不仅有利于纳税人减轻负担、降低成本，而且为税务部门明确分工、各司其职和各负其责创造了条件。税务部门内部机构之间职责设置同样进行科学分解、合理分工，划清职责边界，并互相监督制约，减少职责交叉和政出多门，较好地保证了进户检查执法的规范性和公正性，减少了进户检查执法的随意性和重复性。比如，荷兰税务部门将内部控制理论融入机构设置和实际工作的每个业务环节，严格规定了相关检查执法部门的工作职责和工作范围。韩国实行扁平化的机构设置、专业化的税源管理，上下层级和内部部门之间有着明确的专业分工，各自在职责范围内协作、运转，对需要和纳税人接触的涉税调查、评估和稽查分别由各类调查局负责，调查对象和业务流程非常明确，努力保证调查质量，尽可能少地打扰纳税人。目前，我国则在分税制财税体制下，为解决中央与地方政府在财力和管理权限方面的矛盾，把税收分为中央税和地方税，税收管理和征收分别由国税局和地税局两个机构来实施。机构分设加剧了征管矛盾，增加了征纳成本。

（4）社会信用方面：发达国家由于经济运行的充分市场化，使信用制度也达到了高度的完善化。大多数发达国家有普遍的信用意识和良好的信用基础，法治信用观念深入人心，完善的税收信用体系促进了纳税遵从度的提升。如美国个人都非常重视个人的信用记录，希望保持良好的信誉记录。所以，在美国，偷逃税不仅违法，同时也被大多数人认为是不道德的不良行为。由于信用问题会给生活带来种种不便，使个人行为也就不得不规范起来。而我国纳税人的税收信用观念普遍不强，缺乏纳税信用奖惩机制，全社会的税收信用环境建设还有很长的路要走。

（5）护税协税方面：发达国家综合治税体系较为发达。综合治税体系的基础是先进的信息技术和各类税收保障制度。发达国家大都既建立了包括自然人在内的纳税人信息库、广泛的扣缴征收制度，同时，也建立了第三方信息报告制度、政府部门之间的信息共享制度，多方参与帮助破解信息不对称的问题。涉税信息是整个社会信息体系的重要组成部分，税收是政府、税务主管、司法及社会各部门参与的综合治税体系。美国法律规定，所有的政府、企业、军队、其他组织等机构和人员均须履行申报信息的义务。目前，我国税收法律中并未规定全社会的申报涉税信息的义务，护税协税网络建设亟须完善。

2. 内部要素存在的差异

（1）征管模式方面：发达国家的税收管理模式，是一种以纳税人自主申报纳税为前提，以高度信息化为支撑，以税务审计为核心的较为成熟的管理模式。发达国家的税源监控较为有效，如对纳税人实行税号制度，税号一经确定，终身不变，纳税人就业、到银行存款、领取失业救济金以及进行投资等活动时，都必须提供税号；复杂监控是对重点税源成立专门的机构进行管理。一旦发现有偷逃税或避税现象，就会采取严厉的措施。而我国由于国情复杂，征管模式各地并不相同，总体处于根据经济发展状况不断完善的状态。

（2）税收执法方面：发达国家的税收执法部门职能包括选案、审计、征收、受理举报和涉税犯罪调查。其税收执法重在减少税收违法，强调刚性和威慑，对偷逃税行为进行重罚。在加拿大税务局，风险评估和风险管理是首要工作任务，从组织层面采取风险管理的方法，成立专门的首席风险管理官一职，级别相当于加拿大税务局副局长，整体检查 14 个风险，其中 4 个是业务风险，如地下经济、故意不遵从（骗税、不申报、不登记）、恶意税收筹划、支付不遵从，其余是操作风险，如员工道德操守、信息保护、人力资源能力与素质等。我国则强调执法与服务并重，执法的刚性有所削弱。

（3）纳税服务方面：发达国家致力于了解纳税人的需求，提高办税效率，加强纳税指导，强化中介服务，为纳税人提供便利，保障纳税人的权益。如澳大利亚充分发挥社会中介组织在税务管理中的积极作用。对税务代理业进行集中统一管理，税务代理的证照由联邦政府统一制发，集中管理。各州都设有一个税务代理委员会，负责对税务代理进行资格认定和注册管理。我国在纳税服务方面起步较晚，虽然网上报税、税法宣传、权益保护等方面发展迅猛，但缺乏完全独立的税务中介机构，中介服务质量参差不齐。

（4）信息化建设方面：多数发达国家建立了便捷、丰富和及时的第三方涉税信息获取渠道，对解决征纳双方信息不对称问题，提高税收征管水平发挥了重要作用。发达国家将丰富有效的涉税信息结果全面纳入税收征管信息系统，税务部门可通过互通共享的信息网络，接收、处理和分析纳税人各类信息，从而高效实施征收、服务和稽查工作。比如，美国国内收入局采用了“货币—银行—企业”的检查系统，它的数据库里储存着来自银行、企业和货币使用者的流动信息，每当有数额 1 万美元以上的现金交易时，银行、企业的专业人员便得填报表格纳税。又如，澳大利亚“交易报告与分析系统（TRAS）”的建立，使得纳税人任何 1 万澳元以上的现金交易、大笔货币转账以及国际外汇电子划拨业务的发生都能及时地被澳大利亚联邦税务局掌控，并委托有关机构扣缴其相应税款。因此，有时候税务局甚至可能比你自己更早、更深入地了解自己的财产和收入信息。在此强大的征管加科技手段下，很多情况下税务部门下户检查方式不再是必需手段，许多工作通过信息比对、案头审核即可完成。因此，国外的审核评税人员一般只是利用信息系统内的信息开展工作，通过电话、电子邮件和通信等方式与纳税人联系，不直接接触纳税人，也就减少了下户检查的机会。我国的税务信息化建设滞后于经济发展且各地不一，缺乏整体性建设规划，信息化应用水平不高。

（5）税务人员方面：发达国家高度重视税务人员素质的培养，其人力资源主要用于纳税服务和税收执法，很少安排大量的人力物力用于上下级管理或承担过多的社会活动。我国税务机关则强调垂直管理，物质文明、精神文明协调发展，税务人员参与非本职的活动较多。

（二）税收现代化建设中的现实困境

自21世纪初，全国各地曾兴起一股税收现代化建设热潮，经过探索与实践，取得了一定的成效，但也遇到了问题与挑战，值得总结反思。

1. 税收现代化建设走向“外海滩”，受外部因素制约日益显现

税收现代化不是关着“家门”搞现代化，一方面，它影响着广大纳税人，乃至社会各界，必须接受外界的评价与监督；另一方面，税收现代化进程受其管理与服务对象，即纳税人素质的制约，再先进的管理理念、现代化的办税方式手段，如果纳税人难以接受、不能较好使用，必将影响现代化的成效。同时，税收现代化也离不开其他部门的协作、信息情报的支撑及社会法治环境的改善等。这些制约因素正随着税收现代化的推进不断显现，并成为扩大成效、深化发展不可回避的问题。

2. 税收现代化建设渐入“深水区”，重点核心问题基层难解

根据相关专家论断，税收现代化的核心是实现人员、技术、流程三个要素的现代化，随着税收现代化的深化，这三方面都遇到发展瓶颈。首先，在流程方面。税收管理改革向来处于税收现代化的先发位置，并会产生牵一发而动全身的作用。然而，以纳税人自主评税为基础，以风险管理为导向，以信息化为支撑的现代税收管理改革，必然涉及对征纳双方权益义务的全面梳理，对业务流程环节的全面优化，特别是对执法责任与纳税责任确定，需要国家税务总局等上层制定相关的法律法规来支撑。其次，在人的方面。人的现代化是税收现代化的前提和核心。税收管理改革带来的工作要求越来越高、工作压力越来越大。然而，随着规范津补贴等措施的实施，激励干部的物质手段比较缺乏，精神文化方面的活动也不便开展，国家试点多年的干部分途发展作用有限，如何调动和激发干部的积极性、创造性，成为重大而现实的问题。这些都需要打破现有机制体制，创新多元的激励机制，基层单位、税务机关难以破解。最后，在技术方面。为提升信息管税、网上办税的能力和水平，进一步拓展科技管人、科技防腐等空间，需要加强科技管理的研发、现代化科技设备的投入、大量数据信息情报的采集与运用等，这些也必须由国家税务总局等较高层次来决策和组织实施，加大相关平台开发的统筹与推广应用力度，才能跟得上现代化发展进度，发挥出应有的支撑保障作用。

3. 税收现代化目标尚处“朦胧状”，需要上层设计，科学引导

对税收现代化，国家税务总局提出了六个目标，而各地理解、执行不一，如江苏省地方税务局明确了“三个一流”目标、南京市国家税务局提出了六个体系。国家税务总局与省、市局的描述既有交叉，又有不同，其本身并不矛盾，因不同层级的部门所承担的税收现代化建设任务本身就不相同，关键是要为税收现代化远期愿景很好地画个像，并明确各级建设的重点，从而便于各地理解与执行，统筹建设的措施与进度，并加强宣传，正确引导基层长期实践。

4. 税收现代化建设进入“持久战”，需要总体规划，统筹推进

税收现代化既是一种管理状态，又是一个持续的奋斗过程，但对如何推进税收现代化，从上到下尚未形成共识。如国家税务总局提出“六个路径”，即理念、机制、组织、方法、能力、文化六个创新，到2020年基本实现税收现代化。部分地区各自提出不同做法，部分地区争相冒进，部分地区等待观望，影响整体进程。国家税务总局层面有必要进行认真调研，针对各地不同的发展水平和条件，提出科学的分类推进、整体达标的建设思想和方法路径，有序组织实施税收现代化建设，朝着2020年，甚至更远的税收现代化目标迈进。

三、客观认识西方经验在我国的应用

1. 要主动学习借鉴和应用。现代化的基本特征在于“先进”，首先要将我国税收管理能力提高到当代国际社会的先进水平，因此，学习西方先进的税收现代经验既有必要，也是捷径。其次，要正视中外税务现代化建设存在的差距，尤其是在税收法治环境、人文素质等方面存在的不足，不能坐等时机成熟再开展现代化建设，贻误时机、拉大差距；只有以税务现代化为目标引领、税务等政府部门与社会各界共同努力，才能促进社会法治环境的改善和人们税法遵从度的提升，而这也正是税务现代化建设的核心内容。

2. 要坚持“本土化”和“税化”。西方先进的税收现代经验是在一定经济、人文和科技等环境下制定和运行的，必须将其消化、吸收，转化为适合我国国情、引领税务管理发展方向的东西才能生存、发展。

3. 要融入未来需求的元素。税务现代化是一个不断发展的过程，要与未来经济社会发展的需要相适应，因此西方的税务现代化也在不断发展之中，要统筹兼顾，优化组合，有序推进。

第二节　目标体系实施战略的总体设计

一、全面把握战略管理相关理论①

（一）战略管理的起源与定义

“战略”一词原是一个军事术语。20 世纪 80 年代企业管理迎来战略管理时代，并形成了对公共部门传统的行政模式的冲击，西方国家兴起了新一轮的行政改革运动，战略管理理论在这场新公共管理运动中得到进一步的发展和应用，它因具有使得公共组织更富于效率、责任和远见的作用而被引入公共部门。在今天，战略管理作为一种管理理论，已经不再只是工商企业等私人部门管理的专利，而逐渐成为超越私人部门和公共部门管理之上的一般管理理论，战略管理已引起大多数国家政府部

① 沈中立. 战略管理及其在税收现代化建设中的应用［J］. 江苏国税调研，2013（3）.

门与单位的重视，并运用于具体实践。

“战略管理”是指对一个单位或组织在一定时期的全局的、长远的发展方向、目标、任务和政策，以及资源调配做出的决策和管理艺术。从单位未来发展的角度来看，战略表现为一种计划；而从单位过去发展历程的角度来看，战略则表现为一种模式；如果从单位层次来看，战略则表现为一种观念；此外，战略也表现为单位在竞争中采用的一种计谋。战略并不是“空的东西”，也不是“虚无”，而是直接左右单位能否持续发展最重要的决策参照系。

战略管理可以简单地理解为与组织战略相关的全部管理工作的总称。所有与组织战略的制定、实施评估有关的活动都可以视为属于战略管理过程。

第一，战略管理不仅涉及战略的制定和规划，而且也包含着将制定出的战略付诸实施的管理，因此是一个全过程的管理。

第二，战略管理不是静态的、一次性的管理，而是一种循环的、往复性的动态管理过程。它是需要根据外部环境的变化、单位内部条件的改变，以及战略执行结果的反馈信息等，而使单位战略得到不断完善，重复进行新一轮战略管理的过程，是不间断的管理。

（二）战略管理的意义

战略管理赋予组织方向性，把组织引向未来；赋予和实现组织的价值观，使整个组织的行动具有一致性、稳定性。

战略管理不只是停留在战略分析及战略制定上，而是将战略的实施作为其管理的一部分，而战略的实施又同日常的管理计划控制结合在一起，这就把近期目标（或作业性目标）与长远目标（战略性目标）结合了起来，把总体战略目标同局部的战术目标统一了起来，从而可以调动各级管理人员参与战略管理的积极性，有利于充分利用单位的各种资源并提高协同效果。

（三）战略管理的特点

1. 战略管理具有全局性

单位的战略管理是以单位的全局为对象，根据单位总体发展的需要而制定的。它所管理的是单位的总体活动，所追求的是单位的总体效果。虽然这种管理也包括单位的局部活动，但是这些局部活动是作为总体活动的有机组成在战略管理中出现的。

2. 战略管理从时间上来说具有长远性

战略管理中的战略决策是对单位未来较长时期（5 年以上）内，就单位如何生存和发展等进行统筹规划。是为了更长远的发展，也是面向未来的管理。要取得成功必须对未来的变化采取预应性的态势，这就需要单位做出长期性的战略计划。

3. 战略管理的主体是单位的高层管理人员

由于战略决策涉及一个单位活动的各个方面，虽然它也需要单位上下层管理者和全体员工的参与和支持，但单位的最高层管理人员介入战略决策是非常重要的，单位的战略管理是最高决策层的重要职责。这不仅是由于他们能够统观单位全局，了解单位的全面情况，而且更重要的是他们具有对战略实施所需资源进行分配的权力。

4. 战略管理涉及单位大量资源的配置问题

单位的资源，包括人力资源、实体财产和资金，或者在单位内部进行调整，或者从单位外部来筹集。这就需要为保证战略目标的实现，对单位的资源进行统筹规划，合理配置。

5. 战略管理需要考虑单位外部环境中的诸多因素

现今的单位都存在于一个开放的系统中，它们影响着这些因素，但更通常地是受这些不能由单位自身控制的因素所影响。因此在未来竞争的环境中，单位要使自己占据有利地位并取得竞争优势，就必须考虑与其相关的因素，这包括竞争者、顾客、资金供给者、政府政策等外部因素，以使单位的行为适应不断变化中的外部力量，单位能够持续发展下去。

（四）战略管理的构成

对于各种类型的战略，法国战略大师博弗尔用金字塔模式把战略分为能够构成一个整体的三个层面。

如图 4 –1 所示，总体战略居高临下，由点而线，由线而面，透过分类战略达到运作战略，构成完整的战略体系，对任何环境均能适用此种模式。从时间上来讲，还有长期战略、中期战略等。

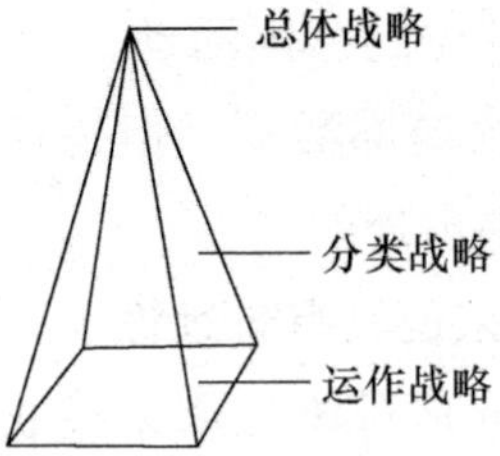

图 4－1　金字塔战略模式

二、战略管理对税收现代化建设的启示

（一）要以战略思维完善税收现代化目标体系

税收现代化目标体系首先要有总体战略目标，然后才有各种细分的目标体系。战略管理的核心思想首先也是要示明确制定“总体发展战略”，即目标，然后才能去研究战略实施的具体方案，如工作举措、实施方法、路径步骤等。所以，目标管理与战略管理的根本前提和目标是一致的，相互支撑和补充。

在理清两者关系的基础上，必须以战略思维对税收现代化目标体系进行再审视、再认识和再完善，使其符合战略管理的特点要求。如税收现代化目标是否具有全局性，是否科学设定有机衔接的近期和中长期目标任务，有无考虑内外部的环境因素，有无调配各类资源提供支撑等。

（二）税收现代化实施战略要形成体系化

战略管理理念提出要根据不同阶段、不同层次、不同事项设立相应的实施战略，总体目标的实施策略、方法步骤等安排也属于实施战略的内容，不同战略有不同的用途。这也就意味着我们要按金字塔模式，对实施战略分不同层面进行系统设计，只有这样才能全方位、立体式、系统推进税收现代化建设，提升组织推进的效能。当然，对现实中纷繁复杂的各种战略、目标进行归类、细化，也便于广泛宣传，使各级部门和个人更好地理解和执行。

（三）统筹实施现代化建设各类战略

税收现代化目标体系本身是多角度的，现代化实施战略也是多层次的，所以要将实施战略与目标体系紧密结合，将目标体系的建设分类分层分解到各实施战略中去落实，要理清各目标体系内部及各体系间相关内容的内在关系，加强工作事项、各类资源和时间步骤等方面的整合融合，统筹实施各种战略，协同推进现代化各类目标体系的建设，提升现代化建设的组织能力和整体成效。

（四）战略实施需要考虑单位外部环境中的诸多因素

正如上文所述，随着税收现代化建设的逐步深入，要建立以纳税自主评定为基础、以信息化管理为特征、社会化管理为支撑的税收现代化，受到的外部制约越来越多，如纳税人的素质、全国信息化应用水平、数据情报报送及共享机制的形成、税收服务中介的成熟发展等；另外，税收现代化建设也是经济关系调整的重要工具，会受到相关利益方的抵制；政府相关部门和社会组织的协同管理也会受到考验等。必须直接面对这些因素，认清需要解决的问题、责任主体及推进的轻重缓急程度，才能归集到现代化建设的相关内容中去，在统筹实施各类战略中得到有效解决。

第三节　目标体系实施战略的主要内容

根据近期税收现代化的目标，结合工作实际，税收现代化的总体实施思路应是：分层总体构架，分类组织攻关，突出三轮驱动，分区域统筹推进，同步优化税收外部发展环境。

一、组织统筹层面：分层推进，分工协作

根据目标管理理论，对目标体系要进行逐层分解，形成组织实施的各级目标网络体系；在此基层上，可根据战略管理理论再分层设定实施战略，从而确保各种目标体系得到有效落实。根据前文所述，税收现代化可分为三个层面，也涉及不同层级的建设主体，因此，对税收现代化的组织实施，首先就要明确建设主体，明确各级建设目标任务，在此基础上架构组织实施整体方案。

国家税务总局承担准国家层面的税收现代化。主要职责是：①争取国家支持，健全完善税制体系、税法体系。②主导、确定税收管理现代化建设，包括总体规划、管理模式、运行规则等宏观方面的决策部署。③改善和优化税收发展大环境，如加强税收法治环境建设，引导、健全社会协作机制等。④推进全国层面的税收信息化建设，如逐步实行全覆盖的数据情报信息采集、分类存储和风险识别管理，税收管理和网上办税服务等应用平台的开发与推广等。这些只有国家税务总局层面牵头组织才能够做到。

省、市级税务部门负责税务部门现代化建设。主要职责：①以税收管理现代化为核心，着力强化税收征管和纳税服务业务，全面推进信息管税，提升税务部门行业管理的核心竞争力。②大力推进税务部门现代化其他相关内容建设，如加强人力资源开发和运用，健全完善行政保障体系，推进惩防体系建设等。③积极改善税收外部环境。如要着力推进对外交流和开放，进一步和谐税收征纳关系，提升社会税法知晓度和遵从度，加强与国家相关机构、部门和组织的协作等。

二、主体内容层面：分类攻关，一体推进

对税收现代化建设目标，国家税务总局明确了“六大体系”的内容，今后可能还会有所增减，但不管体系、项目有多少，其推进实施的思路应是“总—分—总”，而且在各轮现代化建设中都是如此循环推进、不断上升。即按照本阶段的建设目标，先统筹考虑各体系关系设计总体实施方案，然后分体系进行重点攻关，最后再整合融合、一体化推进，以实现本阶段的现代化目标。到了下一阶段的现代化建设，在更高层次上，再按此思路设计和推进新一轮的现代化建设，不断推进税收现代化提升。

有关“总—分—总”的操作办法，在下文“税收现代化实施路径”提出的“三步走”战略中有所叙述。

三、组织运行层面：三驾马车，并驾齐驱

1. **改革引领**。这是新常态下推进税收现代化的动力源泉。要对照新常态的新要求，全面审视各方面工作存在的不足，以问题导向不断推进自身改革和税收改革，通过改革解决发展中的难题和瓶颈，扫除发展道

路上的“拦路虎”，逐步形成与税收新常态相适应的思想观念、治税理论、制度安排、技术手段、工作作风。开放也是改革。要有开放的眼光和胸怀，博采众长，兼容并蓄，虚心学习借鉴兄弟单位、各行各业、国际同行的好经验、好做法，主动向社会和纳税人开放，积极走出去经风雨、见世面，推动税务行业成为社会上形象良好、受人尊重、拥有较高满意度的行业，不断提升我国在国际税收领域的话语权和影响力。科技创新是改革的“引擎”。要顺应新一代科技革命蓬勃兴起的大趋势，充分运用云计算、大数据、移动互联等新技术，加快“金税三期”工程建设和优化步伐，让信息化的技术支撑、信息保障、业务引领作用得到充分发挥，为税收现代化插上“金色翅膀”。通过释放改革红利、开放红利、科技红利，让税务系统一切创新活力竞相迸发。

2. **法治引领**。这是新常态下推进税收现代化的规范保障。有人讲，法律是人类最大的发明，其他发明使人类学会了如何驾驭自然，而法律使人类学会了如何驾驭自己。要认真贯彻依法治国基本方略，全面推进依法治税，坚持用法律的准绳衡量、规范、引导税收工作，不仅要依法征税、依法管理、依法服务，而且要依法带队，建设更高层次、更高水平的法治税务。要坚持在法治框架内深化税收改革、推动税收发展，坚持运用法治思维和法治方式调整税收关系、规范税收秩序、化解税收矛盾，使税收现代化建设始终沿着法治化轨道顺利前行，为经济发展新常态提供有力的税收法治保障。要按照法治化的要求，大力推动将税收条例上升为税收法律，抓紧修订不适应新常态发展的制度机制，探索制定目前还缺乏的制度机制，及时总结提升实践中行之有效的做法和经验，形成规范的制度机制，以持续优化的制度机制促进各项税收工作不断向前发展。

3. **文化引领**。这是新常态下推进税收现代化的精神感召。好的文化一旦形成，就会起到“不令而自行、不禁而自止”的效果。要以事业感召人，在全国税务系统组织开展税务精神大讨论，让每一位干部都来思考我们光荣的税收历史、优秀的税收传统、义不容辞的税收责任，从内心深处激发对税收事业的使命感，让志不求易、事不避难、义不逃责成为税务人的座右铭，让永不自满、永不停滞、永不懈怠成为税务部门的生动写照，让“为国聚财、为民收税”的神圣使命和“岗位就是责任”

的敬业精神牢记心间。要以真情感动人，关心爱护干部，以良师益友之情为干部成长引路，以兄弟姐妹之情为干部发展助力，以革命同志之情与干部并肩同行，增强干部对税务大家庭的归属感和认同感。要以文化熏陶人，大力推进税务文化和税务职业道德建设，积极培育和弘扬社会主义核心价值观，铸就税收现代化建设的精神高地，打造税务干部守望相助的心灵家园，厚植税收事业长远发展的丰饶沃土，创造富有时代气息和税务特色的文化精品，真正让税务文化活跃起来、舞动起来，持久发挥春风化雨、润物无声的重要作用。

四、实施方法路径：分区推进，内外兼修

分步骤稳步推进：在一个区域可以先按体系分类试点、再综合试点，最后全面推广。在全国范围内推动税收现代化建设是一个艰巨而复杂的工作，需要加强统筹，创新举措，协同推进。对不同的对象范围，本书认为应注意以下三点。

1. 就全国而言，对不同区域（不同省或不同省辖市）的税务局，要根据当地经济社会发展条件，设定不同进度、不同目标值的现代化实施方案和评价标准，分区域、分步骤推进税收现代化建设。如沿海地区的发展速度快、发展程度高，已经进入由全面小康奔向现代化的发展阶段，可鼓励较发达地区率先基本实现税收现代化；而对经济社会条件存在一定差距的中西部地区，也要积极引导按计划按步骤地推进税收现代化，可通过推进经济较发达城市率先基本实现税收现代化，再带动全省进行达标验收，也只有这样，全国税务系统才能努力实现到2020年基本实现税收现代化的目标。

2. 就某个区域（省或市）的税务局而言，应采取“六大体系”细分和“三步走”策略推进税收现代化。省、市局应着力推进部门现代化建设，对国家税务总局提出的“六大体系”进行细分和充实，从而使庞大的税收现代化变得更具体、更实在，便于操作，也更有利于开展专题研究，寻求重点突破。“三步走”，即按上述划分出的子体系，先在基层单位分类试点、创建单项示范区；然后，鼓励基层单位创建综合示范，推进各子体系内容的整合融合；最后，全面推广综合示范区经验，对全系统各单位进行综合达标验收。另外，对省或市局机关也要推进部门现代

化建设，推动上下联动、全局一盘棋，提升税收现代化整体水平。

3. 就税务系统内外而言，应内外各有侧重，同步组织实施。按照前文所述三个层次，税收管理现代化和税务部门现代化建设内容，大都属于税务系统自身能够决策部署和实施的范畴，应加强研究，系统考虑，特别是要做好全面设计，分阶段制定好时间表、任务书，制定相关的评价指标，抓好组织落实。对国家层面的税收现代化，一方面要积极争取国家的支持和相关部门的协作，不断完善税制法律体系，强化信息情报支撑；另一方面，采取切实措施，大力加强宣传、辅导和培训，推进税收诚信在社会管理领域的运用，提升纳税人自主评税意识和能力，提高全社会的税法遵从度，不断优化税收现代化外部环境。

第五章 税收现代化目标体系建设成效的考核评价

建设税收现代化是全局性的一项重大工程，是否能在2020年基本实现这一目标，需要纳入考核评价体系，对其建设成效进行评估考核。而评估考核就需要对其建设目标、评价标准进行确定，按照最终评价标准逐项、逐条验收。通过将国家税务总局的整体目标逐级分解直至省局、市局、县局、分局（税务所）指标，实行目标管理，最后根据被考核单位完成工作目标的情况来进行考核的一种考核评价方式，在税收现代化目标建设之前，考核方和被考核单位应该对需要完成的工作内容、时间期限、考核的标准达成一致。在时间期限结束时，考核方根据被考核单位的工作状况及原先制定的考核评价标准来进行考核。

第一节 考评设计的总体思路和基本原则

一、评价设计的总体思路

对税收现代化的评价，主要围绕税收现代化的中长期目标，尤其是国家税务总局提出的“六大体系”建设任务，突出税收行业特征，选取税收管理的核心指标为主体，辅之各类支持保障类指标，构建税收现代化评价指标体系，明确评价实施方法，对税收现代化的进程和结果进行评价，对存在的问题进行持续改进，从而推动税收现代化不断向更高层次、更高水平迈进。

根据税务行业特征和社会特征需求，结合国家税务总局相关管理要求，税收现代化的核心评价指标及要求就是“两提高、两降低”，即尽可能地提高税法遵从度，尽可能地提高纳税人和社会满意度；尽可能地降低税收流失率，尽可能地降低征纳双方成本。

二、评价指标的设计原则

1. 突出科学导向

充分体现科学发展观的要求，把指标体系定位在“发展指标”，更加突出指标的导向性和激励性，推动税收现代化建设的丰富实践。

2. 突出关键指标

坚持传承与发展相结合，选取最能反映税收现代化水平、最具典型特征和代表性的关键指标计算税收现代化综合指数，而不是面面俱到。

3. 突出横向可比

注重发挥比较优势，把握现代税收管理改革发展趋势，既要具有国际可比性，又要具有国内、省内可比性，彰显行业特征与区域特色。

4. 突出定量为主

以定量评价为主，定性评价为辅。定量数据来源稳定，可连续获取，便于操作和监控；定性指标尽量由第三方进行测评，并分栏赋值实现量化，以便客观评价和进行趋势分析。

5. 突出务实公认

在目标值的设定上，注重与现代化发展程度相适应，既具有一定的前瞻性，又考虑到可实现的程度，赋予指标实现的弹性。同时，注重干部群众的切身感受，设定纳税人满意度、干部满意度等指标。

三、分级分类评价体系的构建

上述已提出了税收现代化实施战略的总体思路，概括地说，税收现代化是分层组织构架、分类组织攻关、分区域统筹推进和内外部税收环境同步治理。与此对应，税收现代化也应按这四种维度来构建相关评价体系。

1. 根据现代化分级负责推进的组织架构，应建立分级的评价体系。

即“上”要建立对国家税务总局推进现代化建设的评价指标体系；“中”要建立对省、市级税务部门的评价指标体系；“下”要建立对区、县级基层税务机关，包括省市局机关部门现代化的评价指标体系。

2. 根据现代化按建设内容分类推进的安排，应建立分体系的评价指标体系。如针对国家税务总局提出“六大体系”建设内容，要分别建立各单项体系的评价指标体系。同时，为开展对税收现代化全貌的评价，需要整合各体系评价内容与指标，形成综合性的评价指标体系。此时，这综合评价指标体系也就是上述按层级建立的评价指标体系，或者说是细化的版本。

3. 根据分区域统筹推进的思路，对经济社会和税收管理水平的不同地区，在核心和辅助指标的选取、目标值的设定、推进时间长短的设计等方面要区别对待，实事求是稳步推进。允许发展较发达地区率先基本实现税收现代化，采取切实措施加大相对落后地区的税收现代化步伐，确保到2020年基本实现税收现代化奋斗目标的实现。

4. 根据内外部税收环境同步治理的要求，在各级、各类评价指标体系中增加内外部税收环境治理的评价指标。发挥考评导向和激励作用，切实推进税收生态环境的改进和优化。

第二节　考评的最终评价标准

根据税收现代化建设的指标要求，借鉴国内外先进经验，本书认为，税收流失率、征纳双方成本、税法遵从度、纳税人和社会满意度是考量税务现代化建设的核心指标，也是出发点和落脚点。简单来讲，评估考核的最终评价标准就是“两提高、两降低”，即尽可能地降低税收流失率，尽可能地降低征纳成本；尽可能地提高税法遵从度，尽可能地提高纳税人和社会满意度。

一、标准一：尽可能地降低税收流失率

税收流失与税收征管是一对矛盾的两个方面，彼此在相互抗争中达

到均衡。在过去10多年的税收收入连连大增的良好环境下，我国税收流失额也在趋于扩大。据专家保守估计，2014年我国税收流失额至少6000亿元，税收流失率在15%左右，这与发达国家还有很大差距。治理税收流失，尽可能地降低税收流失率是全方位、全社会而不是局部的工作，需要结合法制、征管、体制、监督和宣传等方面标准多维度、多视角地系统评价考核。

1. 依法治税环境建立的标准

严格执行各项税收法律法规和政策，制定和完善了配套管理办法，规范执法与组织收入、规范执法与优化服务、规范执法与支持发展的关系得以理顺，税收执法责任制度基本建立，执法过错责任追究制度得到健全。税收法制保障网络基本健全，建立了税务警察和税收法庭，税收犯罪活动得到遏制和打击，税务执法刚性进一步强化。

2. 现代征管体系构建的标准

建立了规范有效的纳税申报制度，实行以法人身份证号码为唯一的纳税人登记编码，纳税人的一切与取得收入有关的活动都离不开这一编码，从根本上对纳税人的经营活动和涉税事宜进行有效控管。税源监控充分借助了现代科技手段，广泛推广税控装置，充分发挥金税工程的优势，以最大限度地减少税收流失；实行综合治税，建立了税收违法案件举报奖励制度，广大人民群众协税护税的积极性得到调动，严堵税收跑、冒、滴、漏。推行税务代理制度，减少税务人员直接与纳税人接触，从而规避可能发生的税收流失风险。

3. 征管电子化系统加强的标准

以“人海战术”为主的传统征管办法得到改变，强调专业化分工，按登记、征收、检查三大系列设置税务机构，并采用计算机对征管全过程进行监控。通过与海关、工商、金融、企业等部门的计算机联网，信息共享与利用得到加强，偷、逃、骗税大幅减少，征管能力全面提高。充分体现“互联网+”的思维，网络技术在征管领域得到广泛深入应用，信息资源共享得以实现，以金税工程业务和技术标准为基础，高效、便捷、管用的信息和管理网络全面建立。

4. 税务监督机制健全的标准

在税收现代化中，税务监督中的内部监督、行政监督、法律监督、群众监督、舆论监督等在内的监督体系得到了全方位、全社会的建立和支持。建立健全外部监督机制，如群众监督、舆论监督等，充分发挥外部监督的作用，为治理税收流失发挥应有的作用。

5. **公民税收观念转变的标准**

深入广泛地开展税收现代化背景下的税法宣传，公民从小就树立“纳税光荣”的观念，从小就知道社会主义税收性质是“取之于民，用之于民”。更新公民税收观念，按照权利与义务相对称的观念，分别规范纳税人、用税人和征税人的行为，营造良好的依法治税的社会环境。

二、标准二：尽可能地降低征纳成本

税收成本是指国家在税收征纳过程中所发生的各种费用，有广义和狭义之分。狭义的税收成本即税收征收成本，指税务部门为实现其职能，在执行征收和管理中消耗的人力、物力、财力诸方面各项费用的总和；广义的税收成本还包括纳税成本，指纳税人为纳税支出的费用。这里，本书采用广义概念。据测算，目前我国征税成本率达4% ~5%，这仅仅是个平均数，掩盖了许多地区存在的突出矛盾，个别调查地区征税成本有达20%以上的。而西方国家的征税成本率普遍较低，一般都在2%以下，且呈下降趋势。税收现代化建设的重要任务和标准之一便是尽可能地降低我国的税收征纳成本。

1. **成本管理机制建立的标准**

目前，国家对各级税务机关的考核主要是对业务指标的考核，如税收计划完成情况、税收的增长幅度、税收的查补情况，等等。税收现代化的建设需要将征纳成本引入税收决策和具体征税工作中，要制订成本计划，加强成本控制、成本核算和成本分析，优化征税成本构成，转变税收管理上的粗放管理观念，树立集约管理观念，建立征纳成本管理机制。

2. **处罚力度加大的标准**

纳税人作出的逃税的决策实际上就是逃税所得大于纳税所失的必然结果，因为纳税人被查出来的概率太小和被查出后的处罚太轻。为防范逃税行为的发生，税务机关应该使纳税人逃税所得远小于逃税所失。为此，应从两方面进行考核评价：一是纳税人逃税被查出的概率是否提高；二是惩罚力度是否加大。税收现代化框架下，更多的是采取加大处罚力度等措施，促使纳税人如实申报、依法缴税，税务机关依法行政、规范行使职能，税务机关和守法纳税人的费用支付都不会增加。

3. 税务代理市场培育的标准

一方面，看纳税人的纳税成本是否降低。在复合税制下，纳税人将烦琐的纳税活动交给专业的代理人，从而更能集中精力专注企业生产经营本身，使经济效益增长。另一方面，看征税者的管理成本是否降低。考核评价时，主要看税务机关作为征税主体的稽查、审查活动是否减少，税务机关内部为严密征管而产生的一系列管理成本是否降低了。

4. 科技征管水平高低的标准

收税也要讲效益，在人的业务素质提高的基础上，实现税务管理的现代化，考核评价时要看税务工作效率是否大幅度提高，还要看能否快速实现并完善税务管理的现代化，这样才能降低征税成本。目前，税务系统大部分计算机还在当打字机使用。

5. 征纳双方素质提高的标准

看其是否能保持税务人员每年实现低增长，而税收收入每年保持在一定的比例左右，几年以后，再评价税收成本降低的幅度。另外，还要考核评价开展职业培训对调动现有税务人员的工作积极性的作用标准，因为从长期来看，干部素质的提高会提高工作效率，避免工作中的错误，减少资源浪费，降低征收成本，提倡勤俭节约，减少重复建设和不必要的投入。企业办税人员的素质高低也是一个不容忽视和要考核评价的标准。

三、标准三：尽可能地提高税法遵从度

纳税人税法遵从度影响因素主要有以下 3 个方面：

1. 纳税人权利是否得到落实

从税收角度看，纳税人最重要的宪法权利是“赞同纳税权”以及由之引申出来的“政府服务权”和“税款节俭权”。这种权利说将纳税人的权利延伸到了立法环节，强调公民对政府是否应该征税以及如何征税具有发言权。同时，强调纳税人有权要求政府提供相应的公共

服务并有效使用税款。这些权利能不能落到实处直接影响纳税人的遵从程度。

2. 纳税人依法纳税的代价

这不仅包括税负的轻重，而且包括纳税人在纳税过程中的所有其他相关耗费。还包括纳税人逃税成本的高低，如果成本很高，诱使纳税人偷逃税的激励性就降低了，反之则相反。

3. 税收知识的普及程度、征税人员的服务水平及态度

总之，纳税人员的税收遵从度与纳税人满意度是成正向关系的。对于征税人员、用税人员来说，其遵从度的高低不仅取决于他们自身的素质高低，而且还取决于税法及监控机制留给他们自由裁量的空间大小以及激励机制的导向及作用发挥情况。

在考核评价其税法遵从度是否尽可能提高时，可以以随机税务审计检查数据、税务机关常规的税务审计检查数据、执法检查的数据来衡量。还可以通过对纳税人进行问卷调查来考核评价其税收遵从度。

四、标准四：尽可能地提高纳税人和社会满意度

纳税人满意度是实现税收现代化、实施税务管理的主要目标，也是衡量其工作绩效的主要评价标准。科学、合理的纳税人满意度考核评价因素一般包括：税收政策感知质量、税收服务感知质量、税务部门形象、纳税人负担、纳税人期望等方面。

1. 税收政策感知质量

包括开展上门走访纳税人、请纳税人来税务局座谈等活动的情况和效果，广泛深入了解征求纳税人意见、建议和需求，考核评价大走访实效，评估大走访给纳税人是否带来税收政策的直观感受。全方位开展税收宣传，让纳税人以最快的速度感知最新税收政策，着力构建一体化、多层次、全方位、满覆盖税收宣传咨询格局，努力提高纳税人税法遵从度和满意度。

2. 税收服务感知质量

考核评价其纳税服务规范化、标准化管理水平，对纳税服务工作流程、服务标准等诸多事项进行考核，评估纳税人在规范化、标准化的办税过程中是否享受到了规范、统一、便捷、高效的纳税服务体验。加大

对在税收政策宣传咨询、税务登记办理、发票配售领用、多元申报、涉税审核审批、投诉处理等方面提速效果的评估，考核其是否最大限度地解决了纳税人所需所求的问题，使纳税人办税更快、跑路最少。

3. 税务部门形象

对其开展全员优质服务、廉洁从税教育进行考核评估。考核是否建立抓强税务干部业务能力和岗位实战能力的长效机制，加强服务理念、服务作风培育，推进服务方式、服务手段创新，强化业务知识全员培训，是否形成培训、考试、使用相结合的长效机制，全面提升纳税服务的业务支撑和保障能力。

4. 纳税人负担

重点考核评价以下工作开展情况：一是探索网上涉税审批，减少审批环节、规范审批流程、缩短办理时限和取消报送资料。二是实现信息资源共享，有效解决纳税人涉税资料重复报送问题。三是完善网上办税服务厅功能，努力实现多元化申报方式之间的工作互补，切实为纳税人提供高效便捷的办税服务。四是加强各部门之间协调配合工作的组织领导，统筹安排税务检查和跨部门的涉税审批工作，避免重复检查和工作推诿。

5. 纳税人期望

重点评估税务机关维护纳税人权益所采取的措施：坚持以纳税人为中心，把尊重纳税人、相信纳税人、贴近纳税人、方便纳税人、提高纳税人的满意度和税法遵从度作为现代税收管理服务的重要内容。切实维护好纳税人的知情权、纳税申报方式选择权、申请延期申报权等权利。强化税收宣传培训和税务咨询工作，切实维护好纳税人的知情权，不折不扣地落实好各项优惠政策，切实维护好纳税人的税收优惠权。

第三节　考评的指标体系

税务现代化建设是一个系统工程，其成果可从多层次、多维度来考量和评判。税务现代化指标必须体现时代性，把握规律性，要让社会与征纳双方“摸得着、看得到、感受到”。

一、国家税务总局层面分体系的评价指标设计

（一）完备规范税法体系的评价指标

主要包括以下 3 个评价指标：

1. 是否符合法定原则

税收法定原则，是指由立法者决定全部税收问题的税法基本原则，即如果没有相应法律作前提，国家则不能征税，公民也没有纳税的义务。“税收法定原则”与“罪刑法定原则”共同构成公民财产权和人身权保护的两大基石。党的十八届三中全会明确提出“落实税收法定原则”，这是为推动国家治理体系和治理能力现代化、全面推进依法治国而作出的重要战略部署。在新的历史形势下，2015 年 3 月 15 日，十二届全国人大三次会议表决通过了关于修改立法法的决定，其中就税收法定原则、新立法法作出了不同于以往的制度突破——将税收基本制度独立出来、作为第六项单列。依法治税是依法治国的重要组成部分。税法体系首先必须应符合税收法定原则。即所有税收法律法规都必须符合宪法精神，所有新出台的税收政策都必须按程序先立法、再实施，现有税收法规和规章也都逐步立法，提高法律层级。

2. 是否具备完善体系

完备的税法体系应满足以下要求：①税法的指导思想、原则和基本概念是统一的；②不同税收法律规范之间应存在纵向的效力从属关系，以及层次较低的税收法律规范应不违背层次较高的法律规范或是层次较高的法律规范的具体化；③同一层次的不同税收法律规范之间应有横向协作关系，即应相互联系、相互配合、协调一致。通过加大建设力度并不断完善，最终形成由税收基本法、税收程序法、税收实体法构成的税收法律体系。同时，在巩固中央税法体系的同时，尤其是要加强地方税体系建设，充分体现中央与地方两个积极性，共同组成一个科学完备的税法体系。

3. 是否体现公平公正

一个好的税法应该是一个良法，能够有效地促进税收职能履行，能够很好地筹集财政收入、助力经济发展、促进公平正义。回归税收法定

原则的本源，其三方面含义恰好诠释了公平正义：一是课税要件法定，即纳税人、征税对象、计税依据、税率、税收优惠、缴纳程序等基本税收要素应当由法律规定；二是课税要素明确，即上述基本税收要素在法律中的规定应尽可能是明确、详细的，避免出现漏洞和歧义；三是征税合法，即税务机关必须严格按照法律规定的课税要件和征纳程序来征收税款，不允许随意加征、减征、停征或免征。概括起来，前两点主要是对税收立法的要求，最后一点则是对税收执法的要求。

（二）成熟定型税制体系的评价指标

主要包括以下 4 个评价指标：

1. 税收负担指标

主要指宏观税负，可以参考评价占财政收入比重等辅助指标。宏观税收负担是一定时期内（通常是 1 年）国家税收收入总额在整个国民经济体系中所占的比重。这实际上是从全社会的角度来考核税收负担，从而可以综合反映一个国家或地区的税收负担总体情况。在设计税制时，要考虑到坚持税负总体稳定的基本原则，既能满足各级财政支出需要，又不加重纳税人负担，还能适度刺激促进经济发展。税收负担是高还是低，要通过对比来说明。如果仅仅是一个纳税数量而没有对比关系，则很难科学地进行税收负担高低的比较。因此，在税收征收额或缴纳额确定的情况下，宏观的社会税收负担或某一纳税人的负担，指国家征集的税额与社会或纳税人产出总量或总经济规模的对比关系。应正确选择反映全社会产出量或经济活动总量的指标，作为对比的参照。

2. 税制结构指标

主要指直接税与间接税所占的比重。调整和完善我国税制结构的关键在于不断优化税制结构，利用合理的税种布局及其主辅税种的相互配合，保证及时、足额地取得财政收入，促进社会资源的有效配置。我国主体税种的确定和税制模式的选择首先应立足于我国的基本国情，党的十八届三中全会指出，要提高直接税比重，优化税制结构。充分发挥间接税良好的保障和稳定税收收入功能，我国需要逐步降低间接税比重，同时提高直接税比重，从以流转税为主的税制模式逐步转变为所得税、流转税并重的“双主体”税制结构。

3. **分配关系指标**

第一，主要评价中央税与地方税所占比重，看税权与事权是否匹配、科学、合理，能否有效调动“两个积极性”。第二，主要评价是否有助于国民经济的增长和经济稳定，有三个要求：一是要求保护税基，即保护产业与生产力，并力求促使其发展，从而使国民经济得到发展，这样税源方能扩大，税收也才能增加，这种保护体现在选择课税对象、确定税种以及设计税率等方面。二是要求提高效率，即一方面要使税收保持中性，税收尽量不要干扰市场价格的均衡；另一方面在市场机制存在缺陷时，税收又应当是非中性的。三是要求提高资源配置效率，使社会主义税收分配必须有益于改进资源配置，使稀缺的经济资源得到最有效的利用。

4. **税制成熟指标**

主要看税制是否稳定、简化和有效率，不能朝令夕改，要尽可能地简便易行，具有可操作性，有利于降低征纳双方成本。从未来看，税收法定是构建成熟定型税收制度的客观要求。看是否落实税收法定原则，要处理好法律规范稳定性与税收制度动态性之间的矛盾、法律调整复杂性与税收调节灵活性之间的矛盾、法律公平统一性与政策需求多样性之间的矛盾。

（三）优质便捷服务体系的评价指标

主要包括以下 3 大类评价指标：

1. **外部评价标准**

主要指纳税人和社会各界对税务机关纳税服务工作的实用性、简便性、主动性、及时性、规范性、公正性等方面进行满意度评价，具体指标有纳税服务投诉率、纳税服务满意度、办税成本（包括时间成本）、税负痛苦指数等，可以采取问卷、座谈、实地调查等方式进行。开展纳税人满意度调查，回访纳税人（上门、信函、电话等），征求社会特邀监察员以及人大代表、政协委员建议，设立投诉、举报信箱等方式可以同时进行。其内容主要包括对税务机关的服务环境、服务质量及对税务机关的意见和建议等。外部评价工作每年度开展一次，其综合平均得分作为外部评价的年度分值。每次的调查面要达到所辖业户的 20% 以上。

2. 内部评价标准

重点评价税务机关内部开展纳税服务的主动性、及时性、有效性，对服务流程中的时限、质量、投诉、赞扬等记录信息进行评估，比如，对纳税服务规范执行落实情况、开展税收宣传咨询情况、税收征收成本等指标评估。内部考核可以采取现场查看、查阅有关资料和工作记录、实地走访或电话回访纳税人、抽查服务人员进行测试等办法同时进行。

3. 第三方评价标准

通过委托独立于征纳之外的第三方专业评价机构基于公正客观立场，进行调查、测评、考核等，其信息主要通过电话回访、纳税人投诉、第三方评价方式获得。对税务机关服务制度建设、服务规范执行度、工作状态指数、员工业务熟练程度、服务硬件完善程度等方面进行综合评定，出具调查测评报告。第三方评价的综合结果作为纳税服务工作质量评价的最终结果。

（四）科学严密征管体系的评价指标

主要包括以下 3 大类评价指标：

1. 征管机制指标

以程序完善、风险严控、信息对称、架构合理、办税便捷、有效遵从为标准，综合考核评价包括“征收、管理、评估、稽查、服务”等业务环节的科学性、实用性、操作性、实效性，评价对象包括征管制度、征管办法、征管手段、岗责体系以及征管操作业务规程等。对税收信息化、税收管理精细化程度进行考核评价，看是否注重通过严格管理、细化管理来提升管理绩效；看其是否着眼于人本管理和价值管理，优化机构设置，调动人的积极性。考核评价是否从体制机制、组织结构、岗责流程、信息控制、风险预警、绩效评价、征管资源的科学配置等诸多方面重构税收征管体系。

2. 征管能力指标

主要指征管机构设置和征管力量配置等，可以对人均征收税（费）额、税费征收成本率等量化指标进行考核评价。征管要素的配置能否做到科学优化，直接影响征管工作的效能。评估征管组织体系的设计是否充分考虑节约征管成本、机构扁平化、征管集约化、内部分权制约、便利纳税人等多种因素，是否体现“目标引导、过程控制、持续改进”的方针，体现专业化分工原则、透明度原则和对下监控原则，体现“一条龙”“一窗式”服务的理念。

3. **征管质量指标**

改变过去传统的“六率”考核模式，可具体分“登记类”“申报类”“征收类”“评估类”和“其他类”共 5 个大类来进行量化考核评价。其中，登记类指标可分为税务登记信息完整率、税务登记信息差错率和调查巡查率 3 个指标；申报类指标分为未按期申报催报率、未申报处置率和财务报表采集率 3 个指标；征收类指标分为未按期缴纳税款催缴率、滞纳金加收率、欠税纳税人户数增减率、新增欠税占税收规模比率 4 个指标；评估类指标可选取纳税评估税收贡献率和纳税评估人均完成率 2 个指标；其他类指标可分为违法违章行为处理率、违法违章行为处罚率和涉税事项限时办结率 3 个指标。考核评价要在分析或调查取得真凭实据的基础上，全面客观地做出结论，总结原因和趋势，针对征管薄弱环节，夯实征管基础，提高征管质量，切实创新完善体制机制。

（五）稳固强大信息体系的评价指标

主要包括以下 4 类评价指标：

1. **信息化管理水平**

包括税收信息化管理理念是否先进，税务机关对信息化建设的重视程度、税收信息化建设规划是否科学、税收信息化建设经费保障等若干细化指标。按照一体化思路，通过数据层面的整合和功能填平补齐的方式，实现综合征管应用系统、增值税管理应用系统、出口退税管理系统、稽查管理系统等以及各地自行开发应用的综合征管应用系统的各类信息资源互通互联共享，实现征管工作各环节在信息化支撑条件下的相互衔接。

2. **信息管税应用水平**

主要考核评价信息管税系统是否智能、便捷、高效、安全。从纳税人层面来讲，具体包括信息管税系统各个功能软件（模块），比如，申报、征收、管理、决策、分析、统计、查询等应用性功能的推广率、便捷度和应用效能（包括效率和成本）的高低。从税务机关层面来讲，具体包括管税系统的应用普及水平和办公自动化水平两大指标，比如，税务干部登录管理系统的次数和频度、征管资料电子化水平、对管税软件和办公软件的操作熟练程度。

3. 信息技术装备水平

主要指信息化基础建设，包括信息网络性能和安全水平、网络带宽、人均接入网络信息点数、人均计算机数量、信息化建设经费指标、信息系统运维保障体系，等等。考核评价是否完善网络建设，是否实现省局、市局、县局之间专线联网，并采取配备备份线路和相应设备等手段，保证广域网络的安全、可靠、稳定、高效运行。考核评价是否高起点、高标准地规划、开发信息系统，保证其具有良好的开放性、可扩展性，有效拓展计算机网络的潜力。特别是对全局性的关键节点，要考核是否安装防雷设备、防病毒系统、防黑客系统，保证网络、设备和信息的安全；是否引进管理监控系统，加强对内部信息设备使用情况的监控。

4. 信息技术人才指标

具体包括专业人才所占比重、人均信息技术操作培训时间、通过信息技术等级考试人数所占比重等指标。通过对上述指标进行综合考核评价，持续改进不足，加强建设开发，促进现代信息技术和互联网络在税务部门充分应用，覆盖税款征收、征收管理、行政管理、绩效考评、风险监控、外部信息、决策支持等各个环节，为税收工作提供稳固强大信息技术支撑。

（六）高效廉洁组织体系的评价指标

主要包括以下 3 类评价指标：

1. 资源配置指标

如机关干部和一线征管干部所占比重、行政管理层级数量等，主要评价是否具备高效扁平的组织机构体系，税务机关是否具有规范健全、责权利高度结合的岗责体系，人力资源配备、组织机构设置是否科学合理。考核评价其是否按照加强征管、倾斜基层、充实征管一线的思路，对基层机构进行了扁平化（整合型）模式改革，按照“大处制”“大科制”思路，完善和规范税务机关内设机构及其工作职责，是否遵循“举优汰劣、激励进取、充满活力”的原则，不断探索创新竞争上岗、一述两推、轮岗交流、上挂下派、集中培训等选人育人用人机制，将政治过硬、业务精通、能征善管的税收专业骨干人才充实到征管领导岗位或征管一线，不断加强干部队伍征管能力。

2. **队伍建设指标**

主要包括税务干部年龄、学历、知识结构，年轻领导干部所占比重，公开招考干部所占比重，领军人才和专业人才所占比重，评价标准为干部队伍充满活力，干部录用、选拔、晋升、激励、培训机制规范健全，税务系统核心价值观成为干部的价值遵从，干部队伍的凝聚力、执行力、创造力显著增强。可以考核评价领导人才异地交流、年轻人才内外交流、专业人才上下交流制度是否建立，干部队伍流动配置工作是否趋于制度化、常态化；参考考核优秀干部待遇、激励和权益保障制度是否健全，是否通过采取目标激励、奖惩激励、文化激励、情感激励等有效办法，积极引导税务干部钻业务、谋创新、干实事、创佳绩。

3. **勤政廉政指标**

主要包括税收任务完成情况、重点改革发展工作落实情况、工作目标绩效考核得分（名次）、政风行风民主评议情况、腐败案件发案率、违纪违法干部所占比重，等等。主要考核评价标准有：风险防控、监督考核的体制机制是否完备，是否实现了行政执法和行政管理的流程监控、痕迹管理、系统推送、绩效考评、追究问责的无缝链条管理，执法风险、廉政风险是否得到有效防控，依法治税和依法行政水平有没有实质性进步，等等。参考评价是否确立廉政风险防范机制，是否狠抓廉政风险教育、排查、预警、防控“四个环节”，是否盯住税收征、管、查、减、免、罚、人、财、物、清、欠、缓 12 个“权力节点”，是否筑牢前期预防、中期监控、后期处置“三道防线”，是否建立了全覆盖、无缝隙的廉政风险防范管理体系。

二、税收现代化评价的基层实践

以南京市国家税务局为例，为客观、科学评价税收现代化进程，更好地描述税收现代化愿景，展现税收现代化建设成效，南京市国家税务局在税收现代化实践中逐步构建了分层、分类、全方位、立体式的现代化评价指标体系。

在整个系统层面，基于税收职能定位，结合南京实际，南京市国家税务局把税收征收率高、社会满意度好、干部幸福感强作为核心要素，设立征管效能、服务质量、资源保障三大类19项指标，制定了率先基本实现税收现代化评价指标体系。评价指标采用综合加权评分法，总分设为100分，上述三大类指标权重分别为50分、25分、25分，并根据重要性对下设的子指标细化权重。各项指标均设定2015年的目标值，以当年的实际值与目标值相除计算出实现值，再乘以各自权重得到各指标得分，汇总相加得到当年的税收现代化综合指标。

在系统总体评价指标设计指导下，南京市国家税务局还按照六大体系的建设内容，设计了单项体系的评价体系；对区（县）局基层单位，按属地局、直属局、稽查三种功能类型的单位，分别设计了各版块的综合评价体系；对市局机关，积极推进市局机关部门现代化建设，根据各部门主要的职能设计个性化考评指标，并结合共性指标，对部门现代化进行综合考评。

第四节　考评的组织实施与结果应用

一、考评组织实施

税收现代化目标体系建设作为税收现代化建设的重要组成部分，必然是一项庞大的系统工程，不可能一蹴而就，注定是一个持续改进、不断完善的状态和过程。因此，现代化目标体系评价的实施也是持续不断的过程，各类评价指标及其标准也会不断地丰富和完善。

二、考评结果应用

税收现代化的近期和中长期目标，对全局工作具有长期而重要的导向功能，是制定各年度工作思路和工作重点的重要依据，而后者又是制定全年绩效管理考核的重要依据。因此，税收现代化在各年度需要开展的工作都是当年度税收工作的重点，对其过程和结果的评价结果必须列为绩效考核的重要内容，明确相应的加扣分措施，充分发挥评价指标的导向、激励和约束作用。

三、考评跟踪研究

为充分发挥考核评价对税收现代化建设工作的指导作用，税务机关应综合运用调查问卷法、标杆对比法、头脑风暴法、数据对比法、流程图法等科学的调研分析方法，在定期对上述指标的实现值进行跟踪、监测和评价分析的基础上，对税收现代化目标体系整体质效进行综合分析，以及对其中单项建设目标的实际进展和实现程度作出科学评估，并以此为导向，与时俱进、持续改进，达到与经济社会发展相适应的税收现代化水平。